تطوير المناهج
رؤية معاصرة
(المنهج - تطوير المنهج - تصميم ونماذج
برمجية المنهج - معايير جودة المنهج)

فهرسة أثناء النشر إعداد إدارة الشئون الفنية - دار الكتب المصرية

محمود، شوقي حساني

تطوير المناهج: رؤية معاصرة/ تأليف: شوقي حساني محمود

ط1 ـ القاهرة: المجموعة العربية للتدريب والنشر

333 ص : 24x17 سم.

الترقيم الدولي : 978-977-6298-29-3

1- التعليم ـ مناهج أ ـ العنوان

ديوي: 370,732 رقم الإيداع : 2011/9978

الطبعة الأولى

2012

الناشر

المجموعة العربية للتدريب والنشر

8 أ شارع أحمد فخري - مدينة نصر - القاهرة - مصر

تليفاكس: 22759945 - 22739110 (00202)

الموقع الإلكتروني: www.arabgroup.net.eg

E-mail: info@arabgroup.net.eg

elarabgroup@yahoo.com

تطوير المناهج
رؤية معاصرة

(المنهج - تطوير المنهج - تصميم ونماذج برمجية المنهج - معايير جودة المنهج)

دكتور
شوقي حساني محمود حسن

الناشر
المجموعة العربية للتدريب والنشر

2012

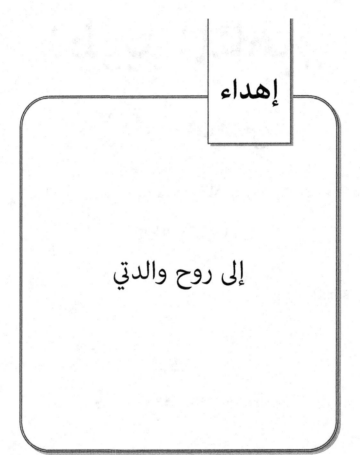

إهداء

إلى روح والدتي

المحتويات

5

فهرس الجداول

فهرس الأشكال

11

تقديم

يعتبر المنهج المدرسي في مفهومه القديم أو التقليدي مجموع المعلومات والحقائق والمفاهيم والأفكار التي يدرسها التلاميذ في صورة مواد دراسية. اصطلح على تسميتها بالمقررات الدراسية. ومع تقدم الحضارات والنظريات التربوية أصبحت المناهج التربوية ليست مجرد تشكيلة من المواد الدراسية، بل هي مكون أساسي لإستراتيجية تربوية تهدف لإصلاح النظام التربوي. ولا شك أن مراجعة المناهج التربوية يهدف إلى تحسين مواءمتها مع المتغيرات الملحة الحالية والمستقبلية للمجتمع.

ونتيجة للتغير الثقافي الناشئ عن التطور العلمي والتقني، والتغيير الذي طرأ على أهداف التربية وعلى النظرة إلى وظيفة المدرسة بسبب التغييرات التي طرأت على احتياجات المجتمع وفق هذه المتغيرات، ونتائج البحوث والدراسات التي تناولت الجوانب المتعددة للمنهج التقليدي والتي أظهرت قصوراً جوهرياً في إجراءاته ومفهومه، والدراسات الشاملة التي جرت في ميدان التربية وعلم النفس، والتي عدلت من الكثير مما كان سائدا عن طبيعة المتعلم وسيكولوجيته، وطبيعة المنهج التربوي نفسه، فهو يتأثر بالمجتمع والتلميذ والبيئة والثقافة والنظريات التربوية الحديثة. كل ذلك أدى إلى ضرورة تطوير المفهوم السائد عن المنهج وضرورة التحول إلى مفهوم جديدة عن المنهج يوائم تلك المتغيرات.

وإذا كانت تهدف العملية التربوية الحديثة تهدف إلى بناء منهجا يمتاز بخصائص تحدث طفرة نوعية في نواتج التعلم للطلاب ويمتاز بخصائص ومميزات ترقى به إلى مستوى الكفاية في بنائه، فإن ذلك الكبير يكمن في بناء منهج مدرسي يستطيع فيه كل فرد أن يتعلم من خلاله ليصبح إنسانا لديه القدرة على المواءمة بين ما يدرس داخل المدرسة وما تفرضه متطلبات الحياة خارج المدرسة.

والمنهج الحديث يعمل على ربط المدرسة بغيرها من المؤسسات الاجتماعية الأخرى فهو يعمل على الربط بين المدرسة والبيئة، سواء كانت بشرية أو طبيعية أو كانت مؤسسات من صنع الإنسان.

ويمتاز المنهج الحديث في قيام المعلم بالتنوع في طرق التدريس حيث يختار أكثرها ملائمة لطبيعة المتعلمين وما بينهم من فروق فردية وفي ضوء هذا الدور الجديد للمعلم لم يعد عمله مقتصراً على توصيل المعلومات إلى ذهن التلميذ، وإنما اتسع فأصبح المعلم مرشداً وموجهاً ومساعداً للتلميذ على نمو قدراته واستعداداته.

ويعتبر تطوير المناهج المهمة الأساسية لرجال التربية والباحثين حيث يعد تطوير المناهج المهمة التي تنوط بها كليات التربية ومراكز البحوث التربوية، بيد أن تطوير المناهج لا يتم إلا بصورة كلية للعملية التعليمية.

ويقصد بتطوير المنهج تصحيح أو إعادة تصميم المنهج بإدخال تجديدات ومستحدثات في مكوناته لتحسين العملية التعليمية وتحقيق أهدافها.

ولكي تتم عملية التطوير بصورة سليمة فلابد أن تكون أهدافها واضحة وشاملة لجميع جوانب العملية التعليمية ومعتمدة على أسس علمية، وأن تكون مستمرة وتعاونية يشترك فيها جميع المختصين في التربية والتدريس، وحتى تتحقق عملية التطوير لابد أن تكون مسايرة جنباً إلى جنب مع عملية تقويم المنهج حيث يتم تحديد الأخطاء وأوجه الضعف ونواحي القصور في المنهج ثم تجرى الدراسات والتجارب لمحاولة التخلص من هذا القصور مع الاستفادة من الاتجاهات والخبرات التربوية واختيار المناسب منها والصالح لعاداتنا ولمجتمعنا.

وتطوير المناهج عملية شاملة لجميع جوانب بناء المنهج من: مقررات دراسية، وطرق تدريس، وكتب دراسية، ومحتوى الكتاب، وشكل إخراج الكتاب، وتجريب الكتاب، ثم كتب أدلة المعلم، مع مراعاة أن يتم هذا البناء في ضوء إستراتيجية واضحة ومحددة للتعليم مع تحديد للوضع الراهن للمجتمع.

وعملية التطوير يجب أن ترتبط بتوظيف التقنيات الحديثة بما فيها الحاسبات الآلية وتقنيات الاتصالات والمعلومات، وذلك من خلال تطبيق نماذج وتصميمات التعليم المبرمج وإعداد نماذج تناسب طبيعة كل منهج، وهذا التطوير يجب أن يكون تحت مظلة معايير الجودة للمنهج والتي تعتبر المبدأ الأول لاعتماد المنهج في ضوء معايير الجودة الشاملة. حيث يمر العالم الآن بمرحلة تغيير واسعة غير مسبوقة من قبل ولاسيما في مجال استخدام الجودة الشاملة في كافة مناشط الحياة. وسوف يكون لهذه التغيرات أثر كبير على طبيعة مجتمعنا وثقافتنا وأنشطتنا الاقتصادية والتنموية. وبالتالي يجب ربط المناهج التعليمية وتطويرها في ضوء معايير الجودة.

دكتور
شوقي حساني محمود حسن

نبذة

يحتوى هذا الكتاب على ستة فصول الفصل الأول ويتناول: مفهوم المنهج بين الحديث والقديم، ومكونات المنهج الحديث، و تطوير المنهج. والفصل الثاني ويتناول : أسس وأساليب تطوير المناهج و أنماط تنظيم المنهج. والفصل الثالث ويتناول: برمجة الحاسب، وتصميم البرمجية التعليمية، ومراحل إنتاج البرمجيات، و الفوائد التي تقدمها البرمجيات التعليمية، ومتطلبات إنتاج البرمجيات التعليمية، والمعايير التربوية لتصميم وإنتاج البرمجية التعليمية الجيدة. والفصل الرابع ويتناول: المبادئ التي تقوم عليها عملية التصميم التعليمي، ونماذج إنتاج وتصميم برمجية المناهج، والفصل الخامس ويتناول: مفهوم الجودة، وأهداف تطبيق الجودة الشاملة في النظام التعليمي، ومبادئ إدارة الجودة الشاملة في المجال التربوي، ومتطلبات تطبيق نظام الجودة الشاملة، ونماذج إدارة الجودة الشاملة، والفوائد المتوقعة من تطبيق نظام إدارة الجودة الشاملة المؤسسات التعليمية، والمنهج في ضوء معايير الجودة، وجودة الكتاب التعليمي. الفصل السادس ويتناول: نموذج دليل المعلم للبرمجيات التعليمة، ونموذج الاختبار التحصيلي والمواقف للبرمجيات التعليمة، ونموذج سيناريو للبرمجيات التعليمة.

الفصل الأول

المنهج - تطوير المنهج

مقدمة

توجد آراء عديدة للمنهج التربوي واختلافات بين الخبراء التربويين حول مفهوم المنهج ولذلك ليس من السهل إعطاء تعريف واحد وجامع يحدد مفهوم المنهج؛ ولذلك نجد أن بعض الباحثين الذين حاولوا وضع تعريف محدد للمنهج في مفهومة الضيق وهو المفهوم التقليدي للمنهج، بينما حاول البعض الأخر تحديد مفهومة الواسع والعريض وهو المفهوم الحديث للمنهج؛ كما أن البعض الآخر من الباحثين حاول الموائمة بين المفهوم التقليدي للمنهج والمفهوم الحديث له لمعرفة أثر ذلك على العملية التعليمية.

وبصفة عامة يعتبر المنهج في اللغة: الطريق الواضح، وبالنسبة للغة الإنجليزية فكلمة (Curriculum) مشتقة في الأصل من الكلمة اللاتينية (Currere)، والتي تعنى: ميدان السباق، كما أنها كلمة إغريقية الأصل تعني الطريقة التي ينهجها الفرد حتى يصل إلى هدف معين، ويرادف المعنى الشائع لهذه الكلمة، الدروس التي تقدمها المدرسة للتلاميذ.

وإن مصطلح منهج أتى يرجع إلى كلمة لاتينية تعني ميدان أو حلبة السباق، لكن عندما تستخدم هذه الكلمة في التربية فإنها تأخذ معنى ودلالة مختلفة. بيد أنه تبعا

للصورة التقليدية التي كانت سائدة في أذهان كثير من الناس، فإن هذه الكلمة كانت تعني قائمة بالمقررات الدراسية التي يدرسها الطلاب. ولكن مع مرور الزمن، توسع هذا التعريف متخذا عدة معان إضافية.

وفي لسان العرب لابن منظور نجد أن منهاجاً تعني طريقاً واضحاً وهناك كلمة أخرى تستخدم أحيانا بمعنى المنهاج وهي (syllabus) وتعني المقرر والذي يشير إلى معلومات عن كمية المعرفة.

وبذلك نجد تعبيرين للمنهج هما منهج ومقرر ولقد ساد الخلط بينها مدة طويلة عندما اعتقد الكثيرون أن الكلمتين مترادفتان.

ولقد كان المعلمون في الماضي ولا يزال قسم كبير منهم حتى الآن يعتبرون المنهج على أنه الكتاب المقرر.

وسوف نتناول في هذا الفصل النقاط التالية:
- مفهوم المنهج بين الحديث والقديم.
- المفهوم التقليدي للمنهج.
- متطلبات إعداد المنهج بمفهومه التقليدي.
- النقد الموجه لمفهوم المنهج التقليدي.
- الأسباب التي أدت إلى تطوير مفهوم المنهج التقليدي.
- المفهوم الحديث للمنهج التربوي.
- المبادئ الضرورية للمفهوم الحديث للمنهج التربوي.
- مميزات المنهج بمفهومه الحديث.

مكونات المنهج الحديث
- الأهداف التربوية العامة للمرحلة التعليمية.
- الأهداف السلوكية للمادة الدراسية.

- المحتوى العلمي للمنهج.
- المهارات والاستعدادات.
- الاتِجاهات والميول.
- التدريبات والتطبيقات.
- دور المدرسة في إعداد المناهج والتوجيه التربوي.
- البيئة الطبيعية والبيئة المدرسيَة.

تطوير المنهج

- مفهوم تطوير المنهج.
- دواعي تطوير المنهج.
- عوامل النجاح في تطوير المناهج.
- الأسس التي يجب مراعاتها عند بناء وتطوير المناهج.
- خطوات وإجراءات إعداد الإطار العام للمناهج

وفيما يلي تناول تلك النقاط بالتفصيل.

مفهوم المنهج بين الحديث والقديم

المفهوم التقليدي للمنهج

يعتبر المنهج المدرسي في مفهومه القديم أو التقليدي مجموع المعلومات والحقائق والمفاهيم والأفكار التي يدرسها التلاميذ في صورة مواد دراسية. والتي اصطلح على تسميتها بالمقررات الدراسية.

وبالتالي ينصب المنهج التقليدي في محور تعليم المادة الدراسية ويكون فيه المعلم ملقن والمتعلم متلقي غير فعال.

كما أن هناك عدة تعريفات للمنهج التقليدي منها:

- كل المواد (المقررات) التي تقدمها المدرسة لطلابها.

- تنظيم معين لمقررات دراسية مثل منهج الإعداد للجامعة ومنهج الأعداد للحياة أو العمل.

- كل المقررات التي تقدم في مجال دراسي واحد مثل منهج الاقتصاد ومنهج الرياضة ومنهج العلوم.

- برنامج تخصص يرتبط بمهنة أو عمل معين.

- المقررات الاختيارية للطلاب.

- ما يتعلمه التلميذ ويدرسه المدرسون.

- برامج دراسية وهي خبرات من الماضي والهدف منها نقل الثقافة من جيل إلى آخر.

وبالتالي يعتبر المنهج بمفهومه التقليدي عبارة عن مجموعة الحقائق والمعلومات والمفاهيم التي تعمل المؤسسة التعليمية على إكسابها للتلاميذ بهدف إعدادهم للحياة وتنمية قدراتهم عن طريق الإلمام بخبرات الآخرين والاستفادة منها، وقد كانت هذه المعلومات والحقائق والمفاهيم تمثل المعرفة بجوانبها المختلفة.

متطلبات إعداد المنهج بمفهومه التقليدي:

يتطلب إعداد المنهج بمفهومه التقليدي القيام بمجموعة من الإجراءات كما يلي:

1- تحديد المعلومات اللازمة لكل مادة وفقا لما يراه المتخصصون في هذه المادة، ويتم ذلك في صورة موضوعات مترابطة أو غير مترابطة تشكل محتوى المادة.

2- توزيع موضوعات المادة الدراسية على مراحل وسنوات الدراسة بحيث يتضح من هذا التوزيع ما هي الموضوعات المخصصة لكل مرحلة (الابتدائية - الإعدادية - الثانوية) ولكل صف دراسي.

3- توزيع موضوعات المادة الدراسية على أشهر العام الدراسي.

4- تحديد الطرق والوسائل التعليمية التي يراها الخبراء والمتخصصون صالحة ومناسبة لتدريس موضوعات المادة الدراسية.

5- تحديد أنواع الأسئلة والاختبارات والامتحانات المناسبة لقياس تحصيل التلاميذ في كل مادة دراسية.

النقد الموجه لمفهوم المنهج التقليدي

1- ركزت المادة الدراسية اهتمامها على الناحية العقلية وأغفلت نواحي النمو الأخرى.

2- تأكيد المنهج المدرسي على المنفعة الذاتية للمعلومات والمعارف وإجبار التلاميذ بضرورة تعلمها وحفظها.

3- اقتصار عملية اختيار محتوى المادة الدراسية على مجموعة من المختصين في المواد الدراسية فقط.

4- الاهتمام بتحصيل المادة الدراسية؛ وبالتالي أصبح هذا التحصيل غاية في ذاته بغض النظر عن جدواه في حياة التلاميذ.

5- استبعاد كل نشاط يمكن أن يتم خارج غرف الدراسة، ويمكن أن يسهم في تنمية مهارات التلميذ الحركية ويزيد من ثقته بنفسه. وكذلك استبعاد تنمية الاتجاهات النفسية السليمة واكتساب طرق التفكير العلمية (الأهمية الكبرى لكمية المادة المحفوظة).

6- اعتبار النجاح في الامتحان وظيفة من أهم وظائف المادة الدراسية.

الأسباب التي أدت إلى تطوير مفهوم المنهج التقليدي

1- التغيير الثقافي الناشئ عن التطور العلمي والتقني.

2- التغيير الذي طرأ على أهداف التربية وعلى النظرة إلى وظيفة المدرسة بسبب التغييرات التي طرأت على احتياجات المجتمع وفق هذه المتغيرات.

3- نتائج البحوث والدراسات التي تناولت الجوانب المتعددة للمنهج التقليدي والتي أظهرت قصوراَ جوهرياَ في إجراءاته ومفهومه.

4- الدراسات الشاملة التي جرت في ميدان التربية وعلم النفس، والتي عدلت من الكثير مما كان سائدا عن طبيعة المتعلم وسيكولوجيته.

5- طبيعة المنهج التربوي نفسه، فهو يتأثر بالمجتمع والتلميذ والبيئة والثقافة والنظريات التربوية الحديثة.

6- اعتقاد المعلمون أن عملهم يقتصر فقط على توصيل المعلومات التي تشتمل المقررات الدراسية. وقد ترتب على ذلك آثار سيئة لعل من أبرزها ما يلي:

- اعتماد طريقة التدريس على الآلية (اقتصار دور المعلم على التلقين فقط).
- إهمال التوجه والإرشاد التربوي للطلاب.
- فصل المقررات الدراسية وعدم ترابطها مع بعضها.
- إجبار جميع التلاميذ للوصول إلى مستوى تحصيلي واحد (متساوون في القدرات وعدم الوعي لوجود الفروق الفردية بين المتعلمين).
- عدم تشجيع التلاميذ على البحث والإطلاع والمبادرة وتقديم الاقتراحات.
- عدم توظيف الأنشطة التربوية الداعمة للمنهج التربوي.
- عدم تعدد طرق التدريس الحديثة التي تحفز المتعلم على التحصيل.
- اعتماد المعلمين على الاهتمام بالتذكر والحفظ، وعدم الاهتمام بالقدرات العقلية الأخرى للمتعلم التي تسهم في فهم المنهج واستيعابه.

7- ازدحام المنهج بمجموعة ضخمة من المواد التعليمية المنفصلة التي لا رابط بينها والحشو استنادا إلى الرأيين التاليين:

- توفير أكبر قدر من المعرفة (المعلومات) للطلاب.
- الحاجة إلى دراسة مادة دراسية لتقوية التلاميذ في هذه المادة.

المفهوم الحديث للمنهج التربوي

هناك العديد من التعريفات التي تقدم بها خبراء التربية للتوصل إلى مفهوم حديث للمنهج تتمثل فيما يلي:

بعض تعريفات خبراء المناهج للمنهج بمفهومه الحديث

1- المنهج هو تنظيم وتخطيط لأنشطة المتعلمين بطريقة منظمة مقصودة، سواء كانت هذه الأنشطة داخل المدرسة أم خارجها، وسواء كانت مرتبطة بجوانب فعلية أم تدريبية، وينطبق هذا التعريف على تنظيم الأنشطة لوحدة تعليمية صغيرة في إطار إحدى المواد الدراسية، أو على الأنشطة المتعددة المرتبطة بعدة مواد دراسية، والتي تستغرق عدة سنوات متتالية.

2- المنهج في اللغة مشتق من النهج ومعناه الطريق أو المسار وعليه فالمنهج لغويا يعنى وسيلة محددة إلى غاية، فالمنهج العلمي مثلا هو خطة منظمة لعدة عمليات ذهنية أو حسية بغية الوصول إلى كشف حقيقة أو التحقق من افتراضات معينة، كما أنه مجموعة الخبرات التربوية التي تهيئوها المدرسة للتلاميذ سواء داخلها أو خارجها وذلك بغرض مساعدتهم على النمو الشامل المتكامل أي النمو في كافة الجوانب العقلية، والثقافية، والدينية، والاجتماعية، والجسمية، والنفسية، والفنية نموا يؤدى إلى تعديل سلوكهم ويكفل تفاعلهم بنجاح مع بيئتهم ومجتمعهم وابتكارهم وحلولا لما يواجههم من مشكلات.

3- المنهج التربوي هو جميع الخبرات (النشاطات أو الممارسات) المخططة التي توفرها المدرسة لمساعدة التلاميذ على تحقيق العوائد التعليمية المنشودة إلى أفضل ما تستطيعه قدراتهم.

4- المنهج عبارة عن منظومة متكاملة من العمليات التعليمية التي تقدمها المدرسة. ويشمل المنهج جميع المواد الدراسية والأنشطة الصفية واللاصفية. وعندما تذكر

كلمة المنهج متبوعة بمادة دراسية (مثل:منهج العلوم، الرياضيات) فإنه يشير إلى كل ما يتعلمه الطالب داخل وخارج الصف فيما يتعلق بهذه المادة.

5- المنهج هو جميع أنواع النشاط التي يقوم بها التلاميذ، أو جميع الخبرات التي يمرون بها تحت إشراف المدرسة وبتوجيه منها سواء أكان ذلك داخل المدرسة أم في خارجها.

6- هو مجموع الخبرات التربوية الثقافية والاجتماعية والفنية والرياضية والعلمية... الخ التي تخططها المدرسة وتهيؤها لتلاميذها ليقوموا بتعلمها داخل المدرسة أو خارجها بهدف إكسابهم أنماطا من السلوك.

7- المنهج عبارة عن «البرنامج الذي يصمم كي يتمكن التلاميذ من السيطرة بفاعلية على الأنشطة والخبرات التي تحقق لهم مردودات تربوية وغير تربوية إيجابية»، مع مراعاة أن بعض الأنشطة والخبرات محددة في صورة مجموعة من العمليات الإجرائية، بينما بعضها الآخر غير محدد ويتسم بالعمومية، وعلية ينبغي أن يشمل المنهج التربوي: المقررات الدراسية، النشاطات التي يمارسها التلاميذ، والقيم وأهداف الحياة. والمنهج بمثابة المخطط الهندسي للعملية التعليمية، المصمم حول مبدأ ومنسق مثل التعاون بين الجماعة، وحل المشكلات بالأسلوب العلمي.

8- المنهج هو كل دراسة أو نشاط أو خبرة يكتسبها أو يقوم بها التلاميذ تحت إشراف المدرسة وتوجيهها سواء أكان ذلك داخل الفصل أو خارجه.

9- المنهج هو مجموعة الخبرات التربوية التي تهيؤها المدرسة ويقوم بها التلاميذ تحت إشرافها بقصد مساعدتهم على النمو الشامل وعلى تعديل في سلوكهم.

10- المنهج هو مجموعة الخبرات التي تهيئها المدرسة لطلابها داخلها وخارجها ليتحقق لهم النمو الشامل في جميع النواحي، فالمنهج يعمل على إعدادهم لممارسة أنشطة المجتمع بأنجح طريقة ممكنة، فالمنهج الحديث لا يقف عند حدِّ الاهتمام بالمادة العلمية،

بل يعتبرها وسيلة من الوسائل لتحقيق أهداف التربية، فالعلاقة بين أهداف التربية والمناهج الدراسية علاقة ارتباطية قوية فتعتبر الأهداف التربوية هي الموجه الأكبر للمناهج، وأبرز الأسس التي يستند عليها المنهج في مفهومه الحديث هو الطالب والمعلومات والخبرات والنشاطات والمجتمع والبيئة.

11- المنهج في العادة يعتمد على قائمة بالأهداف العامة والخاصة، والمحتوى.

12- المنهج وثيقة منهجية تشير إلى المخطط العام للمنهج سواء من محتوى وطرق تدرس ووسائل وأنشطة وخبرات تعلم.

13- المنهج برنامج للدراسة.

14- المنهج هو خطة مكتوبة فهو مجموعة من الإجراءات المخطط لها مسبقا في شكل مخطط عام يحدد مسبقا.

المبادئ الضرورية للمفهوم الحديث للمنهج التربوي

من المبادئ التي يمكن استخلاصها من التعريفات السابقة للمنهج التربوي بمفهومه الحديث ما يلي:

1- ليست المناهج التربوية مجرد تشكيلة من المواد الدراسية، بل هي مكون أساسي لإستراتيجية تربوية تهدف لإصلاح النظام التربوي. ولا شك أن مراجعة المناهج التربوية يهدف إلى تحسين مواءمتها مع المتغيرات الملحة الحالية والمستقبلية للمجتمع.

2- ديناميكية المناهج؛ فيجب أن تتسم المناهج بالمرونة ومواكبة التغيرات المحلية والعالمية.

3- استمرار مواءمة المناهج التربوية مع متطلبات المجتمع تستوجب الإبقاء على مراجعة المناهج مفتوحة من خلال إخضاع تنفيذها للتتبع والتقييم بكيفية مستمرة، وإدخال التصحيحات اللازمة كلما دعت الضرورة إلى ذلك.

4- أن المنهج ليس مجرد مقررات دراسية فقط بل مجموعة الخبرات التربوية التي تهيؤها

المدرسة ويقوم بها التلاميذ تحت إشرافها بقصد مساعدتهم على النمو الشامل وعلى تعديل في سلوكهم.

5- توفر الشروط الملائمة للتعليم الجيد.

6- الأخذ بعين الاعتبار الفروق الفردية للطلاب، توقعاتهم، قدراتهم.

7- ربط المناهج بمتطلبات الحياة وإمكانية استخدام الطلاب للمعلومات والاستفادة منها.

8- يجب أن يهتم المنهج بإشباع حاجات المتعلمين.

9- منظومة متكاملة من العمليات التعليمية التي تقدمها المدرسة. ويشمل المنهج جميع المواد الدراسية والأنشطة الصفية واللاصفية.

مميزات المنهج بمفهومه الحديث

تهدف العملية التربوية إلى بناء منهجا يمتاز بخصائص تحدث طفرة نوعية في نواتج التعلم للطلاب ويمتاز بخصائص ومميزات ترقى به إلى مستوى الكفاية في بنائه، ذلك أن العمل الأساسي للنمو العلمي الكبير يكمن في بناء منهج مدرسي يستطيع فيه كل فرد أن يتعلم من خلال عملية التربية الجديدة، ليصبح إنسانا بنمط علمي جديد فيه تلاءم واضح بين التربية السائدة خارج المدرسة وتلك التي تكون داخلها.

ومن أبرز هذه الخصائص:

1- يجب أن يكون المنهج المدرسي في فلسفته ومحتواه محافظا وتقدميا في نفس الوقت وبالتالي يجب أن يحافظ المنهج على المعتقدات والقيم والعادات السائدة في المجتمع ويرتبط بالتوجهات العالمية السائدة.

2- يتم إعداد المنهج المدرسي بطريقة تعاونية بحيث يراعى واقع المجتمع وفلسفته وطبيعة المتعلم وخصائص نموه، وأن يعكس التفاعل بين التلميذ والمعلم والبيئة،

وأن يتضمن جميع أوجه النشاط التي يقوم بها التلاميذ، وأن يتم اختيار الخبرات التعليمية في حدود الإمكانيات المادية والبشرية أن يؤكد على أهمية العمل الجماعي، وأن يحقق التناسق والتكامل بين عناصر المنهج

ويراعي عند تخطيطه وتصميمه ما يلي:

- واقع المجتمع، فلسفته وطبيعة المتعلم وخصائص نموه.
- يعكس التفاعل بين التلميذ والمعلم والبيئة المحلية وثقافة المجتمع.
- يتضمن جميع ألوان النشاطات التي يقوم بها التلاميذ.
- يتوافق مع الإمكانيات المادية والبشرية القائمة.
- يؤكد أهمية العمل الجماعي.
- يحقق التناسق والتكامل بين عناصر المنهج.

3- المنهج الحديث يمتاز بأنه يؤكد على الجانب الخلقي في الجوانب التعليمية.

4- يمتاز المنهج الحديث بأنه يؤكد فكرة الجماعة وفاعليتها.

5- يؤكد على الأساليب التي تلاءم عملية التغير الاجتماعي، بحيث يكون عند المتعلم استعداد لقبول التغير.

6- يمتاز بأنه يقوم على أساس من فهم الدراسات السيكولوجية المتعلقة بالمتعلم ونظريات التعلم.

7- يساعد التلاميذ على تقبل التغيرات التي تحدث في المجتمع وعلى تكييف أنفسهم مع متطلباتها.

8- يمتاز المنهج الحديث بأنه يقوم على أساس من فهم الطبيعة الإنسانية فنجد أن النظرة إلى الطبيعة الإنسانية تختلف باختلاف الفلسفات.

9- ينوع المعلم في استخدام وسائل وأدوات مساعدة متنوعة ومحسوسة.

10- المنهج الحديث يعمل على ربط المدرسة بغيرها من المؤسسات الاجتماعية الأخرى فهو يعمل على الربط بين المدرسة والبيئة، سواء كانت بشرية أو طبيعية أو كانت مؤسسات من صنع الإنسان.

11- يمتاز المنهج الحديث في قيام المعلم بالتنوع في طرق التدريس حيث يختار أكثرها ملائمة لطبيعة المتعلمين وما بينهم من فروق فردية وفي ضوء هذا الدور الجديد للمعلم لم يعد عمله مقتصراً على توصيل المعلومات إلى ذهن التلميذ، وإنما اتسع فأصبح المعلم مرشداً وموجهاً ومساعداً للتلميذ على نمو قدراته واستعداداته.

12- يقوم دور المعلم على تنظيم تعلم التلاميذ وليس على التلقين أو التعليم المباشر كما كان الحال في الماضي، وينتظر منه لأداء هذا الدور أن يقوم بالمهمات التالية:

- بناء المفاهيم.
- إجراءات حل مشاكل.
- تنمية وإكساب المهارات.
- تنمية المواقف والاتجاهات الايجابية.
- التأكد من استعداد التلاميذ للتعلم.
- تحديد الأهداف التعليمية على شكل نتاجات سلوكية منتظرة من التلاميذ وتخطيط خبرات تعليمية ملائمة.
- استثارة دوافع التلاميذ.
- التقويم.

13- يهتم المنهج بأن تضطلع المدرسة بدورها كمركز إشعاع في بيئتها وان تتعاون مع المؤسسات والهيئات الاجتماعية ذات العلاقة بالمتعلمين كالبيت والمؤسسة الدينية والنادي وغيرها، وان تكون على وعي كامل بدور هذه المؤسسات وما تقدمه من نشاطات تربوية لتجنب التكرار.

14- يهتم المنهج الحديث بتنمية شخصية التلميذ بجميع أبعادها لمواجهة التحديات التي تواجهه، وتنمية قدرته على التعلم الذاتي وتوظيف ما تعلمه في حياته المستقبلية.

كما أن هناك بعض مميزات للمنهج الحديث منها:

📖 لم يعد الاهتمام بالطالب على أنه متذكر أو العقل فقط بل اهتم المفهوم الحديث للمنهج بالطالب من جميع النواحي العقلية والنفسية والاجتماعية والعاطفية والجسمية.

📖 لم تعد المادة العلمية هدفا ف حد ذاتها بل أصبحت وسيلة تساعد على تحقيق النمو المتكامل للطالب؛ وبذلك فالاهتمام بها يكون في ضوء أهداف التربية وظروف البيئة الطبيعية والمدرسية والمجتمع المحلي.

📖 التكامل والترابط في موضوعات المنهج الحديث أصبح ضروريا وبديلا عن الموضوعات المفككة الداعية إلى عدم الشعور بفائدتها ونسيانها كما كان فيى المفهوم التقليدى للمنهج الذي كان سائدا من قبل، ومن أجل ذلك ظهر في المفهوم الحديث الموضوعات المترابطة فيما بينها، وفيما بينها وبين المواد الدراسية الأخرى لتظهر الموضوعات ذات المجالات الواسعة ومناهج النشاط والوحدات والمحور.

📖 لم تعد الدراسة في مفهوم المنهج الحديث بمعزل عن البيئة والمجتمع بل أصبحت مركزا لها، فأصبحت البيئة معملا للطالب يزور معارضها ومتاحفها ومصانعها، ويستعين بمكتباتها العامَّة، فلم يعد الكتاب المدرسي هو المصدر الوحيد للمعرفة ولم يعد المعلم هو مصدر وناقل الخبرة والتدريب.

📖 لم تعد المدرسة هي المؤسسة الوحيدة المسئولة عن التربية، بل بدأت تتسق جهودها وتتعاون مع المؤسسات الأخرى في البيئة والمجتمع كالبيت والمسجد والنادي والمستشفى والمكتبة العامة والإذاعة والتلفزيون والصحافة وغيرها.

📖 يتحرر المعلِم في المنهج الحديث من ضغط المنهج الضيق بمفهومه التقليدي (السائد) فيحاول المعلم ابتكار طرق ووسائل تعليمية جديدة للتدريس، ويتعاون مع الطلاب في تحقيق أهداف التربية السليمة ويغرس أو يرعى فيهم التعاون وحب العمل والاطلاع والابتكار وتحمل المسؤولية.

📖 تصبح الحياة المدرسية في ظل مفهوم المنهج الحديث مشوقة يسودها التعاون والتعاطف والتآخي؛ مما يساعد على تكوين شخصيه متكاملة فيحترم نفسه فلا يصدر عنه إلا كل ما يدعو إلى الاحترام كما يحترم الآخرين.

مكونات المنهج الحديث

يشمل المنهج الحديث بمفهومه السابق المكونات التالية:

(1) الأهداف التربوية العامة للمرحلة التعليمية

تختلف دول العالم في تحديد الأهداف التربوية التي تسعى إلى تحقيقها من حيث الأبعاد والمفاهيم أن هذا الاختلاف يكون نتيجة لاختلاف العوامل المحيطة والتي تؤثر على تحديد هذه الأهداف وعلى تحقيقها. والأهداف الواضحة والمحددة هي أولى الخصائص الرئيسية لأي برنامج تربوي فعال.

والأهداف التربوية هي العصب الرئيسي لعملية التربية حيث بدونها تصبح تائهة وعشوائية وغير بناءة.

بيد أنه احتل موضوع الأهداف التربوية والتعليمية مكانة بارزة في دراسة الباحثين والخبراء التربويين ومؤلفاتهم وندواتهم ومؤتمراتهم العلمية منذ الخمسينات من القرن العشرين، بحيث أصبحت الأهداف من بين أكثر المجالات التربوية رعاية وأهمية، بل ومن بين أكثرها تأثيرا في الميادين التربوية المتعددة ذات العلاقة.

وللأهداف بصورة عامة أهمية بالغة في حياة الأمم والشعوب، فهي تسعى جاهدة إلى تحقيقها مستخدمة في ذلك جميع الإمكانيات المتاحة لها اقتصاديا واجتماعيا وثقافيا بل وعسكريا أحيانا. كما أن للأهداف أهمية واضحة في حياة الأفراد، تحدد مسارهم، وتنظم أعمالهم ومواقفهم في الحياة اليومية وتشجعهم على النشاط والاجتهاد في سبيل تحقيقها.

ولا يخفى على أحد أهمية الأهداف التعليمية بالنسبة للمتعلمين والمعلمين والمديرين والمشرفين التربويين. فهي تحدد طبيعة التفاعل داخل الحجرة الدراسية وتساعد المعلمين على اتخاذها كدليل لعملية تخطيط الدروس اليومية وتشجع المديرين والمشرفين التربويين على متابعة سير العملية التعليمية والتأكد من فاعلية طرق التدريس التي يستخدمها المعلمون، والأنشطة التي يقوم بها الطلاب، كما تساعد في الكشف عن نقاط القوة وجوانب الضعف لدى المنهج المدرسي، بل والبرنامج الدراسي ككل.

إن تحديد أهداف التربية هو الخطوة الأساسية الأولى في بناء المنهج المدرسي وتنفيذه وتقويمه.

وإذا خلا عمل من الأعمال من وجود أهداف محددة المعالم، واضحة المفهوم، يؤمن بها صاحبها، فإن العمل يتعرض للعشوائية والارتجال.

وإذا كان تحديد الأهداف لازما لممارسة أي نشاط إنساني، فإنه أشد لزوما في المجال التربوي الذي تنعقد عليه الآمال في تحقيق صورة المستقبل وبلوغ الغايات.

وقد يظن بعض الناس أن تحديد الأهداف وبخاصة في المجال التربوي إنما هو عمل فلسفي نظري لا يرتبط بالواقع، وأن كثيرا من المعلمين يقومون بأعمالهم بصورة مرضية دون حاجة إلى تحديد الأهداف وواقع الأمر أن المعلم الذي لم يحدد أهدافه تحديدا علميا واضحا، إنما يعمل وفق أهداف ضمنية توصل إليها نتيجة لخبرته الشخصية، أو اشتقها من مصادر مختلفة دون أن يمعن في مدى سلامتها وشمولها وخلوها من التناقض ومناسبتها للظروف والإمكانات.

فالأهداف التعليمية هي الركن الأساسي الذي تقوم عليه العملية التربوية، إذ تتعلق بها عمليات بناء المناهج الدراسية واختيار أساليب التدريس ووسائل التقويم.

وتعني الأهداف العامة للتربية بإعداد الفرد للحياة وتهتم بالنمو الشامل المتكامل وبالعلاقات الإنسانية وبالكفاية الاقتصادية.

والأهداف التربوية مرآة تعكس فلسفة المجتمع وأوضاعه وطموحاته وتحدياته.

ويعتبر الهدف غاية يسعى الفرد إلى تحقيقها. ولكل منا أهداف عديدة ترتبط بجوانب حياته المختلفة،فبعضها أهداف اقتصادية أو علمية يسعى المجتمع إلى تحقيقها. وبعضها أهداف فردية تخص شخصا بذاته وهو يحاول تحقيقها.

والأهداف تتعلق بجوانب مختلفة من حياة الفرد والأسرة (اجتماعية - مادية - ثقافية).

والأهداف تتغير وتتطور تبعا للمستوى العلمي والثقافي وتبعا للظروف المحيطة.

مستويات الأهداف:

1- **الغايات:** هي الأهداف العامة التي تستغرق تحقيقها مدة زمنية طويلة وهي تمثل أهداف المجتمع.

2- **الأغراض:** وهي أهداف أقل عمومية من الغايات وتحقق مدة زمنية أقل،وهي تمثل أهداف التربية وأهداف المراحل التعليمية المختلفة.

3- **الأهداف السلوكية:** وهي أهداف إجرائية، وهي الأهداف الخاصة بكل مادة دراسية ولكل درس محدد وتصاغ هذه الأهداف في عبارات تصف الأداء المتوقع من المتعلم بعد الانتهاء من دراسة برنامج معين أو درس من الدروس اليومية.

مصادر اشتقاق الأهداف التربوية:

من أبرز المصادر التي تشتق منها الأهداف التربوية ما يلي:

1- المجتمع وفلسفته التربوية وحاجاته وتراثه الثقافي.

2- خصائص المتعلمين وحاجاتهم وميولهم ودوافعهم وقدراتهم العقلية وطرق تفكيرهم وتعلمهم.

3- مكونات عملية التعلم،وأشكال وأنواع المعرفة ومتطلباتها،وما يواجه المجتمع من مشكلات نتيجة التطور العلمي والتكنولوجي.

4- اقتراحات المختصين في التربية والتعليم وعلم النفس.

5- دوافع ورغبات واتجاهات معدي المناهج التربوية،والمعلمين المشاركين في إعدادها وتنفيذها.

(2) الأهداف السلوكية للمادة الدراسية.

مفهوم الهدف السلوكي:

جملة أو عبارة مفيدة تصف نوع القدرات العقلية التي ترمي عملية التعليم إلى تحقيقها والتي تكون قدرات إدراكية فكرية أو شعورية أو مهارات حركية تعبر عنها الطالبات بصورة سلوك محسوس يمكن ملاحظته أو عده أو قياسه.

كما عرف الهدف السلوكي بأنه: التغيير المرغوب فيه المتوقع حدوثه في سلوك المتعلم، والذي يمكن تقويمه بعد مرور المتعلم بخبرة تعليمية معينة.

1- **تغير:** أن المتعلم قبل التعلم لا يستطيع الأداء، أو أن هماك أداء خاطئ أو ناقص، ويصبح بعد التعلم قادراً على الأداء الصحيح التام.

2- **سلوك:** السلوك هو فعل ظاهر يمكن ملاحظته.

3- **المتعلم:** سلوك المتعلم يخرج سلوك المعلم (إجراءات التدريس).

4- **المرغوب فيه:** أنه مرغوب فيه ومخطط لتحقيقه.

5- **نتيجة للتعلم:** يؤديه المتعلم بعد التعلم لأنه تعلم، لا أثناء التعلم ليتعلم.

ويعرف ميجر 1984،Mager أن الهدف السلوكي هو الأداء النهائي القابل للملاحظة والقياس والذي يتوقع من المتعلم القيام به بعد المرور بالموقف التعليمي

ومن تعريف ميجرMager ، 1984 أن الأهداف السلوكية تتميز بما يلي:

- مشتقة من الأهداف التعليمية.
- عبارات محددة جدا.
- تحتاج إلى وقت قصير لتحقيقها (حصة أو نشاط تعليمي).
- قابلة للمشاهدة والقياس.
- تقع مسؤولية صياغة الأهداف على المعلمين.

أهمية صياغة أهداف التدريس صياغة سلوكية:

إن العملية التعليمية أو التربية المدرسية محصلة عمليات عشوائية ولا عفوية،أي أنها عمليات مقصودة ومؤسسة على أسس علمية.ومن هنا تتضح أهمية وضوح وتحديد أهداف التدريس.

لاشك أن التلاميذ يحاولون دائماً أن يتعرفوا على المبررات التي من أجلها يدرسون موضوعاً ما، وكثيراً ما يتشككون في جدوى أو قيمة ما يدرسونه أو بعضه على الأقل، كما أنهم كثيراً ما يتساءلون عن أسباب دراستهم لموضوع ما وأهميته، وذلك يعني أنهم في حاجة إلى معرفة أهداف التدريس، ومن خلال ذلك يمكن أن يعرفوا أهمية دراستهم للموضوع، وهذا الأمر يتوقف بطبيعة الحال على مدى كفاءة المعلم في تحديد أهداف الدروس وصياغتها، ومدى اقتناعه بأهمية عرض أهداف الدرس على تلاميذه منذ البداية.

وقد يرى بعض المعلمين أن هذا الأمر ليس مهماً، ومرجع ذلك هو أنهم يعتقدون أن التلاميذ لا يهمهم سوى أن يردد المعلم على مسامعهم محتويات الكتاب المدرسي أو أن يشرح لهم الغامض منها أو ما إلى ذلك، ولكن الحقيقة هي أن التلاميذ يحتاجون دائماً

إلى معرفة المبرر أو المبررات التي تجعل من دراستهم لموضوع ما أمراً هاماً، ومن هنا ندرك تماماً أن المعلم عندما يخطط لدرسه يكون في أمس الحاجة إلى رصد الأهداف السلوكية أو التعليمية حتى يعطي مبرراً لما يقوم بتدريسه لتلاميذه.

وتتضح أهمية الأهداف السلوكية وصياغتها من ثلاث اتجاهات أساسية، هي:

(أ) بالنسبة للمعلم:

إن صياغة أهداف التدريس صياغة واضحة محددة تصف الأداء الذي يتوقعه المعلّم من المتعلمين كدليل واضح على التعلم، أي على التغيير المتوقع في سلوك هؤلاء المتعلمين، وهذه الصياغة تساعد المعلّم على ما يلي:

- يتعرف على مستوى طلابه قبل البدء بالتدريس،حيث تساعده في اختيار ما يناسب الطلاب من طرق التدريس.

- يحدد عند تجميع المادة العلمية على ما يحقق الأهداف المرتبطة بكل درس ووحدة دراسية.

- يختار الأنشطة التعليمية والوسائل التي تساعد الطالب في تحقيق السلوك المطلوب.

- يعد تخطيط جديد للدرس وإجراءاته ويتحقق من ذلك عن طريق الأهداف السلوكية.

- يختار أساليب التقييم التي يستطيع من خلالها قياس مدى تحقيق الأهداف المرغوبة.

- أن يهتم في توازن بجوانب المقرر الدراسي، وأن يخطط تدريسه تبعا لتلك الأهداف المحددة، دون إطالة في جزء أو إغفال جزء من أجزاء هذا المقرر.

- يحصل على نتائج عملية التقييم ويعرف على نواحي القوة ويدعمها ونواحي الضعف ويحاول علاجها.

(ب) بالنسبة للطالب:

إن معرفة المتعلمين للأهداف التي يضعها المعلّم، والتي تصف -بالتحديد - السلوك المتوقع أن يسلكوه كدليل على تعلمهم تساعدهم على:

- التركيز على النقاط الأساسية في الدرس والمحاور الهامة المراد تعلمها.

- تقسم الدرس إلى أهداف سلوكية يساعد الطلاب على معرفة الطلاب بما يجب أن يتعلمه مما يؤدى إلى حفزهم على التعلم.

- معرفة الطالب للأهداف السلوكية للدرس تجعل الطلاب لا يهابون عملية التقييم وتساعدهم في عدم الرهبة من الامتحانات.

- تسلسل المعلومات وربط المعلومات الجديدة بالسابقة.

- معرفة جوانب الضعف وعلاجها والقوة وتدعيمها.

- الثقة في العملية التعليمية بصفة عامة والمعلم بصفة خاصة، وأن هناك جدية في العملية التعليمية.

(ج) بالنسبة للمادة الدراسية.

يساعد تحديد أهداف التدريس على:

- تحليل المادة الدراسية إلى مفاهيم ومدركات أساسية، والاهتمام بالمهم والتركيز على الأفكار الرئيسة.

- وضوح ترابط العلم وتتابع المواضيع.

- وضوح المستويات لمضمون المادة العلمية، سواء معلومات أو مهارات أو اتجاهات تبعا لمستوى سن الطلاب.

- تحديد ووضوح الترابط والتكامل بين مجالات العلم الواحد.

● تنمية المادة الدراسية،لأن الأهداف السلوكية تدفع المعلم على تحضير المادة العلمية على الوجه الأكمل وتحضير ما يلزم من وسائل ومواد تعليمية لتحقيق تلك الأهداف.

شروط صياغة الهدف السلوكي:

1- أن تصف العبارة السلوك المتوقع عند المتعلم بعد المرور بالموقف التعليمي.

2- أن تصف العبارة سلوكا تسهل ملاحظته ويمكن تقويمه - مثال: أن يعطي الطالب مثالا على الفعل الماضي.

3- أن تبدأ العبارة بفعل كما يلي:

● أن يكون مضارعا إجرائيا على اعتبار أن المتعلم سيقوم به.

● أن يشير إلى نتيجة التعلم وليس إلى عملية التعلم.

● أن يشير إلى سلوك يقوم به المتعلم وليس المعلم.

4- أن يصاغ على النحو التالي:

أن + الفعل السلوكي + التلميذ + المحتوى + شرط الأداء.

5- أن لا تشتمل العبارة على أكثر من فعل واحد.

6- أن لا تشتمل العبارة على أكثر من ناتج تعليمي واحد.

7- عدم استعمال الأهداف الغامضة ووضوح العبارات.

8- أن يحدد الهدف المستوى الذي على الطالب بلوغه.

9- أن لا تكون العبارة طويلة.

10- أن تكون الأنشطة الصفية ملائمة للأهداف.

مجالات الأهداف السلوكية

أولا: المجال الإدراكي (المعرفي)

- التذكر.
- الفهم.
- التطبيق.
- التحليل.
- التركيب.
- التقويم.

ثانياً: المجال النفسي حركي (المهاري)

تصنيف الأهداف ويشير هذا المجال إلى المهارات التي تتطلب التنسيق بين عضلات الجسم كما في الأنشطة الرياضية للقيام بأداء معين. وفي هذا المجال لا يوجد تصنيف متفق عليه بشكل واسع كما هو الحال في تصنيف الأهداف المعرفية.

ثالثاً: المجال الوجداني (العاطفي)

ويحتوي هذا المجال على الأهداف المتعلقة بالاتجاهات والعواطف والقيم كالتقدير والاحترام والتعاون. أي أن الأهداف في هذا المجال تعتمد على العواطف والانفعالات.

وبالنظر إلى التصنيف السابق للأهداف السلوكية يمكن تقسيمها إلى ثلاثة مجالات رئيسية، وكل مجال يتضمن مستويات متدرجة من الأسهل إلى الأصعب؛ على أن هذه المجالات متداخلة ومترابطة في السلوك الإنساني، وهذا جدول يوضح تلك المجالات السلوكية ومستوياتها:

جدول رقم (1) تصنيف الأهداف السلوكية وكيفية صياغتها.

نوع الهدف السلوكي	بداية الهدف بـ أن	من بين الأفعال السلوكية المبينة أو ما يشابهها	كتابة كلمة تلميذ أو طالب		
الأهداف المعرفية Cognitive Domain	أن	يوضح - يذكر - يحدد - يبين	التلميذ/ الطالب	جزء من موضوع الدرس	ضبط الهدف بأي ضابط أو تحديد الوقت لفهم المعلومة بالدقيقة أو الساعة. وهو ما يعرف بالمعيار الكمي أو الكيفي.
الأهداف المهارية Psychomotor Domain	أن	يرسم - يعد	التلميذ/ الطالب		
الأهداف الوجدانية Affective Domain	أن	يقدر - يستخرج	التلميذ/ الطالب		

(3) المحتوى العلمي للمنهج

يعرف محتوى المنهج بأنه هو فقرات المادة المقررة، الموضوعة في الكتاب المدرسي. ويتكون المحتوى العلمي للمنهج مما يلي:

- الحقائق.
- المفاهيم.
- النظريات.
- التعميمات والقواعد والمبادئ والقوانين.

وقبل تحديد المحتوى يجب الإجابة على الأسئلة التالية: ما هي المعارف والمهارات التي لابد أن يتعلمها جميع الطلاب؟ وكيف يتم تحديد ما يمكن تضمينه في المناهج من ذلك الذي لا يمكن تضمينه؟ هل ينبغي أن يتعلم جميع الطلاب نفس المحتوى؟ أم يميز ذلك حسب قدراتهم واهتماماتهم؟ وعندما نحدد النتاجات المرغوبة في صورة أهداف سلوكية أو في صورة أهداف كما تراها النظرية البنائية في التعلم؛ هل نعني فعلاً جميع الطلاب (100%) أم أفضل 30% من الطلاب أم 70% منهم قد كتبت لهم الأهداف، وكيف يمكن الارتقاء بمستوى التعلم بحيث لا يستهدف المستويات المتدنية من التعلم، كيف يمكن للمعلم مواءمة المنهج بحيث يستهدف فهماً عميقاً ومستمراًًًً ضمن الوقت المتاح له.

وقبل تحديد ما سيتعلمه المتعلم لابد من تحديد من هو المتعلم ولماذا ذلك المحتوى، وترشدنا البحوث التربوية بطول المدة اللازمة للتدريس من أجل الفهم عن التدريس من أجل الحفظ،ويجتهد المعلمون في سبيل تحقيق الأهداف وتوصيل محتوى المنهج ولربما يكرر المعلم موضوع درسه إلى أكثر من مرة فعند تدريس مفهوم أن المادة تتكون من دقائق صغيرة أو الفرق بين مفهومي الحرارة ودرجة الحرارة - إن تلك الإشكالية متغلب عليها طالما كان هناك ترابطاً حقيقياً يساعد المتعلمين على تكوين إطار مفاهيمي يسترجع به المتعلم ما تعلمه من معارف ويحولها إلى فهم أكثر شموليه وفي سياق جديد، إن بناء مثل هذه القدرات العقلية تقدم أساساً للتعلم مدى الحياة والذي يعتبر هدفا عاما لجميع المواد.

خطوات تحديد المحتوى

من الممكن تحديد المحتوى من خلال الخطوات التالية:

أ- تحديد النتاجات المرغوبة:

وفي هذه المرحلة يتم تحديد المحتوى (المفردات، الموضوعات، والمهارات، والمفاهيم) ويلخص الشكل التالي هذه المرحلة حيث تمثل الدائرة الوسطى المحتوى المراد تقديمه

خلال تنفيذ وحدة دراسية والمعتمدة على خبرات المتعلمين ومعارفهم السابقة والتي تظهرها الدائرة الكبرى وصولاً للنتائج المرغوبة الممثلة بالدائرة الصغرى وهي المعارف التي ينبغي على المتعلم الإلمام بها من تلك الوحدة الدراسية، والتي تساعده للفهم الكامل لبعض المفاهيم وتشكل حجر الزاوية في ذلك المحتوى بحيث يمكن التسليم مستقبلا بقبول ترك التفاصيل والبقاء على ثبات تلك المفاهيم والتي يستند إليها في تكوين المفاهيم الكبرى والتعميمات ولربط المعارف وتكاملها.

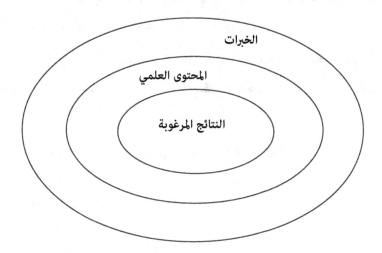

شكل رقم (1) يوضح النتائج المرغوبة من خلال الخبرات والمحتوى

المعايير التي يعتمد عليها المعلم في تحديد ذلك :

توجد أربعة معايير يمكن الاعتماد عليها في تحديد المحتوى

- **المعيار الأول:** إلى أي مدى يتمتع الموضوع أو المهارة بقيمة راسخة تبقى أو بإمكانيته البقاء إلى ما بعد حجرة الدراسة (بحيث يخدم المفاهيم الرئيسية، والمبادئ، والتعميمات، ويكون قابلاً للتطبيق في مواقف جديدة، وسيخدمه وهو راشد).

- **المعيار الثاني:** إلى أي مدى تكمن الفكرة أو الموضوع أو المهارة في صميم المعرفة (discipline) على أساس أنه يمكن تعميمها واختبارها والاستفادة منها.

- **المعيار الثالث:** إلى أي مدى تحتاج المعرفة (الفكرة) أو الموضوع أو العملية العقلية إلى أن تكشف وتقدم - (المعلومات المجردة في الوحدة الدراسية، المفاهيم أو العمليات العقلية والتي يعاني الطلاب صعوبة في فهمها، المفاهيم الخاطئة لدى الطلاب).

- **المعيار الرابع:** إلى أي مدى تقدم الفكرة أو الموضوع أو العملية القلية احتمالات لجذب الطلاب وإثارة فضولهم (يستمتع الطلاب على مختلف أعمارهم بالخبرة المباشرة، الأسئلة المثيرة، العروض المثيرة - الكمبيوتر).

يمكن تحديد واختيار المحتوى العلمي للمنهج من العناصر التالية:

1- البحوث والدراسات السابقة.

2- الكتب والمجلات العلمية.

3- الزيارات الميدانية.

ويتم إعداد محتوى المنهج من دراسة العناصر التالية:

- الموضوعات.

- المادة العلمية.

- دقة اللغة.

- الوسائل والأنشطة التعليمية.

- الأساس السيكولوجي والتربوي.

- التدريبات والتقييم والتقويم.

وبالتالي يقوم معد المنهج بدراسة كل عنصر من العناصر السابقة من خلال البحث عن إجابات واضحة للتساؤلات التالية وصياغة توصيات على ضوء إجابة هذه التساؤلات:

أولاً: تساؤلات تختص بالموضوعات هي:

☞ هل تحقق الموضوعات أهداف المنهج المقرر؟

☞ هل الموضوعات مرتبة ترتيباً علميا ومنطقياً؟

☞ هل ترتيب الموضوعات يسير بحيث يبنى على موضوعات في مرحلة سابقة ويمهد لموضوعات جديدة في المرحلة اللاحقة؟

☞ هل الموضوعات مرتبة من الأسهل إلى الأصعب؟

☞ هل الموضوعات مختصرة اختصارا مخلاً وتحتاج إلى تكملة أو تفصيلا أكثر؟

☞ هل توجد موضوعات مطولة وتحتاج إلى اختصار.؟.

☞ هل توجد موضوعات معقدة أو صعبة وتحتاج إلى تبسيط؟

ثانياً: التساؤلات في عنصر المادة العلمية:

☞ هل المادة العلمية سليمة وصحيحة علميا؟

☞ هل مستوى المادة مناسب للمرحلة؟

☞ هل التقارير والتعريفات والقوانين مكتوبة بوضوح وعناية؟

☞ هل هناك تركيز على النقط الهامة بإظهارها بوضوح عن طريق وضع خطوط تحتها أو كتابتها بلون مختلف؟

☞ هل توجد خلاصة (تذكر أن)عند نهاية كل باب تجمع المعارف والمفاهيم؟

☞ هل استخدام الرموز سليم ودقيق وغير متعب؟

☞ هل الجداول والأشكال البيانية سليمة ودقيقة؟

ثالثاً: التساؤلات في عنصر اللغة.

☞ هل اللغة صحيحة الصيغة؟

☞ هل اللغة مشوقة وتثير تفكير الطالب؟

- هل يمكن قراءة المقرر وتفهمه؟
- هل الرموز المستخدمة ذات معنى واضح؟
- هل التعريفات تستخدم المصطلحات التي يفهمها الطالب؟

رابعاً: التساؤلات في عنصر الأساس السيكولوجي والتربوي:

- هل الموضوعات تنمى دوافع التعلم؟
- هل الموضوعات تشبع ميول الطلاب؟
- هل المفاهيم المختلفة موضوعة بحيث تتيح للتلاميذ فرصة لاكتشاف الأفكار عن طريق التفكير البناء، التجريب، حل المشكلات، التحليل، التقييم؟
- هل الموضوعات تناسب قدرات التلاميذ المختلفة؟
- هل يحتوي الكتاب على أساليب تقويم للطلاب لقياس التحصيل؟
- هل الموضوعات تميز بين الفروق الفردية بين الطلاب؟

خامساً: التساؤلات في عنصر الاسئلة والتدريبات:

- هل يوجد تنوع في الأسئلة وهل عددها كافي؟
- هل التدريبات تحتوي على مشاكل تثير التفكير الخلاق لدى الطالب؟
- هل الأسئلة متدرجة في الصعوبة؟
- هل التدريبات والأمثلة المحلولة كافية ومفهومة؟
- هل هناك أسئلة موضوعة لتقديم واكتشاف الموضوعات اللاحقة؟
- هل الأسئلة تعتمد على المعلومات التي سبق شرحها؟

سادساً: التساؤلات في عنصر الوسائل وتوظيف المستحدثات التكنولوجية:

- هل يشير الكتاب أو يدل على بعض الوسائل؟

☞ هل يشير المنهج إلى استخدام السبورة الالكترونية؟

☞ هل يشير المنهج إلى توظيف استخدام السبورة الالكترونية في تحقيق أهداف الدرس؟

☞ هل يشير المنهج إلى استخدام الملصقات؟

☞ هل يشير المنهج إلى توظيف استخدام الملصقات في تحقيق أهداف الدرس؟

☞ هل يشير المنهج إلى استخدام الصور واختيار المناسب منها؟

☞ هل يشير المنهج إلى توظيف استخدام الصور في تحقيق أهداف الدرس؟

☞ هل يشير المنهج إلى استخدام النماذج؟

☞ هل يشير المنهج إلى توظيف استخدام النماذج في تحقيق أهداف الدرس؟

☞ هل يشير المنهج إلى استخدام العينات؟

☞ هل يشير المنهج إلى استخدام الصور المتحركة؟

☞ هل يشير المنهج إلى توظيف استخدام الصور المتحركة في تحقيق أهداف الدرس؟

☞ هل يشير المنهج إلى استخدام التمثيليات؟

☞ هل يشير المنهج إلى توظيف التمثيليات والأدوار في تحقيق أهداف الدرس؟

☞ هل يشير المنهج إلى توظيف استخدام الرسوم والجداول البيانية في تحقيق أهداف الدرس؟

☞ هل يشير المنهج إلى توظيف استخدام الخرائط في تحقيق أهداف الدرس؟

☞ هل يشير المنهج إلى توظيف استخدام المعرض في تحقيق أهداف الدرس؟

☞ هل يشير المنهج إلى توظيف استخدام الإذاعة في تحقيق أهداف الدرس؟

☞ هل يشير المنهج إلى توظيف استخدام التلفزيون في الأغراض التعليمية؟

☞ هل يشير المنهج إلى توظيف استخدام الأفلام في الأغراض التعليمية؟

☞ هل يشير المنهج إلى توظيف استخدام الرحلات التعليمية؟

☞ هل يشير المنهج إلى توظيف استخدام جهاز الكمبيوتر في الأغراض التعليمية (إعداد الكتاب الإلكتروني - استخدام الكتاب الإلكتروني في الأغراض التعليمية - إعداد البرمجيات التعليمية - استخدام البرمجيات في الأغراض التعليمية - استخدام شبكة المعلومات «الإنترنت» في الأغراض التعليمية)؟

☞ هل يشير المنهج توظيف استخدام جهاز عرض الشفافيان في الأغراض التعليمية؟

☞ هل يشير المنهج توظيف استخدام جهاز عرض الشرائح الفوتوغرافية في الأغراض التعليمية؟

☞ هل يشير المنهج توظيف استخدام جهاز عرض الشرائح الميكروسكوبية في الأغراض التعليمية؟

☞ هل يشير المنهج توظيف استخدام جهاز عرض الأفلام الثابتة في الأغراض التعليمية؟

☞ هل يشير المنهج توظيف استخدام جهاز عرض الأفلام التعليمية في الأغراض التعليمية؟

☞ هل يشير المنهج توظيف استخدام جهاز عرض الأفلام الحلقية في الأغراض التعليمية؟

☞ هل يشير المنهج توظيف استخدام جهاز عرض الصور المعتمة في الأغراض التعليمية؟

☞ هل يشير المنهج توظيف استخدام جهاز عرض الفيديو كاسيت أو الاسطوانة في الأغراض التعليمية؟

☞ هل يشير المنهج توظيف استخدام جهاز عرض تليفزيوني في الأغراض التعليمية؟

☞ هل يشير المنهج توظيف استخدام جهاز عرض الكاسيت أو الاسطوانة الصوتية في الأغراض التعليمية؟

☜ هل يشير المنهج توظيف استخدام جهاز عرض قراءة الميكروفيلم والميكروفيش في الأغراض التعليمية؟

سابعا: التساؤلات في عنصر الأنشطة التعليمة

☜ هل المنهج يرشد إلى استخدام الأنشطة التعليمة؟

☜ هل المنهج به أنشطة تعليمية كافية؟

☜ هل المنهج به أنشطة تناسب موضوعات دروس المنهج؟

☜ هل المنهج يقدم أنشطة تعليمة يمكن تطبيقها في المنهج؟

ثامنا: التساؤلات في عنصر إخراج الكتاب

☜ هل كتابة الصفحة جذابة ومريحة للعين؟

☜ هل التنظيم والعناوين ووضع المادة مناسب؟

☜ هل حجم الكتاب مناسب؟

☜ هل غلاف الكتاب جذاب ويدل على محتوى الكتاب،وهل الورق جيد؟

☜ هل نوع الخط المكتوب به الكتاب مناسب لحجم الورقة، وهل الألوان واضحة؟

تاسعا: التساؤلات في العناصر المساعدة للمنهج:

☜ هل يحتوي المنهج على بنك للأسئلة؟

☜ هل يحتوي المنهج على اختبارات تحصيلية؟

☜ هل يوجد للمنهج دليل للمعلم؟

عاشرا: التساؤلات في عنصر التقييم والتقويم:

☜ هل يوجد بالمنهج تقويم تكويني؟

☜ هل يوجد بالمنهج تقويم نهائي؟

(4) المهارات والاستعدادات

إن حصول الطلاب على قدر من المهارات يتوقف على مقدرتهم على استيعابها فيجب عند إعداد المنهج أن يتسم بمعرفة استعدادات الطلاب للتعلم ومن المفترض أيضا أن يشمل المنهج مجموعة من المهارات الحياتية التي تسهم إعدادهم للحياة فلا توجد قائمة محددة لمهارات الحياة. أما القائمة أدناه فتشتمل على المهارات النفسية الاجتماعية ومهارات العلاقات بين الأشخاص التي تعتبر مهمة بشكل عام. وسوف يتباين اختيار المهارات المختلفة، والتركيز عليها، وفقاً للموضوع وللظروف المحلية (على سبيل المثال، فإن مهارة صُنع القرار يُحتمل أن تبرُز بقوة في موضوع الوقاية من فيروس نقص المناعة البشرية المكتسب/إيدز، في حين أن مهارة إدارة النزاعات يُمكن أن تكون أكثر بروزاً في برنامج لثقافة السلام). ومع أن القائمة توحي بأن هذه الفئات متميِّزة بعضها عن الآخر، فإن العديد من المهارات يُستخدم في آنٍ واحدٍ معاً أثناء التطبيق العملي. على سبيل المثال، فإن مهارة صنع القرار غالباً ما تتضمن مهارة التفكير الناقد «ما هي خياراتي؟» ومهارة توضيح القيم «ما هو الشيء المهم بالنسبة لي؟». وفي نهاية المطاف، فإن التفاعل بين المهارات هو الذي يُنتج المُخرجات السلوكية القوية، ولاسيما عندما يكون هذا النهج مدعوماً باستراتيجيات أُخرى مثل وسائل الإعلام، والسياسات والخدمات الصحية.

أولا: مهارات التواصل والعلاقات بين الأشخاص

مهارات التواصل الخاصة بالعلاقات بين الأشخاص

- التواصل اللفظي/غير اللفظي.
- الإصغاء الجيد.
- التعبير عن المشاعر، وإبداء الملاحظات والتعليقات (من دون توجيه اللوم)، وتلقي الملاحظات والتعليقات.

مهارات التفاوض/ الرفض

- مهارات التفاوض وإدارة النزاع.
- مهارات توكيد الذات.
- مهارات الرفض.

التقمُص العاطفي (تفهم الغير والتعاطف معه)

- المقدرة على الاستماع لاحتياجات الآخر وظروفه وتفهمها والتعبير عن هذا التفهم.
- التعاون وعمل الفريق.
- التعبير عن الاحترام لإسهامات الآخرين وأساليبهم المختلفة.
- تقييم الشخص لقدراته وإسهامه في المجموعة.
- مهارات الدعوة لكسب التأييد.
- مهارات التأثير على الآخرين وإقناعهم.
- مهارات التشبيك والحفز.

ثانيا: مهارات صنع القرار والتفكير الناقد

- مهارات صنع القرار وحل المشكلات.
- مهارات جمع المعلومات.
- تقييم النتائج المستقبلية للإجراءات الحالية على الذات وعلى الآخرين.
- تحديد الحلول البديلة للمشكلات.
- مهارات التحليل المتعلقة بتأثير القيم والتوجهات الذاتية وتوجهات الآخرين عند وجود الحافز أو المؤثر.
- مهارات التفكير الناقد.
- تحليل تأثير الأقران ووسائل الإعلام.
- تحليل التوجهات، والقيم، والأعراف والمعتقدات الاجتماعية والعوامل التي تؤثر فيها.
- تحديد المعلومات ذات الصلة ومصادر المعلومات.

رابعا: مهارات التعامل وإدارة الذات

- مهارات لزيادة المركز الباطني للسيطرة
- مهارات تقدير الذات/بناء الثقة
- مهارات الوعي الذاتي بما في ذلك معرفة الحقوق، والتأثيرات، والقيم، والتوجُّهات، ومواطن القوة ومواطن الضعف.
- مهارات تحديد الأهداف.
- مهارات تقييم الذات / التقييم التقديري للذات ومراقبة الذات.
- مهارات إدارة المشاعر.
- إدارة امتصاص الغضب.
- التعامل مع الحزن والقلق.
- مهارات التعامل مع الخسارة، والإساءة، والصدمات المؤلمة.
- مهارات إدارة التعامل مع الضغوط.
- إدارة الوقت.
- التفكير الإيجابي.
- تقنيات الاسترخاء.

(5) الاتِجاهات والميول

تلعب الاتجاهات والميول دورا كبيرا في حياة الإنسان كالدافع لسلوكه في أوجه حياته المختلفة لذلك فهي من الموضوعات التي تلاقي اهتماما كبيرا من علماء النفس والمربين وأجريت حولها دراسات كثيرة.

إن غرس الاتجاهات والميول والمساعدة على نموها جزء هام من التربية،و لذلك كان للمنزل والمدرسة والمجتمع الدور الكبير والفاعل في غرس هذه الاتجاهات.

(6) التدريبات والتطبيقات

فيجب إعطاء تدريبات وتطبيقات مناسبة للموضوعات والحدات الدراسية تسهم في زيادة فاعلية العملية التعليمية.

(7) دور المدرسة في إعداد المناهج والتوجيه التربوي

تؤدى المدرسة دورها في عملية المنهج من خلال تدعيم المنهج الرسمي وغير الرسمي؛ فالمنهج الرسمي هو ما يتوقع من المدرسة أن تكسبه للطلاب من خلال مجموعة من المقررات التي يتم تدريسها داخل نطاقها أما المنهج غير الرسمي (The Informal Curriculum) وبدأ الاهتمام بالمنهج غير الرسمي منذ فترة غير طويلة على يد بعض التربويين المهتمين كديوي في عام 1938 ومتز في عام 1978وحاليا يتبناه كل من مكاسلن وجود اللذان يعرفان المنهج غير الرسمي على انه المادة العلمية التي على رغم عدم إقرارها من المدرسة بقصد فهي تدرس ولكن بطريقة غير مباشرة، أي أن هناك العديد من الطلاب الذين يتعلمون هذه المادة بمفردهم، فبالتعامل مع الجماعة والتعاون معهم يتعلمها الطالب عن طريق هذه التطبيقات، إضافة إلى أنها تعرفه على شخصيته وقدراته العلمية في المدرسة.

المنهج غير الرسمي منهج غير مقرر من قبل وزارة التربية والتعليم ولا يوجد له توصيف خاص به ولا يتم متابعته في نظامنا التعليمي، إلا إن مكاسلن وجود يعتقدان بأنه يمثل الجانب الحقيقي في حياة الطالب المدرسية، وتفاعل الطالب مع الآخرين.

يتطلب المنهج غير الرسمي تخطيطا واضحا بعيدا عن العشوائية وتقبل من المدرسة لدورها ليكون أكثر من مجرد تعليم القراءة والكتابة،والمعارف، فقد أكد الباحثون على هذه الناحية فنجد برلينر (1992) ينادي بالاهتمام بالمحصلات غير الأكاديمية للمدرسة في المجتمع الأمريكي ذاكرا بان التخلي عن العديد من الموظفين سببه هو قلة مهارات

التفاعل مع الآخرين وعدم الالتزام بالمسؤولية الشخصية، ولا شك أن العديد من أولياء الأمور سيتفقون بأن أول عمل يجب أن تقوم به المدرسة هو الاهتمام والرعاية لأطفالنا قبل تقديم المنهج الرسمي، الرعاية والاهتمام بالعلاقات الإنسانية يجعل المنهج غير الرسمي قوي وفعال في الحياة المدرسية.

كما تلعب المدرسة دوراً بارزاً في عملية التوجيه التربوي والمهني، وذلك على النحو التالي:

1- تقوم المدرسة بتعديل السلوك الضار بالطفل الذي اكتسبه من منزله غير الصالح، وتوجيهه توجيهاً اجتماعياً سليماً؛ أي أنها تصحح ما وقعت فيه الأسرة من أخطاء في تربية الطفل.

2- تشكيل شخصية الطفل بطرق التدريس التي تقوم على اعتماد الطفل على نفسه واستقلال تفكيره الخاص، وتعويده الاستقلال بالرأي عن طريق المناقشة الحرة واحترام ذاته والابتعاد عن طرق التدريس القائمة على الحفظ والتسميع المجرَّدين.

3- تعويد الطالب على حكم نفسه بنفسه حتى ينبع النظام من ذات شخصيته، وحتى يشعر بالأمن واحترام الرأي العام وحتى لا يقوم سلوكه على الخوف وما يترتب عليه من نفاق ومراءاة وكبت... إلخ.

4- اكتشاف مواهب التلميذ وتشجيعها والعمل على تنميتها عن طريق الدروس النظرية والعملية وحصة النشاط المدرسي والهوايات... إلخ.

5- الاتصال المستمر بالوالدين أو القائمين على الطفل في المنزل والتعاون بين الجانبين لتربية التلميذ تربية سليمة متكاملة

6- تهيئة جو مدرسي محبَّب لدى التلاميذ يكون خالياً من الشقاق بين المدرسين والخلاف بين الرئيس والمرؤوس، والعمل على إخفاء ذلك تماماً عن علم التلاميذ في حالة وجوده

7- ربط المدرسة بالمجتمع وفتح أبواب جديدة للعمل وإعداد التلاميذ لها

(8) البيئة الطبيعية والبيئة المدرسيَة

تشكل سنوات الدراسة فترة إعداد الإنسان من جميع النواحي الجسدية والنفسية والاجتماعية والبيئية. ولهذا فإن المدارس تلعب دورا هاما في تحسين صحة الأجيال وسلوكهم واعتمادهم على أنفسهم من خلال تنمية مهارات حياتهم .

وتعتبر البيئة المدرسية: هي تداخل العوامل الطبيعية، البيولوجية والاجتماعية للمدرسة. وهي غير مقصورة فقط على الأبنية والملاعب والساحات، بل تشمل العوامل البيولوجية من حيوانات ونباتات في المدرسة، والعلاقات الاجتماعية بين الإدارة والمعلمين والطلبة والعاملين الآخرين في المدرسة، ويمكن أن تمتد للعلاقة مع المجتمع المحلي والمؤسسات الموجودة وبالتالي يتحقق الدور الكبير والفاعل في إعداد المناهج سواء للبيئة المدرسية أو المجتمع المحيط بالمدرسة.

وتتكون عناصر البيئة المدرسية مما يلي:

- موقع المدرسة.
- الساحات والملاعب.
- الأبنية المدرسية.
- الأثاث المدرسي.
- المرافق الصحية
- مقصف المدرسة
- البيئة الاجتماعية

تطوير المنهج

إن الاهتمام بالمنهج وتطويره حظي بكثير من العناية والاهتمام في كثير من دول العالم بما في ذلك الولايات المتحدة الأمريكية رائدة الحضارة وحاملة لواء العولمة في عصرنا الحاضر وما ذلك إلا لأهمية الدور الذي يقوم به في تشكيل شخصية المتعلمين في جميع

جوانب النمو المختلفة العقلية والجسمية والنفسية والاجتماعية، الأمر الذي يساعد في تكيفهم مع واقعهم المعاصر ويعدهم للمستقبل بكل متغيراته الحالية والمستقبلية.

إن ما تتناقله وتنشره وسائل الإعلام العربية ومنظمة اليونسكو من ضرورة تغيير المناهج الدراسية في الدول العربية حتى يواكب التغيرات العالمية، فمن المفترض أن يتم تغيير المناهج أو تبديلها بغية التطوير ومسايرة المستحدثات الحضارية والعلمية المعاصرة ولكن ليس كل تغيير بالضرورة يؤدي إلى تطوير، ولكن يجب أن يكون هذا التطوير مناسب لمجتمعاتنا الإسلامية والعربية بحيث لا يصطدم التطوير مع المعتقدات والقيم الدينية التي نسعى جاهدين للمحافظة عليها. إننا كأمة إسلامية ينبغي أن نحافظ على هويتنا وان تكون لنا شخصيتنا المستقلة وان نعرف بالضبط ماذا نريد وما نوعية الناتج البشري الذي نطمح إليه. وهذه هي تجارب الدول من حولنا فاليابان وألمانيا استشعرتا أهمية إصلاح نظامهما التعليمي بعد الحرب العالمية الثانية فتغير وضعهما من حال إلى حال، كما إن أمريكا نفسها استشعرت نفس الخطر المحدق بنظامها التعليمي فوجه وزير التربية في الولايات المتحدة(تيرل بل Terrel Bell) في أغسطس 1981م بتشكيل لجنة من ثمانية عشر عضواً لدراسة نظام التعليم في الولايات المتحدة وتقديم مقترحات لإصلاحه بهدف الرفع من مستوى التعليم لديهم، وقد قامت اللجنة بدراسة العديد من التقارير والبحوث حول تقويم التعليم وخلصت في أبريل 1983م بإصدار تقرير موجه إلى الشعب الأمريكي تحت عنوان (أمة في مواجهة الخطر) جاء فيه أن هناك اتجاهاً نحو التحصيل الأقل جودة وقبول مستويات متدنية من أداء الطلاب الأمر الذي ينذر ويهدد الشعب الأمريكي بفقد مكانته العلمية والاقتصادية وأيضا ثقافته وقيمه الاجتماعية.

ولا يمكن اعتبار المنهج وحدة منفصلة، فهو موجود في منظومة معقدة تتجاذبه تأثيرات اقتصادية واجتماعية، وثقافية ويؤدي أي تغيير في المنظومة بالضرورة إلى مراجعة المنهج على مستوى مؤسساتي، محلي، وإقليمي وحتى عالمي.

كما يعتبر تطوير المناهج المهمة الأساسية لرجال التربية والباحثين حيث يعد تطوير المناهج المهمة التي تنوط بها كليات التربية ومراكز البحوث التربوية، بيد أن تطوير المناهج لا يتم إلا بصورة كلية للعملية التعليمية.

مفهوم تطوير المنهج

يقصد بتطوير المنهج تصحيح أو إعادة تصميم المنهج بإدخال تجديدات ومستحدثات في مكوناته لتحسين العملية التعليمية وتحقيق أهدافها.

ولكي تتم عملية التطوير بصورة سليمة فلابد أن تكون أهدافها واضحة وشاملة لجميع جوانب العملية التعليمية ومعتمدة على أسس علمية، وأن تكون مستمرة وتعاونية يشترك فيها جميع المختصين في التربية والتدريس، وحتى تتحقق عملية التطوير لابد أن تكون مسايرة جنباً إلى جنب مع عملية تقويم المنهج حيث يتم تحديد الأخطاء وأوجه الضعف ونواحي القصور في المنهج ثم تُجرى الدراسات والتجارب لمحاولة التخلص من هذا القصور مع الاستفادة من الاتجاهات والخبرات التربوية واختيار المناسب منها والصالح لعاداتنا ولمجتمعنا.

حيث عرف أحمد حسين اللقاني تطوير المنهج على أنه «النظر إلى المنهج كله كعملية مركبة تستهدف قيادة العملية التربوية،فإذا كانت المدرسة هي وسيلة المجتمع لتربية الأبناء، فإن المناهج المدرسية هي وسيلة المدرسة في هذا الشأن، ويقصد بالقيادة هنا أن المناهج المدرسية سواء في مرحلة التخطيط أو التنفيذ أو التقويم أو التطوير إنما تعني أساسا تعليم مفاهيم واتجاهات وقيم ومهارات معينه للتلاميذ قي كل المراحل التعليمية وهذا كله إلى جانب ما تباح لهم أنشطة ومواقف تدريس يؤدى إلى تكوين مواطنين قادرين على تحمل مسئولية القيادة مستقبلا، ومن هنا تكون النظرة إلى المنهج باعتباره عملية قيادة مسألة فلسفية تتجه مباشرة إلى نوع الفكر التربوي المتاح بكل أبعاده وهو ما ينعكس مباشرة على عمليات المنهج».

وقد حدد حلمي الوكيل «مفهوم تطوير المنهج لا ينفصل أساس عن مفهوم المنهج في حد ذاته فالمنهج بمفهومة التقليدي كان عبارة عن المعلومات والحقائق والمفاهيم والأفكار التي يدرسها التلاميذ في صورة مواد دراسية وبالتالي تطوير المنهج وفقا لهذا المفهوم كان ينصب على تعديل وتطوير المقررات الدراسية بشتى الصور والأساليب، والمنهج بمفهومة الحديث هو مجموعة من الخبرات المربية التي تهيؤها المدرسة للتلاميذ تحت إشرافها بقصد مساعدتهم على النمو الشامل وعلى تعديل السلوك، وعلى هذا الأساس فإن التطوير وفقا لهذا المفهوم الحديث ينصب على الحياة المدرسية بشتى أبعادها وعلى كل ما يرتبط بها فلا يركز فقط على المعلومات في حد ذاتها وإنما يتعداها إلى الطريقة والوسيلة والكتاب والمكتبات والإدارة المدرسية ونظم التقويم ثم إلى التلميذ نفسه والبيئة التي يعيش فيها المجتمع الذي ينتمي إليه ».

ويرى ميريل Merril «أن تطوير المنهج يجب أن يشمل الجانب الكم والكيف معا، حيث يهتم التطوير أساسا بمحتوى المادة الدراسية كما يؤكد على أساليب التعلم التي تدور حول تنظيم العملية التعليمية ذاتها تنظيم يؤدى إلى النتائج المرغوبة والمستهدفة، وبالتالي تصبح العلاقة واضحة بين ما ينبغي أن يحدده المنهج من مادة فيصنفها وحللها ويرتبها، وبين الطريقة أو الكيفية التي يجب أن يتم تحديد هذه المادة وترتيبها وتنظيمها».

ويذكر برهامي عبد الحميد «أن تطوير المنهج هو جميع الخطوات والأفعال والإجراءات التي من خلالها يمكن إصلاح المنهج وتحسينه بحيث تكون نقطة البداية هي دراسة المنهج الحالي لمعرفة نواحي القوة ونواحي الضعف فيه، وترجمة أهدافه إلى الواقع الحي تمهيدا لوضع الخطط والبرامج اللازمة لتحقيق هذه الأهداف».

ويرى أحمد حسين اللقاني وفارعة حسن «أن المعلم هو جوهر أي إجراء يتم بالنسبة للمنهج لابد من أخذ الاعتبار للمعلم، حيث أن تطور تطوير الفكر التربوي وتزايد تراكمات خبراء صناعة المنهج اعتبر المعلم هو أحد العوامل الرئيسة في عملية تقويم المنهج وبناء على ذلك أصبح المعلم مشاركا في عمليتي التقويم فالمعلم هو

المسئول عن تنفيذ المنهج وهو المسئول عن تقويمه وبالتالي فأن المعلم هو الذي يستطيع أن يرصد الظواهر الإيجابية والسلبية في المنهج أما بالنسبة للتطوير حيث يتم تطوير المنهج وتجريبه على أيدي المعلمين أنفسهم ومن هنا تكو الخبر للمعلم. وبالتالي لابد أن يتجه إلى أهداف المنهج وقد يكون إعادة صياغة موضوعاته أو إضافة تدريبات كمعينة أو تنظيم تدريب مناسب للمعلمين في مداخل التدريس أو صياغة الأسئلة الشفوية أو الأسئلة التحريرية ن وقد يكون متجها إلى مصادر التعليم والحاجة إلى المزيد مها على أساس من التنوع والملائمة».

وأن تطوير المناهج عملية شاملة لجميع جوانب بناء المنهج من: مقررات دراسية، وطرق تدريس، وكتب دراسية، ومحتوى الكتاب، وشكل إخراج الكتاب، وتجريب الكتاب، ثم كتب أدلة المعلم، مع مراعاة أن يتم هذا البناء على ضوء إستراتيجية واضحة ومحددة للتعليم مع تحديد للوضع الراهن للمجتمع.

هذا بالإضافة إلى أن التطوير ديناميكي، وذلك لأن جميع العناصر التي تدخل في هذا التطوير بينها تفاعل مستمر، وكل عنصر يؤثر في باقي العناصر ويتأثر بها، لذا فإن الحركة والتأثير لا ينقطعان وهذا بدوره يؤدى إلى تغيير مستمر، والتغيير الهادف يؤدى إلى التطوير. ولذلك جاء هذا المقرر ليتناول تطور مفهوم المناهج والعوامل المؤثرة في تحسين عملية التدريس والأسس المختلفة كبناء المناهج وتحليل العناصر المختلفة للمنهج واستراتيجيات تحسين التدريس المتنوعة ودواعي تطوير المناهج وتحسين التدريس وكيفية التغلب علي معوقات التطوير.

وبدراسة التعريفات السابقة يتضح أن عملية تطوير المناهج تنصب على النقاط التالية:

1- تطوير المنهج عملية مركبة تستهدف قيادة العملية التربوية ويقصد بالقيادة هنا المناهج المدرسية سواء في مرحلة التخطيط أو التنفيذ أو التقويم أو التطوير.

2- تطوير المنهج ينصب على الحياة المدرسية بشتى أبعادها المعلومات والطريقة والوسيلة والكتاب والمكتبات والإدارة المدرسية ونظم التقويم ثم إلى التلميذ نفسه والبيئة التي يعيش فيها المجتمع الذي ينتمي إليه.

3- تطوير المنهج يجب أن يشمل الجانب الكم والكيف معا.

4- أن تطوير المنهج هو جميع الخطوات والأفعال والإجراءات التي من خلالها يمكن إصلاح المنهج وتحسينه.

5- أن تطوير المنهج لابد أن يتجه إلى أهداف المنهج.

6- أن تطوير المنهج يعني إحداث تغييرات في عنصر أو أكثر من عناصر منهج قائم بقصد تحسينه، ومواكبته للمستجدات العلمية والتربوية، والتغيرات في المجالات الاقتصادية، والاجتماعية، والثقافة.

7- أن تطوير المنهج عملية ديناميكية، وذلك لأن جميع العناصر التي تدخل في هذا التطوير بينها تفاعل مستمر، وكل عنصر يؤثر في باقي العناصر ويتأثر به.

وبالتالي يمكن التوصل للتعريف التالي لتطوير المنهج:

«أن تطوير المنهج هو عملية كلية تشتمل على كل عناصر التعلم من معلومات وكتب وتقنيات وبيئة تعليمية..الخ، بهدف إحداث تغيرات في جميع العناصر بما يحقق الأهداف المرجوة من العملية التعليمية ككل».

وأن من أهم خصائص التطوير والتجديد التربوي في مجال المناهج الدراسية في الآتي:

● إدخال التقنيات الحديثة في التعليم.

● تنويع التعليم الثانوي وتشعيبه بأقسامه الأربعة ربطاً للمنهج بحاجات التنمية ومطالب سوق العمل.

- إدخال مواد دراسية جديدة تلبية للتطورات التقنية والتغيرات الاجتماعية في المجتمع مثل ومادة الحاسب الآلي ومادة السلوك والتهذيب ومادة المكتبة والبحث.

- إثراء الوسط التربوي في المملكة العربية السعودية بعدد من المطبوعات التربوية في مجال المنهج وتطويره.

- تطوير المواد الدراسية تطويراً نوعياً بما يتوافق وحاجات الفرد والمجتمع.

كما ذكر كلا من أودرى وهوارد أن تطوير المنهج يتطلب أربع مراحل هي:

- دراسة دقيقة ومتعمقة للأهداف التي ينبغي أن نتوصل إليها من التدريس بالنسبة للمقرر أو للمنهج، وتعتمد مثل هذه الدراسة على كافة المصادر المتاحة من المعارف والتعميمات.

- التطوير من خلال استخدام الطرق التي يعتقد قي احتمال أن تؤدى بصورة جيدة في تحقيق الأهداف المراد الوصول إليها وتلاقى اتفاق من قبل المعلمون.

- تقييم عملية التطوير من خلال معرفة المدى الذي وصل فيه التطوير من تحقيق أهدافه من عدمه، وبالتالي تبرز الحلاجة إلى مراجعة هذه الأهداف بدقة.

- التغذية الراجعة للخبرات المكتسبة والتي تقدم بدورها المرحلة الأولى لعملية التطوير.

دواعي تطوير المنهج

صممت المناهج الحالية قبل فترة من الزمن وكانت مناسبة للظروف الاجتماعية حينذاك، وقد أدت دوراً بارزاً في خدمة المجتمع طيلة تلك الفترة. ولكن التطور السريع الذي حصل في المجتمع المعاصر من حيث المستوى الثقافي والاقتصادي، والتقني، وأساليب الحياة اليومية. ووسائل العيش ووسائل الإنتاج ووسائل المواصلات والاتصالات والتوسع العمراني في المدن والقرى، وما رافقها من هجرة من الريف

والبادية إلى المدينة كان له أثرٌ بالغٌ في تطور كثير من العلاقات الاجتماعية. كما أن الانفتاح العالمي من خلال وسائل الإعلام المختلفة والرحلات الداخلية والخارجية كان له أثرٌ كبيرٌ على التقاليد الاجتماعية وكل ذلك يستدعي تغيراً تربوياً موازياً.

يرى الخبراء أن تطوير القوى العاملة وتأهيلها يشكل نوعاً من الاستثمار في رأس المال البشري هو الذي يتحكم في رأس المال الاقتصادي. ولذا فإن الاستثمار في التربية هو استثمار في المستقبل، لأن الأجيال الصاعدة هي التي ستتحكم بمقدرات الأمة ومستقبلها. وقد ركزت توصيات البنك الدولي كثيراً على أهمية التطوير التربوي في الدول النامية من أجل تنمية القوى البشرية حفاظاً على رأس المال البشري لها

كما أكدت دراسات [اليونسكو] و[اليونسيف] على ضرورة التطوير التربوي في الدول النامية وبخاصة فيما يتعلق بتطوير المناهج وتدريب المعلمين وتنمية الموارد البشرية.

هناك عدة أسباب أدت إلى ضرورة إجراء عملية التطوير كما يلي:

- التغيرات المعرفية (الانفجار المعرفي) الكبيرة التي تطرأ على المجتمع والعالم.
- قصور المناهج الحالية ويمكن الحكم على ذلك من خلال الدراسات السابقة لتطوير المناهج ونتائج اختبارات الطلاب وأراء المشرفين وخبراء التربية وهبوط مستوى الخريجين ونتائج البحوث التي تجري في مجال التربية.
- التطويل والحشو في المقررات بالمعلومات على حساب العناية بطرق التفكير وحل المشكلات وضعف التنسيق والتكامل الأفقي والرأسي بين الخبرات.
- التغيرات الاقتصادية وبنية المجتمعات وتغير القوى الاقتصادية مثل النمور الأسيوية.
- عدم قدرة المناهج الحالية على الإسهام الفعال في التغيير الاجتماعي.
- أن هذه المناهج بحاجة إلى تطوير نوعي بما يتناسب مع التقدم العلمي والتحولات الاجتماعية والاقتصادية والتغيرات العالمية ومن ذلك أنها تحتاج إلى مزيد من:

1- الترابط والتكامل الأفقيين بين المواد الدراسية المختلفة.

2- تحديد الأهداف التعليمية بمختلف مستوياتها.

3- مراعاة حاجات المتعلمين عبر مراحل نموهم المختلفة في ضوء المتغيرات الاجتماعية والاقتصادية الجديدة.

4- المواءمة بين المواد الدراسية وحاجات المجتمع القائمة والمنتظرة.

5- مواءمة الجوانب التقنية وآثارها المترتبة على الفرد والمجتمع.

6- الربط بين العلم والحياة العملية، من خلال التركيز على إكساب المتعلم قدراً مناسباً من الخبرات المهنية المختلفة

7- التركيز على تنمية مهارات البحث العلمي والتجريب العملي

8- التركيز على تنمية المهارات العقلية العليا مثل مهارات التفكير الناقد ومهارات التفكير الإبداعي ومهارات حل المشكلات.

● عدم مواكبة برامج إعداد وتدريب المعلمين لمتطلبات العصر وعدم توافر برامج التنمية المهنية والمستدامة للمعلمين.

● تركيز عملية التقويم على استرجاع المعلومات وعدم تنوع أساليبه وأدواته في معظم الأحيان.

● ضرورة الاستفادة من تقنيات المعلومات والاتصالات في العملية التعليمية.

● مشكلة الغزو الثقافي.

● ظهور طرق واستراتيجيات تدريسية جديدة يجب أخذها في الاعتبار عند تطوير المناهج مثل التعليم الالكتروني.

● طبيعة العصر الذي نعيش فيه، يسهم في التقدم العلمي والتقني.

● عجز المناهج الحالية عن ملاحقة التطور في الفكر التربوي والنفسي.

● ارتفاع نسبة الفاقد في التعليم.

عوامل النجاح في تطوير المناهج

لضمان نجاح التطوير، يجب أن يتسم بما يلي:

- رؤية واضحة.
- إستراتيجية وهدف محددين.
- تطوير الإمكانيات البشرية (الإبداع التقني).
- مواكبة التطورات في طبيعة العمل والتطوّر المهني.
- الاستجابة للتغيرات في الاقتصاد، والزراعة، والثقافة والتعليم.
- التوازن ما بين المواضيع النظرية والتطبيقات العملية.
- توافر لوجيستية مناسبة (الوصول غير المقيّد إلى تقنيات التعليم المرتكزة على الحاسوب، واستخدام البريد الالكتروني)

وتطوير المنهج هو الوصول بالمنهج إلى أفضل صورة حتى يؤدي الهدف المطلوب منه بكفاءة بأقل تكاليف ووقت وجهد، والتطوير يختلف عن التغيير لان التغيير قد يكون نحو الأسوأ لكن التطوير هو عملية نحو الأفضل دائما.

المبادئ التي يجب مراعاتها عند بناء وتطوير المناهج

توجد العديد من المبادئ التي يجب مراعاتها عند إعداد وتطوير المناهج منها:

1- الارتكاز علي توصيف قائمة مفاهيم ومهارات للمنهج المقترح.

2- تحديد احتياجات المتعلمين وسوق العمل وذلك بما يتيح فرصة أكبر للطلاب في الالتحاق بسوق العمل وفق أحدث تقنيات العمل.

3- تحديد خصائص وقدرات المتعلمين.

4- تحديد المتغيرات البيئية (المحلية والعالمية) ذات الصلة بالمنهج.

5- التركيز على كل من الدراسة النظرية والممارسات العملية، وبذلك يكون المنهج قادرا على ترجمة الأفكار النظرية والممارسات العملية والتي يمكن ملاحظتها في سلوك المتعلمين.

6- التركيز علي إيجابية المتعلم أثناء عملية التعلم.

7- الاعتماد علي التعليم الجماعي ومجموعات العمل.

8- تحديد مهارات المنهج المقترح من خلال توظيف المستحثات التكنولوجية، بحيث يؤدى استخدام المستحدثات التكنولوجية إلى:

- تحديد طرق واستراتيجيات التدريس المناسبة.
- اختيار الوسائط التعليمية المناسبة.
- اختيار الأنشطة التعليمية المناسبة.
- مساعدة المعلم في بناء أسابب التقويم المناسبة لطبيعة الأداء المناسب.
- معرفة المتعلم بناتج التعلم يسهم في جعل العملية التعليمية أسرع وأبقى أثرا.
- توظيف الوسائط التكنولوجية التفاعلية.

9- مراعاة التسلسل المنطقي للمنهج والتتابع المنهجي للمنهج.

خطوات وإجراءات إعداد الإطار العام للمناهج

يتم إعداد الإطار العام استنادا إلى الأسس السابقة والتي تتضمن العناصر التالية:

1- الأهداف.
2- المحتوى.
3- طرق وأساليب التدريس.
4- الوسائط التعليمية.
5- الأنشطة.

6- أساليب التقويم.

7- ضبط المنهج.

وفيما يلي عرض لهذه العناصر:

1- أهداف المنهج

تعتبر عملية تحديد الأهداف أولى الخطوات الأساسية لتصميم المناهج وعلى أساسها يتم تحديد المحتوى، ويتم اختيار مواقف التعلم المناسبة، كما أنها أساس اختيار طرائق التدريس، وكما أنها تزودنا بأساليب التقويم السليمة للحكم عل مدى نجاح المنهج وتحقيقه للأهداف.

إن نجاح أي برنامج تعليمي لا يتحقق إلا بوضع أهداف لهذا البرنامج في صورة محددة، إذ أن تحديد أهداف البرنامج يعد الأساس الأول عند اختيار وإعداد المحتوي التعليمي، وهناك مجموعة من الأبعاد حول الأهداف العامة بالبرنامج التعليمي وهي:

1- أن تشير الأهداف إلى المعطيات التعليمية التي تناسب المجال التعليمي.

2- أن تمثل الأهداف كل المعطيات التعليمية.

3- يمكن تحقيق الأهداف بمجموعة معينة من المتعلمين.

4- تناغم وتناسق بين الأهداف وفلسفة المؤسسة التعليمية.

5- تناغم وتناسق بين الأهداف والأسس العامة للتعليم.

وقد ذكر أحمد اللقاني، حلمي الوكيل، محمد المفتى مجوعة من الخصائص يجب توافرها في الأهداف حتى يتحقق الهدف منها:

1- أن تكون قريبة المنال.

2- أن تكون مصاغة في صورة عبارات إجرائية.

3- أن تكون محددة وقابلة للقياس والملاحظة.

4- أن تركز على سلوك المتعلم لا على سلوك المعلم.

5- أن تصف ناتج التعلم.

6- أن تخبر المتعلمين عما هو مطلوب منهم.

7- يحدد الهدف ناتج التعلم وليس موضوعان التعلم.

وقد أكد محمد عزت عبد الموجود على أن هناك مجموعة من الشروط الواجب توافرها عند صياغة الأهداف هي:

1- أن يكون الهدف واضحا ومحددا.

2- أن يصف الهدف ناتج التعلم المطلوب.

3- أن يركز الهدف على السلوك المطلوب.

4- أن يمكن ملاحظة الهدف في ذاته أو في نتائجه المرجوة.

5- أن يمكن قياس الهدف.

ويجب مراعاة هذه المتطلبات السابقة عند صياغة أهداف المنهج المنهج، وهي عبارة عن السلوكية المرغوبة والنواتج التعليمية التي يتوقع أن يبلغها الطلاب بعد دراستهم لهذا المنهج.

2- محتوى المنهج

يعتبر محتوى المنهج من أكثر العناصر أهمية ارتباطا وتأثرا بأهدافه، ويقصد بمحتوى المنهج هو مجموعة من الخبرات التربوية والحقائق والمعلومات التي يرجى تزويد الطالب بها، كذلك الاتجاهات والقيم التي يراد تنميتها، والمهارات الحركية التي يراد إكسابهم إياها بهدف تحقيق النمو الشامل المتكامل لهم في ضوء الأهداف المقررة للمنهج.

وقد ذكر مركز المعلومات الوطني الفلسطيني عدة معايير عند اختيار محتوى المنهج وأنشطة تمثلت فيما يلي:

المعايير المتصلة بالمحتوى:

أ - صلة المحتوى بالأهداف.

ب- صدق المحتوى وأهميته.

معايير متصلة بعملية التعلم:

أ - الإفادة من ميول التلاميذ.

ب- الاستمرار والتنظيم.

ج- تعدد أهداف التعليم.

د- مراعاة الفروق الفردية.

كما حدد حلمي الوكيل ومحمد المفتى المعايير التالية التي يجب مراعاتها عن اختيار محتوى

المنهج:

1- أن يكون المحتوى مرتبط بالأهداف.

2- أن يكون المحتوى صادقا وله دلالة.

3- أن يرتبط بالواقع الثقافي الذي يعيش فيه التلميذ.

4- أن يكون هناك توازن بين شمول وعمق الأهداف.

5- أن يراعي المحتوى ميول وحاجات التلاميذ.

كما روعي أن يكون المحتوى متصفاً بالمرونة والتكامل ويسمح باتساع الإطلاع للمتعلمين

والقيام بالأنشطة التعليمية.

3- طرق التدريس

تعددت طرق واستراتيجيات التدريس التي يمكن استخدامها في العملية التعليمية ولكل

طريقة أو إستراتيجية يناسبها موقف أو عدة مواقف تعليمية ومن أشهر طرق التدريس المستخدمة

المحاضرة، والمناقشة، وحل المشكلات.

وتعرف طرائق التدريس بأنها النشاط التربوي المنظم الذي يقوم به المعلم داخل الفصل وخارجة بهدف مساعدة الطلاب في تحقيق أهداف التعليم.

كما عرف حلمي الوكيل ومحمد ابن المفتي طريقة التدريس بأنها فنية من الإجراءات والأفعال المرتبطة التي تظهر علي هيئة أدوات أو أداءات يقوم بها المدرس أثناء العملية التعليمية بهدف تيسير حدوث تعلم التلاميذ لموضوع دراسي معين، أو جزء منه أو لمعلومة ما وساعياً من خلال ذلك إلى مساعدة التلميذ للوصول إلى هدف أو أكثر من الأهداف التربوية.

وهناك مجموعة من الشروط يجب توافرها في الطريقة المختارة لتدريس أي درس أو وحدة تعليمية من أهمها:

1- ملائمة الطريقة للهدف المحدد.

2- ملائمة الطريقة للمحتوي.

3- ملائمة الطريقة لمستويات التلاميذ.

4- مدي مشاركة التلاميذ.

5- مدي التنوع.

6- التنظيم أي تعمل على تنظيم الأفكار التي يتضمنها الموضوع.

7- التكامل ويقصد به التكامل بين أفضل ما تتميز به الأساليب المستخدمة في التدريس.

8- توافر دليل المعلم من أهم الشروط التي تسهم في تحقيق الأهداف التعليمية.

وفي ضوء هذه الشروط والمعايير يمكن اقتراح طرق التدريس التي يمكن الاستفادة منها بالإضافة إلى البرمجية التعليمة في تنفيذ المنهج المقترح كما يلي:

- المحاضرة.
- المناقشة الجماعية.
- حل المشكلات.

- دراسة الحالة.
- تمثيل الأدوار.
- الاستقراء.
- الاستنباط.
- البيان العملي.
- الندوات.
- الممارسة العملية داخل المؤسسات الحكومية.
- البحوث والتقارير.
- إستراتيجية التعليم المخلوط.

4- الوسائط التعليمية

يقصد بالوسائط التعليمية الخامات والأدوات والأجهزة والمعدات والسبورات والأفلام والمجسمات والنماذج والتسجيلات.

وقد ذكر رشدي لبيب وفايز مراد أن لكل وسيط دورة القائم بزاته في تحقيق هدف تعليمي معين أو عدة أهداف، بحيث يتم استخدام الوسائط التعليمية في إطار منظومة متكاملة تعد منظومة فرعية للوحدة التعليمية أو البرنامج التعليمي.

وهناك مجموعة من المعايير يجب توافرها لاختيار الوسائل التعليمية وهى:

- ملائمة الوسائط مع أهداف المنهج.
- ملائمة الوسائط لمحتوى المنهج وعناصره.
- مدى ما تتيحه من مشاركة المتعلم في العلمية التعليمية.
- مدى التنوع (صور - مواد - مطبوعة - رسوم....)

ويمكن اقترح مجموعة من الوسائل التعليمية المناسبة لطبيعة مواقف التعليم، والتي يسهم الطلاب في إعدادها والمعدة بواسطة أكثر التقنيات التفاعلية وهى: البرمجية

التعليمية لمنهج إدارة المشتريات المعد باستخدام التقنيات التفاعلية - الحاسب - جهاز عرض فوق الرأس - الشفافيات - السبورات الضوئية - الأفلام التعليمية - النماذج.

5- الأنشطة التعليمية

تعتبر الأنشطة التعليمية من أكثر عوامل نجاح أي منهج تعليمي وخاصة برامج تنمية المهارات ومن الاحتياجات الضرورية لأي منهج تعليمي «عدد من الأنشطة تراعي الفروق الفردية بين التلاميذ وكذلك تتصل بموضوعات الوحدة مثل عمل نماذج إعداد لوحات ورسوم وعمل مجلات حائط وكتابة مقالات».

ويشير كلا من أحمد حسن اللقاني وفارعة حسن أن النشاط يعد لأحد المكونات الأساسية للدرس وقد يكون نشاطا تمهيديا أو مصاحبا أو تاليا له، ويجب أن يتم اختياره بفهم وإدراك كامل للعلاقة بينه وبين كافة العناصر الأخرى، ويقوم المعلم باختيار النشاط عادة في ضوء أهداف المحددة للدرس، وبالتالي يعد وسلة من الوسائل المساعدة في تحقيق الأهداف.

وذكر كمال زاهر أن النشاط يجب أن يتصف بالفاعلية والإيجابية في المواقف والمجالات العملية المختلفة ومن الطبيعي أن الفاعلية والإيجابية لا تتحققان للتلميذ إلا في وجود مناهج تقوم علي الإيجابية والفاعلية مثل مناهج المشروعات والوحدات.

ويؤكد صابر حسين محمود أن النشاط يمثل ركنا أساسيا لا يقل في أهميته عن المحتوى أو الطرق أو الوسائل، وإذ يجب أن يتم اختياره وتخطيطه بفهم وإدراك كامل للعلاقة بينه وبين العناصر الأخرى.

وأشار عبد الهادي عبد اللـه هناك مجموعة من المعايير يجب توافرها عند اختيار الأنشطة التعليمية هي:

- ملائمة النشاط لموضوع الدرس.
- مساهمة النشاط في تحقيق الأهداف.

- تنوع وتعدد الأنشطة التعليمية.
- مناسبة النشاط مع الوقت والإمكانيات.

في ضوء ما سبق يمكن اقتراح مجموعه من الأنشطة التعليمية التي يمكن أن يقوم بها الطالب بإشراف المعلم مما يؤدى إلى تحقيق الأهداف التعليمية، ومن أمثلة هذه الأنشطة ما يلي: جمعيات عملية - ندوات مقالات - إعداد الأبحاث - إعداد نماذج - الزيارات والرحلات لبعض المؤسسات الحكومية لمعرفة أداءان موظفي إدارة المشتريات - إعداد التقارير - مناقشة الموضوعات - التطبيقات على الحاسب - مشاهدة فيلم تعليمي - إجراء حوار عبر شبكة الانترنت - تصفح شبكة المعلومات «الانترنت».

6- أساليب التقويم

تتمثل أهمية التقويم في الحكم على مدى تحقق أهداف المنهج وتعين نقاط الضعف في تعليم الطلاب وإعداد البرامج اللازمة لعلاج نواحي الضعف وتدعيم نواحي القوة وتطبيقها وصلا إلي التعليم الجيد.

ويحتوى تقويم المنهج على:

أ- تقويم بنائي:

وهو تقويم مصاحب للبرنامج التعليمي في مراحله المختلفة وذلك لتقويم أداء الطلاب للمهارات المتضمنة للمنهج، وذلك عن طريق تقديم أسئلة شفهية واختبارات قصيرة عقب كل درس من دروس الوحدة بالإضافة إلي تكليف الطلاب بحل الواجبات المنزلية ومتابعتهم.

ب- تقويم نهائي:

و ذلك عن طريق تطبيق الاختبار التحصيلي والمواقف الأدائية الذي يمكن عن طريقه إصدار أحكام موضوعية عن مدى تحصيل وإتقان المعارف والمهارات المستهدفة من المنهج المقترح.

7- ضبط المنهج

يتم عرض محتوي المنهج المقترح على مجموعه من المحكمين في مجال التخصص والمناهج وطرق التدريس وذلك من خلال مقابلات شخصيه معهم يم فيها عرض موجزا للمنهج وخطوات إعداده ويطلب من السادة المحكمين إبداء رأيهم من حيث الحذف أو الإضافة أو التعديل من خلال المحاور التالية:

- مدى صحة المحتوى العلمي للمنهج.
- دقة الصياغة اللفظية لأهداف المنهج.
- مدى صحة الأهداف من حيث الصياغة.
- مدى مناسبة المحتوى العلمي للأهداف.
- مدى ملائمة طرق وأساليب التدريس والأنشطة والوسائل التعليمية والتقويم لكل موضوع.
- وبذلك يصبح المنهج في صورته النهائية وصالحا للتطبيق.

الفصل الثاني

أولا:أسس وأساليب تطوير المناهج

ثانيا: أنماط تنظيم المنهج

مقدمة

للمناهج الدراسية دوراً هاما وبارزاً في حياة البشرية فهي الأداة المثلى التي تستخدمها المجتمعات في بناء وتشكيل شخصية أفرادها، وإعدادهم للحياة وذلك وفقا لفلسفاتها وثقافاتها ومعتقداتها. فمن المعروف أن المناهج الدراسية تعكس تطلعات وطموحات هذه المجتمعات وأمالها في أجيالها القادمة، كما تعكس الواقع الذي تعيش فيه هذه المجتمعات وما تعانى به من أحداث وما يمر بها من أزمات، وقد أدركت بعض الدول إلى هذه الحقيقة وأجرت تعديلات واسعة وشاملة وأحدثت تغيرات هائلة في مناهجها الدراسية، مما أدى إلى ظهور طفرات هائلة في تقدم هذه الدول على كافة الأصعدة (مثل الولايات المتحدة الأمريكية والصين) وفي كافة مجالات الحياة، وحققت تقدماً مذهلاً في شتى ضروب العلم والمعرفة، وقد فطن التربويون والباحثون في مجال التربية عن خطورة المناهج الدراسية والدور الهام التي تقوم به في تنشئة الدارسين والمتعلمين، وإكسابهم المهارات والمفاهيم التي تساعدهم في النمو المتكامل لشخصياتهم، وكذلك النهوض بمجتمعاتهم.

وفي عصرنا الراهن تغيرت كثيرا من المفاهيم وتجددت العديد من المطالب وتوفرت في الحياة العامة مجموعة من الإنجازات والخدمات واختلفت درجة المطالب

الاجتماعية من ضروريات وكماليات، ويتطلب ذلك على المنهج الدراسي أن ينظر إليها بجدية فيستفيد من الخدمات والمبتكرات ويولي تأهيل الناشئة القدرة على التفاعل معها بالصورة الإيجابية عناية قصوى وفق خطط هادفة ومدروسة.

ومن الاهتمام السابق بالمناهج الدراسية ودورها البارز في تحقيق أهداف المجتمعات سواء الاقتصادية والاجتماعية والسياسية فيظهر الدور الكبير لوضع أسس علمية يتم بناء المنهج في ضوئها وأساليب حديثة لتطوير المناهج وأنماط مقبولة من تنظيم المناهج.

وسوف نتناول هذا الفصل من خلال النقاط التالية:

أولا: أسس وأساليب تطوير المناهج

أ - أسس بناء المنهج

1- الأسس الاجتماعية والثقافية.
2- الفرد.
3- فلسفة المعرفة وطبيعتها.
4- نظريات التعلم.

ب - أساليب تطوير المنهج

1- التطوير بالحذف.
2- التطوير بالإضافة.
3- التطوير بالاستبدال.
4- الأخذ بالتجديدات التربوية.
5- تطوير الكتب وطرائق التدريس والوسائل والأدوات.
6- تطوير تنظيمات المناهج.
7- تطوير الامتحانات.

ثانيا: أنماط تنظيم المنهج

1- التنظيم الذي يرتكز حول المواد أو المقررات الدراسية.

2- التنظيم الذي يرتكز حول المشكلات.

3- التنظيم الذي يرتكز حول المتعلم.

4- التنظيم الذي يرتكز على المخل التطبيقي.

5- التنظيم الذي يرتكز على المخل البيئي.

وفيما يلي عرض لتلك النقاط بالتفصيل:

أولا: أسس وأساليب تطوير المناهج

(أ) أسس بناء المنهج

تعرف أسس بناء المناهج بأنها تلك القوى والمؤثرات التي تؤثر على صياغة محتوى المنهج وطريقة تنظيمه. وهذه الأسس غالبا ما يشار إليها في أدبيات التربية على أنها العوامل الحاسمة أو المحددة في صياغة المناهج. وعلى الرغم من انه لا يزال هنالك جدال حول بعض النقاط التفصيلية لأسس المناهج إلا أنه هنالك شبه اتفاق على أن معظم العوامل التالية أدناه يجب أن تدرج في عداد أسس المناهج، وهذه العوامل هي:

1- الأسس الاجتماعية والثقافية

هناك مجموعة من الأسس الاجتماعية التي تؤثر في بناء المنهج، ويقصد بالأسس الاجتماعية مجموعة العوامل والقوى التي تؤثر على تخطيط المنهج وتنفيذه، وتتمثل في ثقافة المجتمع، وتراثه، وواقع المجتمع، ونظامه، ومبادئه، ومشكلاته التي تواجهه، وحاجاته، وأهدافه التي يرمى إلى تحقيقها.

ومما سبق يتضح أن تنبثق السياسة التعليمية من خصائص المجتمع وهويته. ويستفيد هذا المجتمع من مخرجات التعليم كما أنه يشارك عبر مؤسساته الأخرى في

تكوين معالم شخصية المتعلم. لذا فهناك علاقة تلاحم في الرسالة والمهام بين واقع المجتمع وطبيعة التعليم. فالنضج والوعي الاجتماعي يشارك في تحديد معالم صورة المناهج المعتمدة ومن هنا نجد ضرورة أن يراعي واضع المنهج تلك المهمة عند تخطيطه للوثائق التعليمية

والأسس الاجتماعية تمثل الجانب العلمي والإجرائي للأسس الاجتماعية والتي تمثل الجانب النظري لأسس المناهج. وفي هذا الأساس توضع الأهداف الرئيسية التي تحدد حاجات وقيم ومتطلبات المجتمع التي تسمى التربية لغرسها في الفرد المتعلم والذي هو جزء من ذلك المجتمع.

وبما أن المدارس في المجتمع قد أنشئت وتأسست لغرض الحفاظ على الموروث الثقافي للمجتمع، فليس من المستبعد إذن أن يؤثر المجتمع وثقافته تأثيرا قويا على المنهج .لذا فإننا سرعان ما نجد الأفكار التقليدية عن ما هو مقبول وما هو مرفوض من وجهة نظر المجتمع منعكسة في المنهج نفسه بأهدافه ومحتوياته وأنشطته التعليمية المختلفة. فعلى سبيل المثال يمكننا ملاحظة تأثير الثقافة على المنهج في تلك الكتب المدرسية في بريطانيا وأمريكا التي خُصصت لموضوع الثورة الأمريكية التي حدثت أواخر القرن الثامن عشر. ففي تلك الكتب، لا يسري الاختلاف بينها على الأهداف والمحتوى فحسب، وإنما كذلك على درجة الأهمية التي توليها تلك الكتب لهذا الحدث.

ويقوم المنهج بمجموعة من الأدور الاجتماعية، من أهمها إدارة لتحقيق أهداف المجتمع، انه مهتم بإعداد الأفراد للحاضر والمستقبل، وأنه ممثل لاتجاهات المجتمع وهيئاته الثقافية والفكرية الصناعية والزراعية والتجارية، ويتضح أن المنهج لا يمكن أن يخطط وينفذ من فراغ أو على أمور لا تقع في دائرة المجتمع الذي يعيش فيه.

وهناك مجموعة من الأسس الاجتماعية للمنهج تتمثل فيما يلي:

فلسفة المجتمع

فلسفة المجتمع هي أساس مهم من الأسس الاجتماعية بناء المنهج المدرسي، ذلك المنهج الذي يهدف إلى جعل المتعلم قادرا على التكيف مع مجتمعه، وعلية أن يعكس صورة تلك الفلسفة في مجموعة من المعلومات، والمبادئ، والاتجاهات، والمهارات، والقيم، وعليه يتسح المجال لممارسة أوجه التعيم المتضمنه في النظام الاجتماعي في مرحلة معينة من مراحل تطوره. فالمنهج يجب أن يحقق الأهداف التي يسعى إليها المجتمع.

وتتمثل علاقة المنهج بفلسفة المجتمع فيما يلي:

- يتم تخطيط وتنظيم المنهج بصورة جماعية بأن يشترك في تخطيطه جميع المهتمين بالمناهج التعليمية.

- يتم تخيط المنهج وتنظيمه بحيث يجعل المتعلم قادرا على التكيف مع مجتمعة.

- يجب أن يعكس المنهج فلسفة المجتمع في صورة والمبادئ، والاتجاهات، والمهارات، والقيم.

البيئة

وهى مجموعة من الظروف المادية وغير المادية التي تحيط بالفرد، تؤثر فيه ويتأثر بها.

والمقصود بالظروف المادية الحيز المكاني الذي تحيطه عوامل طبيعية مثل: نوعية الأرض، والماء، والهواء، والنبات، والحيوانات، والمعادن. وتختلف البيئة المادية من مجتمع لآخر وداخل المجتمع الواحد فتوجد البيئة الزراعية، والبيئة الصناعية، والبيئة الساحلية، والبيئة الصحراوية.

أما الظروف غير المادية للبيئة الاجتماعية فتتمثل في أنواع العلاقات وأساليب التعامل التي تربط بين أفراد المجتمع، والبيئة الفكرية وهى ما يكتسبه الفرد من خبرة،

والبيئة النفسية وهى الجو الانفعالي الذي يحيط بالفرد يؤثر في حياته وتسمى تلك البيئات بالثقافة التي هي جميع أساليب الحياة السائدة في المجتمع سواء فكرية أو مادية.

ويمكن تقسيم الثقافة إلى ثلاثة مستويات هي:

1- **العموميات:** وهى العناصر الثقافية المشتركة بين جميع أفراد المجتمع مثل: الدين وأسلوب المأكل والملبس والمشرب، واللغة والتحية. ويختلف كل مجتمع عن الآخر في تلك العموميات.

2- **الخصوصيات:** وهى العناصر الثقافية التي توجد لدى مجموعة أو أكثر من أفراد طائفة من المجتمع مثل العمال، والفلاحين، ورجال الأعمال، فكل فئة من هذه الطوائف تمتاز بمجموعة من السمات تميزها عن الطوائف الأخرى داخل المجتمع.

3- **المتغيرات:** وهى عناصر ثقافية معينة لا تنتمي إلى العموميات أو الخصوصيات من الثقافة في ليست منتشرة بين أفراد المجتمع، وليست مشتركة بين أفراد مهنة أو جماعة.

وهناك مجموعة من المؤسسات الاجتماعية تقوم بدور أساسي في تقل ثقافة المجتمع وعاداته وتقاليده هي:

- الأسرة.
- المدرسة.
- المؤسسات الدينية.
- وسائل الإعلام.
- جماعة الأقران.

علاقة المنهج بالبيئة

1- تزويد المتعلمين بقدر مناسب من ثقافة مجتمعهم.

2- تعريف الطلاب بعناصر البيئة المحيطة بهم من ثروات طبيعية ومعالم معينة.

3- مراعاة التوجه الثقافي العالمي (الغزو الثقافي) ومحاولة مواجهة العناصر الضارة والاستفادة من الثقافات الصحيحة المناسبة لمجتمعاتنا العربية.

2- الفرد

تؤثر الطبيعة البشرية على المنهج من وجهتين هما:

أ- أن الطبيعة الحيوية- النفسية للإنسان تفرض علينا قيودا في محتوى المنهج وطريقة تنظيمه . إذ أن الإنسان لا يستطيع تعلم إلا ما تسمح به إمكانياته وقدراته التي خلق بها، ولذلك فإن المنهج الذي يحاول أن يعلم الطلاب كيف يطيروا في الهواء من دون آلة أو كيف يتعلموا اللغة الصينية في ظرف أسبوع سيكون مصيره الفشل بلا ريب.

ب- أن نظرة الإنسان نفسه الفلسفية لطبيعته البشرية تؤثر على المنهج كذلك تأثيرا كبيرا. فعلى سبيل المثال، قضية ما إذا كان الإنسان خيرا بطبيعته الأصلية أم شريرا تؤثر تأثيرا بالغا على المنهج. فإذا ما افترضنا أن الإنسان خير بطبيعته فإن المنهج الذي نبنيه على هذه النظرة ستتيح للمتعلمين حرية اختيار مجالاتهم الدراسية المستقبلية. أما إذا افترضنا أن الإنسان شرير بطبيعته كما يرى كالفن فإن المنهج الذي نبنيه سيكون متسما بمحتويات ومسارات دراسية محددة لا يسمح للمتعلمين أن يحيدوا عنها ولا يعطيهم فرصة الاختيار فيها

3- فلسفة المعرفة وطبيعتها

مما لا شك فيه أن الآراء والافتراضات الفلسفية تنظم الأسس التي تستند عليها كثير من المجالات. وتبدو لنا أهمية الافتراضات الفلسفية لطبيعة المعرفة واضحة جلية في حقل المناهج إذا ما عرفنا أن هدف المربين والمعلمين في عملهم هو تزويد الطلاب بالمعرفة والمفاهيم والمهارات الضرورية. إذ أن أهداف المنهج ومحتواه ستختلف وتتنوع تبعا للنظرة التي يحملها الإنسان عن طبيعة المعرفة الصحيحة وفيما إذا كانت هذه المعرفة

توجد في العالم الملموس المحيط بالمرء أم في داخل الإنسان نفسه ضمن الأعماق الذاتية في العقل البشري. فإذا سلمنا بالرأي الأول، أي أن المعرفة الصحيحة موجودة في العالم المحسوس من حولنا، فإن المنهج الذي يبنى على هذه النظرة تجده يركز على تعليم الأنشطة التي تتناول أشياء موضوعية أو علمية بحتة، مع تعلم قوانين ومسلمات متعلقة بها. أما إذا آمنا بالنظرة الثانية، أي أن المعرفة الصحيحة توجد داخل الإنسان نفسه، فإن المنهج الذي نبنيه استنادا إلى هذه النظرة سيركز بالدرجة الأولى على دراسة الآداب والفنون.

4- نظريات التعلم

إن النظريات التي تشرح كيفية حدوث التعلم البشري تؤثر كذلك على المنهج، فعلى سبيل المثال، النظرية التي ظهرت في القرن التاسع عشر والتي تشبه العقل البشري بالعضلة التي تنمو وتزداد قوة مع مداومة الرياضة والمران أدت إلى ظهور مناهج تركز بكثافة على مواضيع صعبة كاللغة اللاتينية والرياضيات. وهنالك نظرية تعلم أخرى تقول بأن الإنسان يتعلم بالعمل، فالمنهج الذي يتبع هذه النظرية كان يقدم للطلبة مشاكل معينة ويطلب منهم حلها، مع إعطائهم مواد أولية (خامات) يمكن توظيفها في الحل ويتوقع منهم أن يكتسبوا المعرفة والمهارة بهذه الطريقة

ومما سبق نستنتج أن هناك ثلاثة اتجاهات رئيسية تمثل الأسس التي يقوم عليها بناء المنهج وهذه الاتجاهات تتمثل فيما يلي:

- الأول: ويرى أن المتعلم هو محور بناء المنهج، وهذا الاتجاه يجعل من المتعلم وقدراته وميوله وخبراته السابقة أساساً لاختيار محتوى المنهج وتنظيمه، وهذا الاتجاه يمثل الأساس النفسي للمنهج.

- الثاني: ويرى أن المعرفة هي محور بناء المنهج، وبهذا الاتجاه يجعل من المعرفة الغاية التي لا يماثلها شيء في الأهمية حيث توجه كافة الجهود والإمكانات لصب

المعلومات في عقول التلاميذ بصورة تقليدية. وهذا يعني عدم إعطاء أي اعتبار لإمكانيات التلميذ أو ميوله أو خبراته السابقة، مما يجعل مهمة المعلم تقتصر على نقل المعرفة من الكتب إلى عقول التلاميذ، وهذا الاتجاه يمثل الأساس المعرفي للمنهج.

- **الثالث:** ويرى أن المجتمع هو محور بناء المنهج وهذا الاتجاه يركز على ما يريده المجتمع بكل حاجاته وفلسفته وثقافته، وهو يمثل الأساس الفلسفي والاجتماعي للمنهج.

وبالنظر إلى هذه الاتجاهات الثلاثة وما تمثله من أسس للمنهج يلاحظ ما يلي:

1- إن أسس المنهج غير منفصلة وإنما هي متكاملة ومتفاعلة مع بعضها تفاعلاً كبيرا.

2- إن أسس المنهج ليست ثابتة وإنما هي متغيرة في ضوء الأفكار المتجددة الناتجة عن البحث سواء ما يتعلق منه بالمتعلم وقدراته وعملياته المعرفية أو بطبيعة المعرفة وأسلوب تنظيمها أو بطبيعة المجتمع ومستجداته.

3- إن أسس المنهج واحدة ولكنها مختلفة في طبيعتها من مجتمع إلى آخر نتيجة لتباين المجتمعات واختلاف تركيبها وفلسفتها وحاجاتها ونظرتها إلى المتعلم والدور المطلوب منه ونظرتها إلى المعرفة وتنظيمها، ومما يؤكد ذلك اختلاف المناهج الدراسية في بلدان العالم.

(ب) أساليب تطوير المنهج

يتسع مفهوم التطوير تبعا لاتساع مفهوم المنهج ذاته؛ حيث يشمل جميع العوامل والمؤثرات التي ينبغي أن تكون للمدرسة دور هام في تشكيلها؛ تحقيقا لرسالة التربية في بناء الأفراد وتوجيههم وجهات معينة تساعد في تحقيق نمو الفرد وسعادته من جهة وتقدم المجتمع ورفاهيته من جهة أخرى.

عملية تطوير المنهج هي العملية التي تعني تحسين المنهج الموجود بالفعل من خلال الإضافة أو الاستبدال أو الحذف، أما التخطيط يعني وضع منهج جديد غير موجود أصلا.

وتطوير المنهج يعني الوصول بالمنهج إلى أفضل صورة حتى يؤدي الغرض المطلوب منه بكفاءة واقتصاد في الوقت والجهد والتكاليف والتطوير يختلف عن التغير لان التغيير قد يكون نحو الأسوأ؛ لكن التطوير هو عملية نحو الأفضل دائما.وفيما يلي أساليب تطوير المنهج:

1- التطوير بالحذف

نتيجة التطور والتغيير الدائم قد تتخلف المعلومات الموجودة في المنهج وقد لا تتناسب مع المجتمع فيتم حذف جزء من المادة الدراسية يمثل صعوبة،أو نقل جزء من مكان إلى آخر، وعلى الرغم مما يمكن أن تؤدى إليه هذه العملية من نتائج طيبة أحيانا، فإن آثارها كثيرا ما تكون محدودة وذلك لأنها تلتزم بالإطار القائم للمنهج وفلسفته وأهدافه. فهي بذلك لا تعد تطويرا جذريا أو ثوريا مجرد مراجعة للأوضاع القائمة.

2- التطوير بالإضافة

هو إضافة موضوعات أو فقرات جديدة غير موجودة بالمنهج أصلا وهذه الفقرات والإضافات يجب أن تتماشى مع التطورات الحاصلة في المجتمع.

إن قيمة أسلوب الإضافة تتوقف على الغاية التي يستخدم من أجلها، فإذا كانت الغاية مثلا هي المراجعة بقصد تحديد التصميمات والمبادئ الأساسية التي تسير دراسة المادة وحسن استخدامها أو التأكد من مناسبة المادة لمستوى الطلاب، واتخذ في سبيل ذلك ما ينبغي اتخاذه من الخطوات العملية فإن المراجعة بالإضافة تكون أسلوبا مقبولا ومحققا لنفع كبير، أما إذا تمت المراجعة بهذا الأسلوب على غير أساس فإنها قلما تكون وسيلة للإصلاح.

3- التطوير بالاستبدال

نستبدل معلومة بمعلومة أخرى اصح وأفضل منها تظهرها معطيات العلم.

4- الأخذ بالتجديدات التربوية

كثيراً ما تبقى المدرسة بمناهجها الدراسية على حالها، ثم تحاول الأخذ بأحداث التجديدات التربوية الحديثة التي أخذت بها بعض البلدان الأخرى في تجديداتها وقد أخذت مدرسنا في ربع القرن الأخير بكثير من هذه التجديدات حتى لم يبق جديد في المدارس الأوربية أو الأمريكية، إلا وحاولنا أن نأخذ به في مدارسنا فلقد أخذنا بفكرة النشاط المدرسي والهوايات والدراسات العلمية ونظام الحكم الذاتي والريادة والأسر وبطاقات التلاميذ، كما أخذنا بنظام مجالس الآباء والمعلمين والمعسكرات الترفيهية والدراسة وغيرها.

5- تطوير الكتب وطرائق التدريس والوسائل والأدوات

لم تعد طريقة التدريس مجرد شرح للمعلومات أو مجرد وسيلة لتيسير حفظ الطلاب للمادة وذبك من أجل الاستعداد لدخول الامتحان، بل إنها تجاوزت إلى الأكثر من ذلك فأصبحت تهدف إلى إعداد الظروف المناسبة لاكتساب الطلاب الخبرة ومعايشة التجارب النافعة وتحقيق الأهداف المنشودة من العملية التعليمية من إكساب مفاهيم وتعديل سلوك وتنمية مهارات، وبهذه المعاني أصبحت طريقة التدريس جزءا من صميم المنهج وليست مجرد إضافة إلية أو نشاطا مصاحبا. ولقد بدأت المدارس تستفيد بما توصلت إليه الأبحاث من نتائج تؤكد فعالية العديد من طرائق التدريس في تنمية المخرجات التربوية على تنوعها،وذلك في جميع المواد الدراسية مثل اللغات والعلوم والرياضيات والدراسات.

ولكن الملاحظ أن استخدام المعلم لمثل هذه الطرائق والأساليب يتم في الغالب دون تدريب له على استخدامها وفق الأسس التي وضعت لها؛مما يؤدى إلى تخبط

المعلم،وارتجاله عند استخدام هذه الطرق؛مما يزعزع الثقة في هذه الطرائق بل وفي التربية بشكل عام.

6- تطوير تنظيمات المناهج

كثيرا ما ينصب التطوير على تنظيم المنهج،فبدلا من إتباع نظام المواد الدراسية المنفصلة وبخاصة في مرحلتي التعليم الابتدائي والإعدادي قد تمحو التنظيمات الجديدة نحو الوسط أو الإدماج أو التكامل،كما حدث في مناهج العلوم العامة والرياضيات والمواد الاجتماعية.كما قد تتجه المناهج نحو النشاط كما في مناهج النشاط أو تدور حول حاجات البيئة والمجتمع كما في المنهج المحوري وكثيرا ما يغيب عن أذهان الداعين إلى الأخذ بهذا الأسلوب من أساليب التطوير إنه يتم تحقيقا لاتجاهات تربوية حديثة مثل ربط الدراسة بالحياة والقضاء على الحواجز والفواصل المصطنعة بين أطراف الثقافة الإنسانية وبخاصة في المراحل الأولى من التعليم التي لا تعد فيها للتخصص، وإقامة الدراسة على أساس النشاط وإتاحة الفرصة أمام التلاميذ لكي يتعلم كل منهم وفق استعداداته ومميزاته الفردية، وقد أدى ذلك في كثير من الأحيان إلى تنفيذ التنظيمات الجديدة بروح الأساليب العتيقة وأخطاؤها وبذلك أخفقت في تحقيق الآمال المفقودة عليها والنتائج المرجوة منها.

7- تطوير الامتحانات

نظرا لأهمية الامتحانات ودورها الخطير في العملية التعليمية فقد امتدت إليها عملية التطوير فظهرت أنواع مختلفة من الامتحانات والاختبارات تهدف إلى قياس نمو التلاميذ في مجالات متعددة مثل الجانب التحصيلي والقدرات والمهارات.وإذا كان الامتحان يركز على استظهار الحقائق، فمن الطبيعي أن يسعى كل من التلميذ والمدرس نحو تحقيق هذه الغاية وحدها.ومن الطبيعي أن يجد كل منهما أنه من غير المجدي أن يتأثر جهدهم في الاهتمام بسائر الأهداف الأخرى، وقد أخفقت معظم الجهود التي

حاولت تطوير المناهج في ظل الامتحانات التقليدية، وقد تنبهت كثيرا من المدارس إلى أهمية الامتحان في تطوير الأساليب التربوية،وحققت كثيرا من التقدم في هذا المجال عن طريق تطوير الامتحانات واستخدام أساليب التقويم الحديثة. على أن هذا التطوير يتطلب إعدادا للمدرس وتهيئة واعية لظروف النجاح.

ثانيا: أنماط تنظيم المنهج

إن تنظيم المحتوى والخبرات التعليمية عملية أساسية من عمليات تخطيط المنهج وتنظيمه وعند تصميم المنهج. وبناءاً على ذلك فإن السؤال الذي يواجه واضع المنهج هو كيفية تنظيم خبرات المنهج بصورة تجعل من الممكن توفير أحسن الظروف الممكنة لتحقيق أهداف مرغوب فيها.

ويجب أن يراعي المنهج اتجاهات المجتمع وقيمه، وجميع احتياجاته ومستويات التلاميذ وميولهم ورغباتهم واهتماماتهم، ومنذ العصور القديمة ظهرت أنواع مختلفة من المناهج حيث كان البحث والتغير موجود لدى المهتمين للوصول إلى منهج يناسب المجتمع والبيئة التعليمية.

ويمكن أن نميز في هذا المجال ثلاثة أنماط تنظيمية للمنهج كما يلي:

1- التنظيم الذي يرتكز حول المواد أو المقررات الدراسية The Subject or Discipline Centered Design.

2- التنظيم الذي يرتكز حول المشكلاتProblem-Centered Design.

3- التنظيم الذي يرتكز حول المتعلم Learner–Cantered Design .

4- التنظيم الذي يرتكز على المدخل التطبيقي.

5- التنظيم الذي يرتكز على المدخل البيئي.

6- التنظيم الذي يرتكز على مدخل المشروع.

أولا: التنظيم الذي يرتكز حول المواد أو المقررات الدراسية

ويندرج تحت هذا النوع التنظيم المتمركز حول المقررات الدراسية المنفصلة، والتنظيمات المتمركزة حول التكامل بين المقررات مثل التنظيم المتمركز حول الترابط بين المواد، والتنظيم المتمركز حول الاندماج بين المواد.

1- التنظيم المتمركز حول المقررات الدراسية المنفصلة Separate Disciplines

ويتم في هذا التنظيم تقديم المحتوى العلمي للطلاب في شكل مواد دراسية منفصلة يمثل كل منها مجموعة متجانسة ومتخصصة من المعارف الإنسانية وأساس هذا التقسيم هو تقسيم العمل بين الباحثين والمتخصصين في فروع المعرفة المختلفة.

ويرى المؤيدون لهذا التنظيم أنه أفضل أسلوب منظم لنقل التراث الثقافي إلى للطلاب، وأيضا يوفر هذا التنظيم مزيدا من التخصص للمعلمين في العملية التدريسية ويسل العملية التدريسية، وأضف على ذلك أن الإعداد العلمي للمقررات والمناهج يتم على أساس فروع العلم المنفصلة.

ومن الانتقادات الموجة لهذا التنظيم هو تجزئة المعرفة وبالتالي تشتت الطلاب في تلقى المعارف والمفاهيم، الأمر الذي يجعل التعليم بدون دافعية حيث يكون الهدف الأول هو حل الواجب المنزلي واجتياز الاختبارات، كما أن هذا النوع من التنظيم يبتعد بالتعليم عما يدور في الواقع من أحداث وقضايا ومشكلات، كما انه لا يأخذ في الاعتبار حاجات وميول واهتمامات الطلاب، وعدم التزام هذا المنهج بالأسس العلمية في بناء المناهج

خصائص منهج الدراسات المنفصلة

يتميز منهج الدراسات المنفصلة بعدة خصائص نوجزها على النحو التالي:

1- الفصل بين المواد الدراسية التي يتضمنها المنهج:

في ظل هذا المنهج تدريس كل مادة على حدة، إذ لها مدرسها وكتابها وامتحانات الخاص بها، وفي نهاية العام الدراسي يطلب من التلميذ النجاح فيها. وأصبح كل فرع من هذه الفروع مادة مستقلة مطلوب من التلميذ النجاح فيها، ولذلك لم يعد غريبا أن نسمع عن تلميذ نجح في القواعد ورسب في الإملاء.

2- أتباع أسلوب التنظيم المنطقي عند إعداد المقررات الدراسية:

يتبع هذا المنهج الأسلوب المنطقي في تنظيم المادة العلمية لمناهجه المختلفة حتى يسهل على المدرس القيام بتدريسها وكي يسهل أيضا على الطالب حفظها بصرف النظر عما إذا كانت هذه الطريقة تساعد على تنمية شخصيته وتغيير سلوكه أو لا تفيد. ويتضمن هذا الأسلوب عند إعداد المقررات الدراسية أو عند تدريس المادة ترتيب موضوعاته أربع طرق يستخدمها هذا المنهج في تنظيم مادته العلمية وهى على النحو التالي:

- التدرج من الماضي إلى الحاضر.
- التدرج من البسيط إلى المركب.
- والطرح التدرج من السهل إلى الصعب.
- التدرج من الجزء إلى الكل.

3- الكتاب المدرسي هو الدعامة الرئيسية التي يركز عليها المنهج:

وحيث إن الهدف الرئيسي للمنهج هو تزويد التلاميذ بالمعلومات الضرورية في شتى جوانب المعرفة، فقد أصبح الكتاب الدعامة التي يقوم عليها هذا المنهج.

4- دور المعلم في هذا المنهج هو ملقن وشارح للمعلومات فقط:

يتطلب هذا المنهج من المعلم شرح المعلومات التي يتضمنها الكتاب الدراسي، حتى يتمكن التلاميذ من استيعابها، أما بقية الأهداف التربوية فلم يكن يعيرها المعلم أي اهتمام، وذلك لأن التركيز الأكبر ينصب على تزويد التلاميذ بالمعلومات.

5- للأنشطة دور ضئيل في هذا المنهج:

في ظل هذا المنهج كان يمارس نوعان من الأنشطة:

أ - النشاط الحر الترفيهي الذي كان يتمثل في الرحالات والمعسكرات والمسابقات والألعاب الرياضية.

ب- النشاط التعليمي الذي يتلخص في القيام ببعض التجارب العلمية أو الاشتراك في جمعية اللغات أو الجغرافيا أو العلوم.... الخ.

مزايا منهج المواد الدراسية المنفصلة:

من أهم النقاط التي يمكن اعتبارها مزايا لهذا المنهج ما يلي:

- يساهم هذا المنهج مساهمة فعالة في نقل جانب من التراث الثقافي.
- يساعد على تقديم المواد الدراسية إلى التلاميذ بطريقة أكثر عمقا وتنظيما. منهج المواد الدراسية المنفصلة اقتصادي بالنسبة لغيره من المناهج.
- سهولة تخطيطه؛فلا يتطلب تخطيطه وإعداده سوى تحديد المعلومات التي يجب تزويد التلاميذ بها.
- سهولة إعداده وتنفيذه، وسهولة تطويره.

عيوب منهج المواد الدراسية المنفصلة:

- اعتمد هذا المنهج على نظرية الملكات التي تعتبر أن العقل الإنساني مقسم إلى أجزاءه يمكن تشبيهها إلى حد كبير بالحجرات، وكل جزء من هذه الأجزاء مرتبط بقدرة من القدرات العقلية، وبالتالي فإن الدراسة تعمل على تكوين وتدعيم هذه القدرات العقلية، ومع ذلك نجدهم عاجزين عن حل أبسط المشكلات التي تواجههم.
- قام هذا المنهج على فلسفة تربوية غير سليمة، إذا كان يتصور من قاموا بإعداد هذا

المنهج أن التوسع في المعلومات والتعمق في المعرفة يزيد من قدرة الفرد على فهم شئون الحياة وعلى صحيح إذ أن المعرفة وحدها ليست كافية بالمرة لتوجيه السلوك الإنساني، وأهمل هذا المنهج بقية الجوانب الأخرى على الرغم من أهميتها مثل الجانب العقلي، والجانب الجسمي، والجانب الديني، والجانب النفسي، والجانب الاجتماعي، والجانب الفني. ومعنى ذلك أن هذا أن هذا المنهج قد قصر في تحقيق الهدف الأعظم للتربية وهو مساعدة التلميذ على النمو الشامل.

- تجزئة المعرفة وتقسيمها على نحو يتعارض مع تكامل وتفاعل وتشابك مواقف الحيات المتشعبة.
- سلبية التلميذ، إذ أن عمله الرئيسي هو حفظ المعلومات أو فهمها، وعدم مراعاة تنوع ميول التلاميذ وحاجتهم ومشكلاتهم.
- عدم مراعاة مابين التلاميذ من فروق فردية.
- لا يقيم هذا المنهج وزنا للأنشطة مما جعل الدراسة مملة.
- ضحى هذا المنهج بحاضر التلاميذ في سبيل مستقبلهم.

2- التنظيم المتمركز حول الترابط بين المقررات Correlation

يعتبر الربط بين المعارف والعلوم من أهم العوامل المساعدة على التعلم، والإنسان بفطرته مستعد لعملية الربط هذه.

ويعتبر الترابط محاولة لإلقاء الضوء على العلاقة المشتركة بين مقررين أو أكثر مع الاحتفاظ بالتقسيم المعتاد بين هذه المقررات. بمعنى آخر فإن أسلوب الترابط يحاول أن يعالج الانعزالية والانغلاق بين المقررات الدراسية وذلك دون اللجوء إلى إجراء تغييرات جوهريا في التنظيم الهيكلي للمقررات الدراسية. وقد يستخدم لتحقيق الارتباط الترتيب التاريخي، أو موضوعات أو مشكلات معينة تعالج بشكل مترابط بين المواد التي يراد تحقيق الترابط بينها.

التكامل نظام يؤكد على دراسة المواد دراسة متصلة ببعضها البعض لإبراز علاقات واستغلالها لزيادة الوضوح والفهم، وهو يعد خطوة وسطى بين انفصال هذه المواد وإدماجها إدماجاً تاماً.

كما أنه تقديم المعرفة في نمط وظيفي على صورة مفاهيم متدرجة ومترابطة تغطي الموضوعات المختلفة دون أن تكون هناك تجزئة أو تقسيم للمعرفة إلى ميادين منفصلة، أو إلى الأساليب والمداخل التي تعرض فيها المفاهيم وأساسيات العلوم، بهدف إظهار وحدة التفكير وتجنب التمييز والفصل غير المنطقي بين مجالات العلوم المختلفة.

والتعليم التكاملي هو الربط بين المعلومات الواردة في المباحث الدراسية لأجل تثبيتها في ذهن الطفل ليصبح التعامل عن طريق الاستخدام وليس عن طريق التخزين فقط.

والجدير بالذكر أن نجاح فكرة الارتباط يتوقف على قناعة والتزام المعلمين بهذا المفهوم، وقدرتهم على نسج خيوط فكرية مشتركة بين مقرراتهم، أضافه إلى قدرة هؤلاء المدرسين على العمل بفاعلية مع بعضهم البعض عندما يستخدم أسلوب فريق التدريس.

مميزات المنهج المتكامل

توجد العديد من المميزات لاستخدام منهج المواد الدراسية المترابطة منها:

1- تعمل المناهج الدراسية المتكاملة على التخلص من عملية تكرار المعرفة التي تتصف بها مناهج المواد المنفصلة، ما يوفر وقتاً وجهدا لكل من المعلم والمتعلم، وذلك لان المعرفة الإنسانية كلا متكاملا لا يتجزأ.

2- المنهج المتكامل أكثر واقعية وأكثر ارتباطاً بالمشكلات الحياتية التي يواجهها الفرد في حياته، حيث أن أي مشكلة يواجهها الفرد في حياته غالباً ما يتطلّب أكثر من حل،وأن ارتباط المنهج بالحياة والبيئة يحفز الطالب ويزيد من دافعيته إلي دراسته.

3- الأسلوب التكاملي يتفق مع نظرية الجشتالت في علم النفس التربوي، حيث أن المتعلم يدرك الكليات ثم ينتقل الجزئيات أي العام قبل الخاص.

4- يراعي المنهج المتكامل خصائص للطلاب، من حيث مراعاة ميولهم واهتماماتهم واستعداداتهم في ما يقدم لهم من معارف وخبرات ومعلومات متكاملة، ما يخلق لديهم الميل والدافع لدراسة هذه المعلومات، وبذلك يكون التعلم أكثر نفعاً وأبقى أثراً.

5- من أبر خصائص المعرفة الإنسانية هو حدة المعرفة الإنسانية وتكاملها وبالتالي فالمنهج التكاملي أنس في نقلها للطلاب.

6- المناهج المتكاملة تعمل على التنمية المهنية للمعلمين، حيث يجد المعلم نفسه بحاجة دائمة لتطوير نفسه وتنويع معلوماته، وذلك لتتناسب مع المعلومات المتنوعة التي يقدمها لطلابه.

7- تساعد المناهج المتكاملة في مواجهة التطور السريع في المعرفة والنظريات التربوية.

8- وحدة المجتمع وبالتالي تشابك مشكلاته المجتمعية والحياتية وطبيعتها المتكاملة وصعوبة تجزئتها.

أسس المنهج المتكامل:

يقوم المنهج المتكامل على أسس، يمكن إيجازها بالآتي:

1- تكامل الخبرة: يهتم المنهج المتكامل بالخبرة المتكاملة ذات الأنشطة المتعددة والمنظمة للمعارف والمهارات والانفعالات، والتي تساعد المتعلم على النمو بطريقة متكاملة.

2- تكامل المعرفة: حيث أن المنهج المتكامل يقوم على إكساب التلاميذ المعارف بصورة كلية شاملة؛ لأن الدراسة وفق أسس المنهج المتكامل تتخذ من موضوع واحد محوراً لها وتحيطه بكل المعارف والعلوم المرتبطة به ليتسنى للتلاميذ الإلمام به متكاملا.

3- تكامل الشخصية: إن الأهداف الأساسية لهذا المنهج بناء شخصية متكاملة من خلال إكساب التلاميذ العلوم والمعارف والمهارات والقيم ليصلوا إلى التفكير الإبداعي لمفتوح ومساعدة على التكيف مع البيئة والمجتمع المحيط بهم وهذا الأساس يعتبر من الميزات البارزة في هذا المنهج.

4- مراعاة لميول الطلاب ورغباتهم: يأخذ المنهج التكاملي رغبات التلاميذ وميولهم عند بناء المنهج واختيار المقررات الدراسية وكذلك حين تنفيذها.

5- مراعاة الفروق الفردية: يهتم المنهج التكاملي بتوفير الدراسات الاختيارية المتنوعة بقصد مواجهة الفروق الفردية عند التلاميذ ومن خلال بناء المناهج واختيار المقررات يراعي الفروق الفردية، ويوفر الفرص التي تسمح بالتعرف على خصائص التلاميذ واختلاف مستوياته ليتسنى للمعلم بدوره معالجة هذه الفروق.

6- الاهتمام بالأنشطة التعليمية المختلفة: يهتم المنهج التكاملي بنشاط المتعلم حيث يعتبره أساس العملية التعليمية.

7- التعاون والعمل الجماعي: يركز المنهج على التعاون بين أفراد العملية التعليمية حيث يتيح الفرصة لتعاون التلاميذ مع معلميهم في اختيار موضوعات الدراسة وفي التخطيط لها وفي تنفيذها وتقويمها.

أنواع التكامل

هناك نوعين من التكامل كما يلي:

أ - **التكامل الأفقي:** وذلك عن طريق إيجاد العلاقة الأفقية بين المجالات المختلفة التي يتكون منها المنهج، حيث يركز الاهتمام على موضوعات ذات عناصر مشتركة بين مجالات متصلة، كأن نربط بين ما يدرس في الرياضيات، وما يدرس في العلوم واللغة العربية وغيرها من فروع المعرفة المختلفة، بالإضافة إلي نقل المبادئ التي يتعلمها التلميذ إلي أي فرع من فروع المعرفة، أو أي مشكلة تعترضه.

ب- **التكامل الرأسي:** أو ما يسميه البعض البناء الحلزوني أو اللولبي (SPIRAL) للمنهج، ويعني ببساطة التوجه نحو نسقية العلم في المناهج، واتخاذ مفهوم محوري والارتقاء به عمقاً واتساعاً وتداخلاً في فروع العلم الأخرى وفي الحياة، كلما ارتقى الطالب من صف إلى صف أعلى.

ويجمع النموذج الحلزوني للمنهج بين الجانب الخاص بنمو المتعلم وتطور شخصيته في النموذج الهرمى وبين الجانب الديناميكى التكعيبى الذي يتيح فرص التكامل والتوازن بين مفردات المنهج. ويبدأ النموذج الحلزوني للمنهج من افتراض أن تعلم الطلاب هو عملية تطويرية ووظيفية المنهج الدراسى في الاساس توجيه وتكييف هذه الملية.

ومن مميزات النموذج الحلزوني للمنهج ما يلى:

1- يؤدى إلى تنمية معرفة جديدة من معرفة مستنتجة واستخدامها في فهم مفاهيم أساسية؛ بمعنى أنه نموذج توالدى يساعد التلاميذ على الإبداع.

2- تمارس أنشطة التعليم والتعليم خلاله كعملية اجتماعية، حيث أن التعليم بالضرورة هو فعل مشحون بالجهد من خلال الجانب الفردي للتلاميذ إلا انه يحتاج إرشاد وتدريس من بعضهم البعض لإحداث النمو ويتعلم التلاميذ من خلال طرقهم الخاصة في التفكير والأداء وتبادل خبرات التعلم.

3- تنمو المعرفة والمهارات مع نمو التلاميذ حيث تزداد معارفهم وتتسع مهاراتهم كلما صعدو من مستوى إلى مستوى أعلى.

4- يتسم هذا النموذج بأنه حلزوني الخبرة والتأثير بمعنى استمرارية الخبرات وتأثيراتها واتصالها ونموها.

5- تنشأ المعرفة والمهارات بالتبادل والتفاعل مع بعضها.

6- يعتمد هذا النموذج على توفير بيئة غنية بالخبرات المتنوعة.

صور وأشكال الترابط بين المواد

1- الربط بين المواد المنفصلة من خلال إثبات العلاقة بين موضوعين أو أكثر، كربط موضوعات في التاريخ بموضوعات في الجغرافيا (مثلاً: تاريخ فلسطين وجغرافية فلسطين).

2- توسيع مجالات الدراسة من خلال تجميع المواد المتشابهة أو الخبرات التعليمية المتكاملة في مجال واحد، كالدراسات الاجتماعية (تاريخ، جغرافيا، تربية وطنية) والدراسات العلمية (فيزياء، كيمياء، أحياء).

3- إيجاد مناهج مترابطة من خلال إقامة علاقات عامة معينة بين مادتين أو أكثر، كأن يعمل معلم اللغة العربية مع معلم التاريخ، وذلك بتكليف الطلاب كتابة موضوعات في التعبير تربط بين فترات تاريخية معينة.

4- إيجاد مناهج مدمجة من خلال دمج مواد مترابطة في مادة دراسية، فمثلاً تدمج موضوعات في الجغرافيا مع موضوع له علاقة في الفيزياء في مادة دراسية مثل: «طبقات الأرض».

5- اتباع ما يسمى منهج المجالات الواسعة، وذلك بدمج موضوعات كثيرة في مبحث جديد كأن يتركب علم دراسة البيئة من علم الأرض والجغرافيا والكيمياء والسياسة وعلم الاجتماع.

6- اتباع ما يسمى منهج الوحدات القائمة على موضوع دراسي، حيث تدور الدراسة حول محور رئيس يُشتق من المادة الدراسية ذاتها، ولكنه يعالج ناحية ذات أهمية في حياة الطلبة، ولا يتقيد بتنظيم الحقائق والمعلومات التي تُدرس تنظيماً منطقياً، كما أنه لا يلتزم بالحدود الفاصلة بين فروع المادة، أو بين المادة والمواد الدراسية الأخرى.

ثانيا: التنظيم المتمركز حول المشكلات

إن من أهم المبادئ التربوية التي يقوم عليها التكامل هو أن تدور الدراسة حول محور يرغب التلاميذ في دراسته وفي أثناء الدراسة تتكامل المعارف والحقائق والخبرات التربوية حول هذا المحور.

ومن المحاور التي تعتبر مدخلا هاما من مداخل التكامل هو المشكلات التي يشعر بها التلاميذ ويلمسون أثرها في حياتهم ويرغبون في البحث عن حل لها ويستوي في ذلك أن تكون مشكلات خاصة بهم أو بيئتهم أو بمجتمعهم المهم أن تثير رغبتهم ودوافعهم للبحث عن حل لها وبذلك يبدءون في البحث عن الحقائق والمعلومات والبيانات التي تحقق لهم هذا الهدف وتتى كل هذه المعارف بصورة متكاملة.

ويرتبط هذا المدخل محتوى المنهج كمفاهيم ومهارات وإجراءات يتم تدريسها لكلي يتمكن كل تلميذ من حل هذه المشكلات.

كذلك يمكن تضمين المنهج مشكلات من النوع الذي يمكن توقع حدوثه مستقبلا في بيئة التلميذ ووطنه وفي هذه الحالة تعرض هذه المشكلات بشكل يشجع التلاميذ على الاشتراك في بحثها ومناقشتها وذلك من خلال ما يقومون بجمعه من معلومات وحقائق وبيانات عن هذه المشكلات والتي يتم صهرها في بوتقة واحدة وهي رغبة التلميذ إلى البحث عن حل سليم للمشكلة.

ونحن نواجه مشكلات ملحة كثيرة على المستوى المحلى والعربي والإسلامي والعالمي ويمكن تضمين المناهج المتكاملة الكثيرة من هذه المشكلات مثل التلوث البيئي والأمية وانخفاض مستوى المعيشة والتزايد السكاني وأزمة الموصلات والسكن والطاقة والسلام العالمي.. الخ وتعتبر دراسة هذه المشكلات وغيرها مدخلا رئيسيا من مداخل تكامل المنهج.

وفي هذا النمط يتم تنظيم المحتوى والمواد والأنشطة التعليمية حول المشكلات

ذات الأهمية المشتركة للطلاب والمجتمع، كما أن الفواصل بين المواد الدراسية وفروع المعرفة تذوب بشكل تام، حيث ينتقى منها ما هو مناسب للتعامل مع المشكلات التي تم اختيارها، وتعتبر المعرفة في هذه الحالة وظيفية أو أدائية، أي أنها تستخدم كأداة للتعامل مع المشكلات المذكورة وليست غاية في حد ذاتها.

ويتم في هذا المخل توزيع المشكلات داخل إطار المنهج وتقسيمها إلى مهام يمكن أن يقوم بها التلاميذ أثناء عملية التعلم.

ويمكن أن يتم تنظيم الطلاب في ظل المنهج القائم على المشكلات في شكل لجان أو فرق للدراسة المكثفة للمشكلات التي تنبثق من المشكلة الرئيسية.

والجدير بالذكر أن تطبيق هذا النمط يتطلب تنظيم الجدول الدراسي لإتاحة قدر أكبر من الوقت Block of Time بالمقارنة بالوقت المخصص للمحاضرة العادية، كما انه يفسح المجال لمراعاة الفروق الفردية عن طريق إتاحة الفرصة للطالب لاختيار جوانب المشكلة التي سيقوم بالتعامل معها إلى جانب اختياره للطرق التي تستخدم في التعامل مع هذه المشكلات، مع الأخذ في الحسبان أن الطالب سيتعلم أيضا من النتائج التي توصل إليها زملاؤه. والجدير بالذكر أيضا أن هذا النمط التنظيمي قد يكون سابق الإعداد Preplanned من قبل هيئة التدريس التي تبذل مجهودات مسبقة للتعرف على المشكلات التي تهم الطلاب في مرحلة عمرية معينة مع إعطاء بعض المرونة أثناء التنفيذ لتحقيق التفاعل مع الطلاب. أو قد يتم اختيار المشكلات بالأسلوب المفتوح أي بالمشاركة بين الطلاب وأعضاء هيئة التدريس.

مميزات المنهج القائم على المشكلات

1- يربط تعلم الطلاب مرتب بمشكلاتهم الحياتية مما يمكنهم من التوافق مع البيئة.

2- يؤدى إلى الفهم المتكامل للمعرفة والاستفادة منها في التعامل مع المشكلات المذكورة وليست كجزيئات منفصلة تدرس كغاية في حد ذاتها.

3- يؤدى إلى جعل التعلم وثيق الصلة بالمشكلات التي تهم الطلاب والمجتمع.

4- هذا النمط التنظيمي يؤدى إلى فاعلية التعلم نظرا لأنه يعتمد على المشاركة النشطة من جانب الطلاب.

5- يجعل التعليم أبقى أثرا.

ومن الانتقادات الموجة للمنهج القائم على المشكلات

1- أن هذا التنظيم يفقد المواد الدراسية قيمتها النابعة في دراستها في سياق تسلسلها المنطقي.

2- انه من الصعب الحصول على المعلمين المؤهلين لتنفيذه نظرا لأن إعدادهم الجامعي يتم في إطار انفصال حقول المعرفة ونظام تدريسي يعتمد على التلقين والحفظ.

3- أن تجهيز مصادر التعلم اللازمة للتدريس في إطار هذا النمط يمثل صعوبة كبيرة في تنفيذ لأنه يتطلب نوعية خاصة من المعلمين الموهوبين لإدارة حل المشكلات.

وجدير بالذكر أنه يمكن التغلب على هذه الانتقادات من خلال إعداد المعلمين المؤهلين وإجراء تدريبات تعمل على تنميتهم المهنية لإكسابهم تلك المهارات لهذا المنحى.

ثالثا: التنظيم المتمركز حول المتعلم:

ويرتكز هذا النمط حول الأنشطة التي تمثل اهتمامات وميول واحتياجات الطلاب وكما هو واضح فإن الحدود الفاصلة بين المواد الدراسية تذوب في ظل هذا النمط طالما أن النشاط القائم على ميول واهتمامات الطلاب هو محور التنظيم، وتستخدم المعرفة في هذا الصدد كأداة لمساعدة الطالب على القيام بالنشاط، كما أن هذا التنظيم يرفض فكرة التخطيط المسبق للمنهج ويسلم ذلك للطالب في وجود المعلم الذي يقوم بدور إرشادي لا يجب أن يتعارض مع ما يتحمس له الطالب.

ويوجد نمطان متشابهان لهذا النموذج التنظيمي في أدبيات المناهج وقد اصطلح على تسميتها منهج الأنشطة، ومنهج المشروعات، وقد اقترن منهج المشروعات باسم وليم هـ كلباتريك William H. Kilpatrick الذي عرف المشروع بأنه نشاط صادق هادف يتم في بيئة اجتماعية. ويتكون المشروع من أربع خطوات هي: اختيار المشروع بناء على الغرض منه، والتخطيط للمشروع، وتنفيذ المشروع، والحكم على المشروع، مع مراعاة أن الطالب يلعب الدور الرئيسي في كل هذه الخطوات.

والجدير بالذكر أن من أهم مزايا هذا التنظيم التركيز على نشاط الطالب مما يزيد من فاعلية التعلم لاسيما وان الدافع على التعلم هنا يعتبر دافعا ذاتيا Intrinsic Motivation وهو أقوى الدوافع وذلك بالمقارنة بالدوافع الخارجية Extrinsic Motivation. كما أن هذا التنظيم يخرج المعرفة عن انفصالها وعزلتها ويستخدمها بشكل متكامل للتعامل مع الأنشطة والمشروعات.

للنشاط أربع دوافع إنسانية هي:

1- الدافع الاجتماعي: ويظهر من خلال ميول المتعلم في مشاركة من حوله.

2- الدافع الإنشائي: ويظهر من ألعاب التلاميذ وحركاتهم.

3- دافع البحث والتجريب: ويظهر من خلال قيام المتعلم بعمل ما، والرغبة في معرفة ما ينتج عن هذا العمل.

4- الدافع التعبيري: ويظهر من خلال تعبير الغرد عن ميوله الإنسانية أو في اتصاله بغيره من التلاميذ.

خصائص هذا المنهج:

1- يبنى هذا المنهج على ميول وحاجات التلاميذ.

2- الاعتماد على ايجابية التلاميذ ونشاطهم.

3- تنظيم هذا النشاط في صورة مشروعات أو مشكلات متعددة.

4- هذا المنهج لا يعد مقدما من قبل لجان علمية متخصصة.

5- يحرص هذا المنهج على وحدة المعرفة وتكاملها والالتزام بالتنظيم السيكولوجي.

6- الطريقة المناسبة لهذا المنهج في التدريس هي طريقة حل المشكلات، العمل الجماعي، والتخطيط المشترك سمة وخاصية أساسية لهذا المنهج.

أما بالنسبة للمشروع يقوم هذا المدخل على أساس أن يختار التلاميذ مشروعا معينا يميلون إلى دراسته ويكون من النوع الواسع الذي يحتاج معالجته إلى أنواع مختلفة من الخبرات وميادين متنوعة من المعارف والمعلومات وألوان متعددة من النشاط.

وعندما يتفق على اختيار مشروع معين يقومون بوضع خطة لدراسته ثم يتجهون إلى تنفيذها معتمدين على أنفسهم ولكن بتوجيه المدرس ومعاونته وفى أثناء علمية التنفيذ هذه يقومون بالعديد من الأنشطة التعليمية مثل جميع المعلومات المتعلمة بالمشروع من جميع العوم والمواد الدراسية ورسم المصورات والخرائط وإجراء التجارب وعمل الإحصاءات والجداول واستخلاص النتائج واقتراح الحلول، وبذلك يصبح المشروع محورا لتكامل المعارف والمعلومات حوله كما أنها تكون وظيفية.

وهناك العديد من المشروعات التي يمكن أن يقوم بها التلاميذ وتصلح كمدخل للتكامل مثل مشروع تربية الدواجن ومشروع خدمة البيئة المحلية، ومشروع التصوير الفوتوغرافي ومشروع التشجير وغيرها وهذا المدخل يلائم تلميذ المرحلة الابتدائية.

هذه هي أهم مداخل أسلوب التكامل أثناء القيام بعملية تخطيط وبناء المنهج وتوجد مداخل أخرى مثل مدخل الوحدات ومدخل الموضوعات وغيرها.

رابعا: التنظيم الذي يرتكز على المدخل التطبيقي

يعتبر هذا المدخل من المداخل الهامة للتكامل حيث يتحقق من خلاله التكامل بين جانبي المعرفة وهما الجانب النظري والجانب العملي، فالمعرفة لا تكون كاملة إذا اقتصر

التلاميذ على دراسة الجانب فيها والذي يتحقق عن طريق حفظ واستظهار حقائقها المختلفة بل وحتى النظريات والتعميمات التي تحتوى عليها ويكتفي فقط بحفظ التلاميذ لها دون أن يطبقوها عمليا سواء في المدرسة أو في الحياة العامة.

أما في أسلوب التكامل الذي يقوم على المعرفة المتكامل فإنه يهتم غاية الاهتمام بالناحية التطبيقية للمعرفة النظرية فيخرج التلاميذ إلى البيئة ليطبقوا ما درسوه في المدرسة وذلك من خلال الزيارات الميدانية للمصانع والمزارع والمؤسسات المختلفة حيث يمارسون الجانب التطبيقي لها، كذلك يهتم هذا الأسلوب بتزويد المدارس بالورش والمعامل التي يطبقوا فيها ما درسوه من نظريات.

كذلك يهتم أسلوب التكامل يربط المدرسية بالبيئة وما يدور فيها من مشاكل وأنشطة مختلفة وبذلك تعتبر المدرسة ومناهجها صورة مصغرة للبيئة وكثيرا ما يقوم التلاميذ بالمساهمة في حل مشكلات البيئة مثل المساعدة في مشروعات محو الأمية وردم بعض البرك والمستنقعات وتوعية المواطنين في بعض القضايا مثل تحديد النسل وعادات الثأر وغيرها.

خامسا: التنظيم الذي يرتكز على المدخل البيئي:

يستخدم المدخل البيئي لتطوير المناهج المنفصلة والتي تقوم على أساس من تجزئة وتفتيت المعارف وإقامة الحواجز بينها بما يجعلها عاجزة عن تحقيق وحدة المعرفة وتكاملها. والمدخل البيئي ينظر إليه على أنه وسيلة هامة لتحقيق التكامل بين المواد الدراسية المختلفة إذ يعتبر محورا هاما لتنظيم محتوى المنهج بطريقة متكاملة تشمل المكونات المادة والاجتماعية والاقتصادية للبيئة والتي تقع في مواد دراسية مختلفة مثل الطبيعة والتاريخ والجغرافيا والاقتصاد وغيرها من المواد الدراسية الأخرى.

كذلك يتعرض هذا المدخل لدراسة المشاكل المختلفة التي توجد في البيئة ومن المعروف أن لكل مشكلة جوانب متعددة قلما تقع كلها في علم واحد بل تمتد جذورها

إلى مجالات معرفية متعددة حيث أن لكل مشكلة أبعاد مختلفة مثل جذورها إلى مجالات معرفية متعددة حيث أن لكل مشكلة أبعاد مختلفة مثل البعد الزماني والبعد المكاني والبعد الاقتصادي والبعد الاجتماعي..الخ

لهذا كله فإن المواد الدراسية للحصول على المعلومات والبيانات التي تساعدهم في حل هذه المشكلة ولكن الحل يأتي في صورة متكاملة.

أيضا تعتبر البيئة ميدانا تطبيقيا للدراسة النظرية التي يتلقها التلاميذ في المدرسة حيث تتاح لهم فرصة المشاهدة والزيارة للواقع الذي درسوه نظريات في داخل الفصل وهذا يحقق التكامل بين النظرية والتطبيق.

الفصل الثالث

تصميم البرمجية التعليمية للمنهج

مقدمة

توجد العديد من المشكلات التي يمكن حلها بواسطة الحاسوب، فمنها التطبيقات الرياضية التي تؤدي حسابات رقمية دقيقة والأخرى تقوم بمعالجة الصور والرسومات والأشكال مثل النقاط والخطوط وأخرى تعتمد على معالجة النصوص وتستعمل الحروف كوحدة أساسية في معالجتها.

ولكن كيف يتم استخدام الحاسبات لحل هذه المشكلات بأنواعها وأهدافها المختلفة. فإن الحاسب يقوم بإجراء العمليات التي يقوم المبرمج بإدخالها. فلابد من وضع حل للمسألة يترجم لاحقا إلى برنامج يقوم الحاسوب بتنفيذه. ويتميز هذا الحل بأنه يتكون من مجموعة من الخطوات والعمليات المتسلسلة والمرتبة التي تؤدي في النهاية إلى حل لتلك المسألة. ويطلق على هذه الخطوات المتسلسلة اسم الخوارزمية. فالخوارزمية عبارة على مجموعة من التعليمات التي تعبر عن المعالجة بطريقة متسلسلة مضمون نهايتها بعد عدد معين من الخطوات. مع الالتزام بالنتيجة الصحيحة لكل توقع من التوقعات التي يمكن أن تنتج.

وتسمى المسألة خوارزمية إذا كان حلها مجموعة من الخطوات المتسلسلة بحيث تكون هذه الخطوات قابلة للتنفيذ من قبل الإنسان أو الآلة خطوة- خطوة وتؤدي إلى الحل المطلوب.

والمسألة الخوارزمية تحتمل عددا كبيرا من الأمثلة أو التوقعات (Instances) مثلا مشكلة حساب المعدل الفصلي لعدد كبير من التوقعات، فكل حساب معدل طالب يعتبر توقع. **وسوف نتناول هذا الفصل من خلال النقاط التالية:**

أولا: برمجة الحاسب

- لغة برمجة الحاسب.
- أهمية استخدام الحاسب الآلي في التدريس.
- عوامل نجاح الحاسب الآلي في العملية التعليمية.

ثانيا: تصميم البرمجية التعليمية

- التصميم التعليمي
- برمجة المناهج التعليمية
- مراحل إنتاج البرمجيات التعليمية:

1- مرحلة التصميم والإعداد:
- تحديد الأهداف العامة للبرمجية التعليمية.
- جمع وتنظيم المادة العلمية.
- تحديد الأنشطة المصاحبة
- تخطيط التفاعل.

2- مرحلة كتابة السيناريو:
- العناصر الأساسية لتقييم إعداد السيناريو.
- نماذج كتابة السيناريو

3- مرحلة التنفيذ.

4- مرحلة التجريب والتطوير.

5- تقويم إعداد البرمجية التعليمية.

ثالثا: الفوائد التي تقدمها البرمجيات التعليمية

رابعا: متطلبات إنتاج البرمجيات التعليمية

خامسا:المعايير التربوية لتصميم وإنتاج البرمجية التعليمية الجيدة

1- التعريف بالبرمجية التعليمية.
2- الأهداف.
3- الاختبار القبلي.
4- التأثير الانتقالي.
5- المحتوى ووسائله التعليمية (المادة العلمية).
6- الأنشطة.
7- التقويم والاختبار التكويني.
8- التغذية الراجعة الفورية.
9- المساعدة.
10- الاختبار البعدي.
11- المراجع المستخدمة

وفيما يلي شرح لهذه النقاط بالتفصيل:

أولا: برمجة الحاسب

لغة برمجة الحاسب:

لغة البرمجة هي اللغة التي يتم بها كتابة البرامج ليقوم جهاز الحاسب بتنفيذها، وعادة ما يكون هناك قواعد للغة البرمجة، حيث وُضعت هذه القواعد للتسهيل على المبرمج في إعطاء أوامره للحاسب لكي يتم تنفيذها، وبالتالي فإنه هناك أسس لهذه القواعد وخصائص يجب أن تُتّبع خلال عملية البرمجة.

لغة البرمجة هي الوسيط بين المستخدم والجهاز لأن المستخدمين في أول ظهور الحاسب كانوا يستخدمون لغته للتعامل معه، ولغة الآلة هي النظام الثنائي (0و1) وكنت تتخيل مثلا لو أردنا عمل تهيئة للقرص (format the HDD) كنت مطالبًا بحفظ سطر من الأصفار والوحايد لعمل هذا مثال:

011010100111001101111010100

فكان هناك صعوبة في التعامل مع الكمبيوتر.وحدث تطورًا سريعا إلى أن أنشئت أول لغة برمجة (Asseply) ثم (c) ثم (c++) وقامت فكرتها على إنشاء لغة تكتب فيها المصطلحات الإنجليزية ويكون دور لغة البرمجة بالوساطة والتحويل وتفهيم ما كتبت إلى الحاسب بلغته.

هي برنامج أساسي يتيح لمستخدم الحاسب إعطاء الأوامر وكتابة البرامج للحاسب أو هي مجموعة من التعليمات التي يكتبها المبرمج بإحدى لغات البرمجة لأداء عمل معين، ويقوم الحاسب بتنفيذها.

وبالتالي فهي تعتبر عملية كتابة تعليمات وأوامر لجهاز الحاسب أو أي جهاز آخر، لتوجيهه وإعلامه بكيفية التعامل مع البيانات. وتكون عملية البرمجة متبعة لقواعد محددة باللغة التي اختارها المبرمج. وكل لغة لها خصائصها التي تميزها عن الأخرى وتجعلها مناسبة بدرجات متفاوتة لكل نوع من أنواع البرامج. كما أن للغات البرمجة أيضا خصائص مشتركة وحدود مشتركة بحكم أن كل هذه اللغات معدة للتعامل مع الحاسوب.

لغات البرمجة Programming Languages

إن الحاسب الآلي لا يستطيع تلقي تلك التعليمات والأوامر إلا بعد أن تكون مكتوبة بإحدى اللغات التي يستطيع الحاسب الآلي فهمها والتعامل معها.

1- هي عبارة عن برامج خاصة تستخدم كوسيلة للتخاطب مع الحاسب الآلي وذلك لكتابة مجموعة من التعليمات والأوامر (البرنامج) والتي يستطيع الحاسب تنفيذها.

2- تتكون لغات البرمجة ذات المستوى العالي عادة من مجموعة من الكلمات والجمل الإنجليزية يستخدمها المبرمج في البرمجة وتختلف هذه الكلمات تبعاً للغة البرمجة.

3- من الأمثلة على لغات الحاسب ذات المستوى العالي (لغة فورتران - لغة كويل - لغة البيسك - لغة البرمجة باسكال - لغة البرمجة سي وسي ++ -.....).

أقسام لغات البرمجة:

يمكن تقسيم لغات البرمجة إلى قسمين:

1- اللغات البسيطة

وتنقسم إلى قسمين:

(أ) لغة الآلة:

ومن صفات هذه اللغة:

● أول لغة تم وضعها للحاسب الآلي.
● اللغة الوحيدة التي يفهمها الحاسب، لأنها مكونة من (0، 1).
● البرمجة بلغة الآلة تعتبر سهلة الفهم بالنسبة للحاسب الآلي.ولكنها صعبة الفهم والقراءة بالنسبة للمبرمجين ومستخدمي الحاسب.
● البرمجة بها تقتصر على الشركات الصانعة للحاسب الآلي.

(ب) اللغة الرمزية أو لغة التجميع:

ومن صفات هذه اللغة:
● لغة قريبة من لغة الآلة نوعاً ما.
● تستخدم بعض الرموز الخاصة والتي يمثل كل رمز منها تعليمة أو أمر له غرض بالبرنامج.
● تعتبر أكثر فهماً وأسهل قراءة للمبرمج من لغة الآلة.

- البرمجة بلغة التجميع تعتبر صعبة بالنسبة لمستخدمي الحاسب والمبرمجين المبتدئين.
- البرمجة بلغة التجميع تعتبر سهلة بالنسبة للمبرمجين المحترفين

2- اللغات الأكثر استخداماً:

تتميز بما يلي:

- هي لغات قريبة من لغات الإنسان.
- لابد من تحويل برامج اللغات العالية المستوى بعد كتابتها إلى لغة الآلة حتى يتسنى للحاسب فهمها ولهذا تحتاج إلى مترجم خاص للتحويل.
- كل لغة من هذه اللغات لها مترجم خاص.

أنواعها:

(أ) لغة البرمجة الإجرائية (التقليدية):

تعتمد على قيام المستخدم لها بكتابة البرنامج مفصلاً إجراء بعد إجراء وبالتالي يحدد المستخدم بدقة للحاسب التعليمات التي تؤدي إلى قيام الحاسب بالمهام المطلوبة للبرنامج خطوة بعد أخرى.

جدول رقم (2) أمثلة لغات البرمجة

م	اللغة	مجالات الاستخدامات
1	بيسك	الجامعات والمدارس
2	فورتران	الهندسية والعلمية
3	كوبول	الإدارية والتجارية
4	سـي C	لكتابة أنظمة التشغيل وبرامج التطبيقات
5	باسكال	المجالات الإدارية والعلمية

(ب) لغة البرمجة المرئية: (لغة البرمجة بالعناصر)

لا تتطلب من المستخدم كتابة البرنامج على شكل خطوات إجرائية محددة أو كتابة أوامر وتعليمات متتابعة.

وإنما يقوم المستخدم بوضع الكائنات أو العناصر على النموذج والتي تمكن المستخدم من إدخال البيانات وإخراجها وتحديد الأحداث، وتقوم لغة البرمجة بناءاً على ذلك بإنشاء التعليمات والأوامر تلقائيا وتنفيذها من أمثلة هذه اللغات:

1- لغة الفيجول بيسك ـــــــــ لغة البيسك المرئية.

2- لغة فيجول ســـي ـــــــــ لغة ســـي المرئية.

البرامج (Software)

1- نظم التشغيل (Operating System).

2- البرامج التطبيقية (Application Software).

3- لغات البرمجة (Programming Languages).

نظام التشغيل (Operating System)

1- هي عبارة عن برامج مسئولة عن التحكم في كل المهام التي يقوم بها الحاسب الآلي.

2- تظهر كوسيط ما بين المستخدم والجهاز.

3- هنالك العديد من أنظمة التشغيل المتوفرة لأجهزة الحاسب الآلي الشخصية من أهمها:

أ- نظام التشغيل DOS

ب- نظام التشغيل Windows

4- سيتم من خلال هذه الدورة التطرق بالتفصيل لنظام التشغيل Windows 98.

البرامج التطبيقية (Application Software)

1- هي عبارة عن برامج تعد من قبل مبرمجي النظم من أجل تطبيق معين أو حل مشكلة محددة.

2- تغطي هذه البرامج مختلف المجالات.

3- تظهر كوسيط ما بين المستخدم والجهاز.

4- هنالك العديد من أنظمة التشغيل المتوفرة لأجهزة الحاسب الآلي الشخصية من أهمها:

  أ - نظام التشغيل DOS

  ب- نظام التشغيل Windows

5- تغطي هذه البرامج مختلف المجالات من أشهر هذه البرامج مجموعة Microsoft Office ومنها:

  أ - برنامج Word.

  ب- برنامج Excel.

  ج- برنامج Power Point.

  د- برنامج Access.

  هـ- برنامج الناشر Publisher.

  و- برنامج Outlook.

  ز- برنامج Info pat.

برامج التشغيل المساعدة:

هي برامج تقوم بإجراء الكثير من العمليات اليومية لمستخدمي الحاسب، والتي تعفيه من تنفيذ أوامر نظام التشغيل اللازمة لأداء هذه العمليات.

وظائف برامج التشغيل المساعدة:

1- التشخيص: تشخيص مشاكل الأقراص وحلها.

2- الخدمة: خدمة إصلاح القرص.

3- إعادة البناء: إعادة بناء القرص واستعادة بياناته وبرامجه.

4- السرعة: تسريع أداء الجهاز.

5- النسخ الاحتياطية: تكوين النسخ الاحتياطية.

6- الحفظ: حفظ وتامين البيانات.

7- ضغط الملفات: ضغط ملفات القرص.

منهجية حل المشكلة باستخدام الحاسبات الآلية

تتكون منهجية حل المشكلة بواسطة الحاسبات من عدة خطوات، كل خطوة لها مدخلات ومخرجات. وربما يختلف عدد الخطوات من منهجية إلى منهجية أخري.

- الخطوة الأولى: الإحساس بالمشكلة.
- الخطوة الثانية: تحديد وتعريف المشكلة.
- الخطوة الثالثة: تحليل المشكلة.
- الخطوة الرابعة: تصميم خوارزميات أو مخططات.
- الخطوة الخامسة: كتابة البرنامج بواسطة لغة برمجة.
- الخطوة السادسة: ترجمة البرنامج بواسطة مترجم.
- الخطوة السابعة: تنفيذ البرنامج.

أهمية استخدام الحاسب الآلي في التدريس

1- يمكن استخدام الحاسب الآلي باعتباره من الوسائل التعليمية وذلك لما يتميز به من قدرة فائقة على تسجيل المعلومات وسهولة استرجاعها وتعدد أساليب التعامل معها بما يمكننا من تحويل الكتاب الورقي الجامد إلى كتاب إلكتروني فيه الحركة والحياة، يشرح ويوضح مختلف الموضوعات بالصورة والصوت بحيث يتفاعل

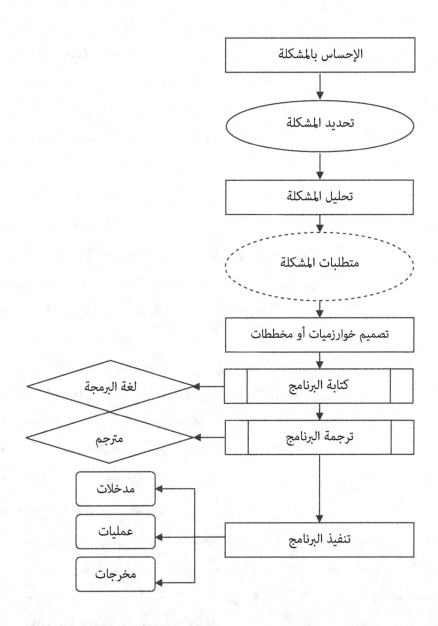

شكل رقم (2): يوضح منهجية حل المشكلة باستخدام الحاسبات الآلية

الطالب مع المنهج مما يجعل عملية التعليم ليست فقط واضحة وسهلة ولكن فوق ذلك ممتعة ومفيدة.

2- يساهم الحاسب الآلي في توفير الوقت والجهد للمعلم مما يساعده في استثمار وقته وجهده ومن ناحية أخرى يساعد الطلاب من حيث تقليل الجهد والزمن اللازمين للتعليم ويزيد من درجة التحصيل العلمي.

3- يعتبر الحاسب الآلي وسيلة مشوقة بما تثيره من جذب انتباه الطلبة بحيث تخرجهم من روتين الحفظ والتلقين إلى المشاركة والعمل.

عوامل نجاح الحاسب الآلي في العملية التعليمية

1- توفير أجهزة الحاسب الآلي والبرامج اللازمة في المدارس.

2- تحسين قدرة وكفاءة المعلمين على استخدام الحاسب الآلي وبرامجه اللازمة.

3- توفير الحوافز والدعم للمدارس التي يستخدم بها الحاسب الآلي في أعداد الوسائل التعليمية.

4- الاستفادة من الحاسب الآلي في أعداد الوسائل التعليمية باختلاف أنواعها بما يوفره من جهد وبتكلفة اقل.

ثانيا: تصميم البرمجية التعليمية

يعتبر تصميم البرمجية التعليمية من أهم خطوات إعداد برامج الوسائط المتعددة حيث أنها تخضع لعدة إجراءات ومعايير يجب أخذها في الاعتبار عند التصميم.

التصميم التعليمي Instructional design

يعرف كذلك بـ instructional systems design ، ويطلق على عمليات الوصف والتحليل التي تتم لدراسة متطلبات التعلم.

وهو عملية منطقية تتناول الإجراءات اللازمة لتنظيم التعليم وتطويره وتنفيذه وتقوميه بما يتفق والخصائص الإدراكية للمتعلم. ومصممو التعليم يستعينون بـ «تكنولوجيا التعليم Instructional Technology »

ذكر محمد عبد الهادي مجموعة من المراحل لتصميم البرنامج التعليمي تتلخص فيما يلي:

1- تقرير الحاجة للتعلم من خلال الإجابة على الأسئلة التالية:

● ما البيانات الخارجية التي تتحقق من حاجات الطلاب للتعلم عن بعد.

● ما العوامل المؤدية لتلبية الحاجات التعليمية.

● ما خبرات الماضي التي توضح أن التعليم المخطط جيدا يلبى هذه الاحتياجات التعليمية بفاعلية وكفاءة.

2- تحليل الجمهور المستهدف من الطلاب.

3- تحديد الأهداف التعليمية.

حدد كمب Kemp خطوات تصميم البرنامج التعليمي في:

● تعريف الغايات التعليمية، ثم إعداد الموضوعات الرئيسية التي سوف يتناولها البرنامج من خلال محتواه، وتحديد الأهداف العامة لتدريس كل موضوع في البرنامج التعليمي واختيار الإستراتيجية التي تناسب تحقيق هذه الأهداف.

● تحديد خصائص المتعلمين الذين يستهدفهم البرنامج التعليمي من حيث ميولهم واهتماماتهم وحاجاتهم وقدراتهم.

● تحديد الأهداف السلوكية المراد أن يحققها المتعلمون في صورة نتائج تعلم سلوكية يمكن قياسها وملاحظتها في ذاتها أو في نتائجها.

● تحديد محتوى البرنامج التعليمي الذي سيتلقاه المتعلمون.

- تحديد أدوات القياس القبلي لمعرفة خبرات المتعلمين السابقة في جوانب التعلم الادراكيه والمهارية والوجدانية عن البرنامج.

- اختيار أنشطة التعلم والتعليم ومصادرها وتكنولوجيا التعليم التي سوف يتم بواسطتها تناول محتوى البرنامج بما يساعد المتعلمين على تحقيق الأهداف السلوكية.

- تحديد الإمكانيات التعليمية، والتنسيق فيما بينها بما يساعد على تنفيذ خطوات البرنامج.

- تقويم تعلم المتعلمين ومعرفة مدى تحقيقهم للأهداف، والاستفادة من نتائج التقويم في مراجعة وإعادة تقييم خطوة أو أكثر من خطوات النموذج.

وأشار خالد حسين إلى أن عملية بناء المقررات الإلكترونية تسير على خمس مراحل حسب المعيار النموذجي:(ADDIE) :

1- **التحليل Analysis**: قراءة المحتوى، دراسة المتلقي، معرفة إمكانيات البيئة التعليمية، معرفة الأهداف.

2- **التصميم Design**: تصميم المحتوى التخطيطي ويشمل: تحديد الأهداف التعليمية، جمع الموارد وتحديد وسائل التعليم، تحديد ترتيب وتدفق المحتوى، تحديد طريقة التقييم.

3- **التطوير Development**: تأليف المحتوى حسب ما تقرر في مرحلة التصميم وهذا يشمل: جمع وإنتاج الصور والفيديو والتمارين التفاعلية والتمارين الذاتية وبعد ذلك تحزيم المحتوى.

4- **التطبيق Implementation** : تركيب المحتوى على نظام إدارة التعلم، تدريب المدربين والمتدربين على استخدام النظام.

5- **التقييم Evaluation**: تقييم مدى فعالية وجودة المقرر ويتم ذلك على مرحلتين: تقييم بنائي وتقييم إحصائي.

- التقييم البنائي: تقييم المقرر وجمع الملاحظات بداية من المراحل الأولى من إنتاج وبناء المقرر.

- التقييم الإحصائي: إجراء بعض الاختبارات على المقرر بعد مرحلة التطبيق كذلك إجراء بعض الاستبيانات وتدوين ملاحظات المتلقين (المدربين والمتدربين).

- التعليم عن بعد كأحد التقنيات الحديثة للتعليم.

وأن هناك مبادئ في تصميم البرامج التعليمة المعتمدة على تكنولوجيا الوسائط المتعددة يجب أخذها في الاعتبار هي:

1- التكامل Integration: يشير التكامل إلى المزج بين عدة وسائل لخدمة فكرة أو مبدأ عند العرض.

2- التفاعل Interaction: يشير التفاعل إلى الفعل ورد الفعل بين المتعلم وبين ما يعرضه عليه الكمبيوتر ويتضمن ذلك قدرة المتعلم على التحكم فيما يعرض عليه وضبطه عند اعتبار زمن العرض وتسلسله وتتابعه والخيارات المتاحة من حيث القدرة على اختيارها والتجول فيما بينها وإن عرض مجموعة الوسائل بتكامل على شاشة جهاز الكمبيوتر لخدمة الفكرة أو المبدأ المراد توصيله.

وأوضح خالد حسين أن هناك عناصر أساسية عند إعداد برامج الوسائط المتعددة Multimedia Elements كما يلي:

1- النصوص المكتوبة Texts.

2- اللغة المنطوقة Sound.

3- الموسيقى Music.

4- الرسومات الخطية Graphics.

5- الصور الثابتة Still Pictures.

6- الصور المتحركة motion pictures.

7- الرسوم المتحركة Animation.

كما أن هناك مجموعة من العناصر الأساسية لتقييم إعداد البرمجية تتمثل فيما يلي:

● مطابقة تامة لما ورد في السيناريو.

● احتواء البرمجية على عدد كاف من الوسائط المتعددة (صوت - صورة - فيديو- رسومات).

● التفاعل مع الطلاب.

● التكامل والترابط بين الوسائط المتعددة.

● التجديد، والإبداع، والابتكار.

● التنظيم وحسن الترتيب وسلاسة العرض.

● التشويق والإثارة.

● التغذية الراجعة.

● النواحي الفنية والإخراج.

● التوظيف الجيد للوسائط المتعددة التفاعلية.

برمجة المناهج التعليمية

هي عملية تحويل المناهج التعليمية من شكلها الاعتيادي ككتب وكراسات دراسية إلى وسائط متعددة بالصورة والصوت بما يسمح بتداولها بسهولة واستخدامها في أجهزة الحاسب الآلي.

الهدف من برمجة المناهج التعليمية

تهدف برمجة المناهج التعليمية إلى الاستفادة القصوى من أحدث تقنيات الحاسب الآلي واستخداماته المتعددة في العملية التعليمية بما يؤدي إلى تطوير التعليم وعلاج بعض الظواهر السلبية مثل عزوف الطلبة عن الدراسة والتحصيل العلمي.

مراحل إنتاج البرمجيات التعليمية

تتكون البرمجية التعليمية عادة من عدة موضوعات ويتكون الموضوع بدوره من عدة دروس ويتكون كل درس من عدة فقرات وتتكون الفقرة من عدة نوافذ أو شاشات تعرض من خلالها المادة التعليمية في صورة تدريس خصوصي Tutorial والذي عادة يتضمن العرض Presentation مدعما بالصور الثابتة Images والرسوم والصور المتحركة كلقطات الكرتون ولقطات الفيديو Video Clip والمؤثرات الصوتية Sound والحركة Animation والحوار dialog وعرض أمثلة وتمارين & Examples Exercisesوتقديم مفردات اختبار Test Items تشخيصية Diagnostic أو بنائية Formative أو نهائية Summativeأو إتقان Mastery إضافة لمجموعة ملفات لحفظ أداء المتعلمين.

وتمر عملية إنتاج البرمجية التعليمية بعدة مراحل قبل أن تخرج بالشكل النهائي الذي تعرض به، وقد يقوم بهذه العملية مجموعة مختلفة من الأفراد أو المعلمين ينبغي أن تتوفر لديهم خبرات ذات مواصفات محدد.

وتمر عملية إنتاج البرمجية التعليمية عادة بخمس مراحل تعرف بدورة إنتاج البرمجية.

ومما سبق يمكن استخلاص المراحل الأساسية لإنتاج البرمجيات التعليمية التي تتمثل فيما يلي:

المرحلة الأولى: مرحلة التصميم والإعداد (Design،Preparation)

وهي المرحلة التي يضع المصمم فيها تصميم كامل لمشروع البرمجية، وما ينبغي أن تحتويه البرمجية من أهداف ومادة وأنشطة وتدريبات... الخ. وغيرها من محتويات وتمر هذه المرحلة وفق العناصر التالية:

1- تحديد الأهداف العامة للبرمجية التعليمية

وفي هذا العنصر يسعى مصمم البرمجية في هذه المرحلة من الإعداد إلى تحديد ودراسة الهدف العام للمنهج والحدات الدراسية التي يراد إعداد برنامج تعليمي لها، كما يقوم بإعداد وصياغة الأهداف السلوكية (الإجرائية) لكل درس تعليمى سوف يقوم بإعداده.

2- جمع وتنظيم المادة العلمية

وفي هذا العنصر يسعى مصمم البرمجية إلى جمع المادة العملية من خلال المصادر التالية:

- الكتب والمراجع العلمية ذات الارتباط الوثيق بموضوعات البرمجية التعليمية.
- الدراسات والبحوث المرتبطة بتطوير ذات المناهج موضوع البرمجية التعليمية.
- دراسة احتياجات سوق العمل.
- نتائج البحوث والدراسات والتوصيات والمقترحات الخاصة بتطوير المناهج التعليمية.
- الخبرات الناجحة لبعض الدول المتقدمة في ذات المنهج موضوع البرمجية التعليمة.

وبعد القيام بجمع المادة العلمية يتم تنظيم المادة في صورة وحدات دراسية كل وحدة تنقسم إلى عدد من الموضوعات (الدروس) لكل درس أهداف ومحتوى وتقويم بنائي وتقويم في نهاية كل درس.

3- تحديد الأنشطة المصاحبة

ويتم رسم مخطط إدارى يحدد فيه مصمم البرمجية الأنشطة المصاحبة لكل درس تعليمي ويراعى عند اختيار الأنشطة التعليمية ما يلي:

- إمكانية تطبيق النشاط المخطط له.
- انخفاض تكلفة النشاط.

- مناسبة النشاط لوقت الدرس.
- ارتباط النشاط بأهداف الدرس ومحتواه العلمي.
- توزيع النشاط على الدروس بشكل مناسب.
- سهولة تطبيق النشاط سواء داخل أو خارج المدرسة.
- تعدد الأنشطة وتنوعها فلا يجب أن يكون نشاط واحد لكل الدروس.
- تطبيق النشاط في الوقت المناسب.
- استخدام التقنيات الحديثة في تطبيق النشاط.
- تناسب الأنشطة التعليمية مع البرمجيات التعليمة.

4- تخطيط التفاعل

وفي هذا العنصر يعد مصمم البرمجية تصور واضح لكيفية التفاعل داخل البرنامج التعليمي ومن أمثلة التفاعل:

- إعطاء سؤال يحاول الطالب الإجابة عليه باستخدام الماوس أو لوحة المفاتيح.
- وجود أشكال حوراية ورسوم بيانية توضيحية تظهر بصورة متحركة وتحاورية مع الطالب.
- تسلسل الأحداث بشكل قصصي به بعض الألغاز يحاول الطالب حلها.

المرحلة الثانية: مرحلة كتابة السيناريو (Scenario)

وهي المرحلة التي يتم فيها ترجمة الخطوط العريضة التي وضعها المصمم إلى إجراءات تفصيلية وأحداث ومواقف تعليمية حقيقية على الورق على إن يوضع في الاعتبار ما تم إعداده وتجهيزه بمرحلة الإعداد من متطلبات.

العناصر الأساسية لتقييم إعداد السيناريو

- احتواء السيناريو على جميع العناصر الأساسية لأي موضوع تعليمي إلكتروني.
- التجديد والإبداع

- معلومات عامة عن الدرس ومعد السيناريو
- التفاعل ودور الطالب
- إمكانية تحويل السيناريو إلى برمجية تعليمية
- الترتيب والوضوح لعناصر الدرس
- تحديد مبدئي لنوعية الوسائط المتعددة ومكانها في كل.

نماذج كتابة السيناريو

يمكن توضيح بعض نماذج كتابة السيناريو فيما يلي

النموذج الأول

جدول رقم (3) يوضح النموذج الأول للسيناريو التعليمي

الصوت	الصورة
وهو الصوت المسموع عند عمل البرمجية التعليمة ومن أمثلة الصوت ما يلي: • الموسيقى. • صوت الإنسان (التعليق). • صوت من الطبيعة مثل خرير المياه. • صوت الحيوانات.	وهو شرح تفصلي للمرئيات على شاشات البرمجية التعليمة سواء كانت نصوص مكتوبة أو أشكال توضيحية أو رسوم بيانية أو لقطات فيديو..الخ.

النموذج الثاني

جدول رقم (4) يوضح النموذج الثاني للسيناريو التعليمي

الجزء المرئي

- نص مكتوب .
- أشكال توضيحية .
- رسوم بيانية .
- لقطات فيديو

1- رقم الشاشة (...)
2- الصوت:
- الموسيقى.
- صوت الإنسان (التعليق).
- صوت من الطبيعة مثل خرير المياه
- صوت الحيوانات.
3- الزمن المحدد للعرض.
4- الألوان المستخدمة.
5- خلفية الشاشة.

النموذج الثالث

جدول رقم (5) يوضح النموذج الثالث للسيناريو التعليمي

رقم الإطار	الجانب المرئي	الجانب المسموع	وصف الإطار
وفي هذا العمود يتم ترقيم الإطارات الخاصة بالعرض من ....الخ.	نص مكتوب. أشكال توضيحية. رسوم بيانية. لقطات فيديو.	صوت الإنسان. الموسيقى. صوت من الطبيعة. صوت الحيوانات.	وفي هذا الجانب يتم عمل شرح تفصيلي لأحداث الإطار وفق تسلسل البرنامج التعليمي من وقت بداية البرنامج حتى الخروج منه، ويتضمن هذا الوصف: الوصف المرئي، والصوت، والحركة، والألوان، والخطوط، والرسومات، ولقطات الفيديو. أي وصف مسرح العملية وهو الإطار المناظر له.

المرحلة الثالثة: مرحلة التنفيذ (Executing)

وهي المرحلة التي يتم فيها تنفيذ السيناريو في صورة برمجية وسائط متعددة تفاعلية، مع كتابة بعض البناءات المنطقية Code.

المرحلة الرابعة: مرحلة التجريب والتطوير (Development)

وهي المرحلة التي يتم فيها عرض البرمجية على عدد من المحكمين المختلفين، بهدف التحسين والتطوير.

المرحلة الخامسة: تقويم إعداد البرمجية التعليمية

أهم العناصر الأساسية لتقييم «إعداد البرمجية»:

- مطابقة تامة لما ورد في السيناريو.
- احتواء البرمجية على عدد كاف من الوسائط المتعددة (صوت - صورة - فيديو- رسومات).
- التفاعل ودور الطالب
- التكامل بين الوسائط المتعددة
- التغذية الراجعة
- التجديد والإبداع
- التنظيم وحسن الترتيب
- التشويق
- النواحي الفنية والإخراج
- التوظيف الجيد للوسائط المتعددة

ثالثا: الفوائد التي تقدمها البرمجيات التعليمية

ويمكن للبرمجيات التعليمية تحقيق الاستفادة من خلال:

1- توفير إمكانية تعليم أعداد متزايدة من الطلبة في صفوف مزدحمة.

2- تساهم البرمجيات التعليمية في علاج مشكلة قلة المدرسين المؤهلين علميا وتربويا.

3- تساعد المتعلمين في تعويض الخبرات التي قد تفوتهم داخل الصف الدراسي أثناء شرح المدرس.

4- تساهم في حل مشكلة تداول المعلومات وتعميم الفائدة.

5- حل مشكلة قدرات الدارسين الخاصة باعتبار أن استخدام الحاسب الآلي في العملية التعليمية سوف يسهل تجريب أساليب مختلفة تتناسب وقدرات جميع الطلبة بما فيهم الأطفال المتخلفين نسبيا.

6- كشف القدرات ألا بداعية لدى الطلبة وذلك من خلال اكتشاف الإمكانيات الحقيقية للطلبة وتنميتها والاهتمام بها.

7- زيادة الرغبة في التعليم لدى الطلبة وتحويل الدراسة إلى ممارسة هواية ممتعة.

رابعا: متطلبات إنتاج البرمجيات التعليمية

عملية إنتاج البرمجيات التعليمية تحتاج إلى فريق عمل من المختصين الذين يجب أن تتوفر لديهم خبرات ذات مواصفات محددة بحيث يضم فريق العمل يتكون من:

- مبرمجين: متمرسون في برامج معالجة الصور الثابتة والمتحركة.
- المعلمون: مدرسون ضمن المقرر الدراسي المراد تحويله إلى أقراص مدمجة.
- خبراء في التربية: مختصون تربويون.
- خبراء في علم النفس: مختصون بعلم النفس التربوي.
- برامج وأجهزة حديثة.

وتمر عملية إعداد البرمجيات التعليمية بعدة مراحل قبل أن تخرج بالشكل النهائي الذي تعرض به، ويجب أن يقوم بهذه العملية مجموعة مختلفة من الأفراد أو المعلمين ينبغي أن تتوفر لديهم خبرات ذات مواصفات محددة، وتمر عملية إنتاج البرمجية

التعليمية عادة بأربعة مراحل تعرف بدورة إنتاج البرمجية وسوف تذكر بالتفصيل في الفصل الثالث.

خامسا: المعايير التربوية لتصميم وإنتاج البرمجية التعليمية الجيدة

هناك عدة من المعايير التي يجب مراعاتها عند تصميم للبرمجية التعليمية المطلوبة، وهى التي يجب أن تتوافر عند تصميم برمجية تعليمية جيدة، وذلك في ضوء النظريات الحديثة للتصميم التعليم وهي:

1- التعريف بالبرمجية التعليمية

عند إعداد البرمجية يجب أن يتم التعريف بالقائم بعملية التصميم وكان التصميم والأهداف والفريق المعاون، كما يحتوى هذا التعريف على بعض الصور غير المتحركة المرتبطة بموضوع البرمجية ويجب أن تتميز بالجاذبية وجمال التصميم.

2- الأهداف

يجب أن تكون الأهداف العامة والإجرائية واضحة ومصاغة صياغة جيدة ويمكن تحقيقها وقياسها وتقويمها ويجب أن وتكون مسبوقة بالعبارة التالية: بعد أن يمر المتعلم بخبرات هذه البرمجية سوف يكون قادرا على أن: ثم توضع أفعال القدرة:يوضح، يحدد، يقدر قيمة، يميز، يقارن، يحدد. الخ.

3- الاختبار القبلي

وهو ذلك الاختبار الذي يتم تطبيقه قبل الدخول في موضوعات البرمجية التعليمة لقياس مدى توافر هذه المعلومات لدى المتعلم.

ويجب التأكيد على تعلم المهارات القبلية الأساسية للتعلم (Prerequisite Skills) قبل الانتقال بالمتعلم أو تعريضه إلى مهارات أو مفاهيم جديدة وهذا معناه تصميم اختبار قبلي للبرمجية وهو ضروري وتعتبر البرمجية ناقصة بدونه.

4- التأثير الانتقالي

عند تقديم البرمجية التعليمة يجب أن تحتوى على مجموعة من الشاشات التي تجذب انتباه المتعلم وذلك باستخدام الصور ولقطات الفيديو والأشكال والخطوط المميزة الجميلة والرسوم المتحركة.(Animation)

5- محتوى ووسائله التعليمية (المادة العلمية)

من المفترض أن تكون المادة العلمية صحيحة ومناسبا لمستوى المتعلم، وتراعى الفروق الفردية، كما يجب أن يتبع كل جزء من المحتوى عدد كاف من الأمثلة تتميز بالتدرج من السهل إلى الصعب. كما يجب أن يدعم كل جزء من المحتوى بالرسوم والأشكال والصور المتحركة والأصوات ولقطات الفيديو والخرائط التوضيحية وغيرها.

6- أنشطة

مثل النشاطات التعليمية الموجهة عنصر أساسي وهام للبرمجية التعليمية وذلك لأنها تؤثر بشكل كبير في تشكيل خبرة المتعلم وبالتالي في اكتسابه للمفاهيم والمهارات والاتجاهات.

أحيانا تعتمد الكثير من المدارس على نشاطات تعليمية مثل القراءة والاستماع والاستجابة لأسئلة المتعلمين أي الاستظهار والترديد وهي نشاطات ذات أهمية، غير أن الاعتماد عليها دون الأنشطة المفيدة الأخرى أمر غير سليم تربويا.

من أمثلة الأنشطة «المحفوظات» و «التمارين» و «الواجبات» و «الأمثلة» و «المسائل» وغير ذلك مما يشير إلى مهام المتعلمين الذين عليهم أن يقوموا بها.

وعلى ضوء ما سبق نستطيع تعريف الأنشطة بأنها:

عالية المتعلم المرتبطة بالبرامج التعليمية أو البرمجية، وهي كل ما يقوم به المتعلم من أجل تعلم موضوع معين داخل أو خارج الفصل تحت إشراف المعلم أو دون إشرافه.

يجب أن يعقب كل جزء من المحتوى عدد من الأنشطة والتدريبات التطبيقية التي تقدم للمتعلم لتأكيد عمليات التعلم، وبعض هذه الأنشطة تحل داخل أطر البرمجية، والبعض الآخر يوجه للمتعلم إلى عملة في الواجب المنزلي.

بعض الأنشطة الأخرى التي تجعل البرمجية أكثر فاعلية

أ- الأنشطة الإثرائية: وهى مجموعة من المواد التعليمية ذات الصلة بموضوعات البرمجية وتختار من المراجع أو الانترنت، وتهدف إلى إثراء معلومات المتعلم في موضوع البرمجية، وتكون مدعمة بالوسائل والتقنيات المختلفة، وهذه الأنشطة لا تشملها الاختبارات.

ب- الأنشطة العلاجية: في حالة تكرار المتعلم للخطأ بعد توفير المساعدة له(Help) من قبل البرمجية، يجب أن نوفر له الأنشطة العلاجية.(Remediation) عن طريق عرض النقاط الصعبة في البرمجية بطرق أسهل وبوسائل وتقنيات أكثر فعالية.

7- التقويم والاختبار التكويني

من الضروري بعد الأنشطة والتدريبات أن يكون هنالك اختبار تكويني بحيث لا تزيد هذه الاختبارات عن ثلاث، أي بعد كل قسم أو وحدة من وحدات البرمجية.

8- التغذية الراجعة الفورية

وهى أحد الشروط الأساسية التي يجب أن تتوافر في البرمجية التعليمية الجيدة والتي يجب أن تتم بصورة فورية تعزز استجابات المتعلم، وينبغي مراعاة التنوع في التغذية الراجعة سواء بالنسبة للعبارات أو الصور والرسوم.

9- المساعدة(Help)

من مميزات البرمجية التعليمية الجيدة توفير مساعدة (Help) للمتعلم، وذلك لمراعاة احتياجاته ومتطلباته حتى يتم إرشاد المتعلم على كيفية عمل وتحديد المعالجات أثناء استخدامه للبرمجية.

10- الاختبار البعدي

ينبغي أن يتوافر اختبار بعدى في نهاية البرمجية التعليمية لقياس ما تعلمه المتعلم وما حققه من أهداف، وينبغي أن يراعي في الاختبار أن يكون مختلفاً في الصياغة عن الأمثلة والأنشطة والتدريبات التي استخدمت في البرمجية سابقا، وأن يتدرج من السهل إلى الصعب وأن يعطي المتعلم تغذية راجعة فورية.

11- المراجع المستخدمة

يجب أن يكون في نهاية البرمجية مجموعة المراجع ذات صلة بالموضوع سواء في المكتبات أو على الشبكة الدولية.

الفصل الرابع

نماذج إنتاج وتصميم البرمجيات التعليمية للمنهج

مقدمة

نظرا للتغيرات السريعة في تكنولوجيا الاتصالات والمعلومات تزداد الإشكاليات التربوية تعقيداً، ولا يمكن مراجعتها والمساهمة في فك ألغازها إلا من خلال توظيف تكنولوجيا التعليم في تصميم مجال التعليم والتعلم لكي لا نغفل السياق النفسي والاجتماعي الذي يحيط بالمتعلم، ولتوطيد العلاقة والتفاعل بين النمو المعرفي والانفعالي لديه بشكل يشعره بالثقة بالنفس والتقدير الذاتي والكفاءة الانفعالية لتحقيق مستويات مرتفعة من القدرة المعرفية، وتدريبه على تجنب عادة القفز في إصدار الأحكام والقرارات والتسرع فيها، وتنمية المرونة الفكرية لدية من خلال إتاحة الفرصة لينغمس في مجال يميل إليه حيث أصبحت جودة التعليم موضع تساؤل وبدون ذلك نقوم بمخاطرة في أرض يابسة أو رخوة.

وتكنولوجيا التعليم في ضوء نظرية النظم تعني بتصميم مجال التعليم والتعلم الذي تتعارض فيه الآراء وتتلاقي من خلال هندسة المعرفة والمناهج لتخطيط ذلك النسيج المتشابك المتلاحم الأطراف، والمصمم حول مبدأ منظم ومتسق ومرن على أساس من الدراسة العلمية التي تستند إلى استخدام التكنولوجيا التعليمية لتطبيق الأساليب التقنية الحديثة وليس المسايرة الجامدة للمنهج التعليمي. ولا يصلح نموذج تعليمي واحد لجميع المراحل التعليمية والمواقف التدريسية والبيئية واحتياجات المستقبل.

وطبقا لنظريات التعلم التي تستند عليها الاستراتيجيات التعليمية/ التدريسية في تيسير تطبيقها مختلف التكنولوجيات لتحقيق الأغراض والغايات التعليمية التي تمثل الهيكل الأساسي لخرائط التعلم. ولذا تعددت النماذج التي تناولت تصميم البرامج التعليمية تبعاً لمستوياتها من حيث الشمول والعمق، أو لطبيعة الأهداف ونواتج التعلم المستهدفة، أو لمستويات إتقان تعلمها.

وسوف يتناول هذا الفصل النقاط التالية:

المبادئ التي تقوم عليها عملية التصميم التعليمي

الأول: تحليل المحتوى التعليمي

الثاني: تنظيم المحتوى التعليمي

نماذج إنتاج وتصميم برمجية المناهج

نموذج إبراهيم عبد الوكيل في إنتاج البرمجية

نموذج عبد اللطيف بن صفي الجزار

نموذج هاميروس Hamerous

نموذج جيرلاش Gerlach

نموذج ميريل Merrill

نموذج جيرولد كمب

نموذج دك وكاري Dick & Carey

نموذج كافاريل للتصميم

نموذج على محمد عبد المنعم

نموذج زينب محمد أمين

نموذج برين بلوم Brain Blum

نموذج استيفن واستانلى Stephen & Staley

نموذج احمد محمد عبد السلام

نموذج شوقي حساني محمود

وفيما يلى شرح لهذه النقاط بالتفصيل:

المبادئ التي تقوم عليها عملية التصميم التعليمي

إن استخدام نظريات ونماذج التصميم التعليمي في تصميم المحتوى يقوم على ركنين متتابعين هما:

الأول: تحليل المحتوى التعليمي

تحليل المحتوى هو ذلك الأسلوب الذي يعمل على تحديد المهمات الفرعية المطلوبة من المتعلم لتحقيق الهدف التعليمي. ويشمل ذلك عدة مراحل:

1- التعرف إلى مكونات المحتوى التعليمي(يتكون المحتوى عادة من أركان أربعة رئيسية: الإجراءات، المفاهيم، المبادئ، الحقائق).

2- التعرف إلى العلاقات التي تنتظم هذه الأركان الأربعة ليمكن التحكم فيها.

3- التعرف إلى طريقة تحليل المحتوى.

4- الانخراط الفعلي في تحليل المحتوى وموضوعاته.

أي أن تحليل المحتوى التعليمي هي عملية يتعرض واضع المادة التعليمية من خلالها إلى محتوياتها من ناحية، وخصائص الفرد المتعلم العقلية، وقدرته الإدراكية وخبراته السابقة وكيفية تعلمه، من ناحية أخرى بهدف تهيئة الطريقة المثلى له في التعلم. وتهدف العملية إلى التعرف على ما يشتمل عليه المحتوى من معرفة ومعلومات ثم تنظيمها بطريقة تتفق وخصائص الفرد المتعلم.

الثاني: تنظيم المحتوى التعليمي

ويشمل المراحل التالية:

1- التسلسل الذي يبدأ من العام إلى الخاص.

2- التسلسل الذي يبدأ من السهل إلى الصعب.

3- التسلسل الذي يبدأ من المألوف إلى غير المألوف وهذا يعتمد على الخلفية المعرفية للطالب.

4- التسلسل الذي يبدأ من الأكثر أهمية إلى الأقل أهمية، ويقصد بالأهمية درجة ارتباط المفهوم المتعلم بالهدف التعليمي المنشود من ناحية، ودرجة ارتباطه بواقع المتعلم وبيئته من ناحية أخرى.

إن معظم نماذج التصميم التعليمي تعتمد في إنشائها على نموذج Analyze Design Develop Implement Evaluate (ADDIE)

ويمكن عرض هذه العناصر كما يلي:

1- التحليل Analyze

وهو تحليل احتياجات النظام مثل تحليل العمل والمهام، وأهداف الطلاب، واحتياجات المجتمع، والمكان والوقت، والمواد والميزانية وقدرات الطلاب.

2- التصميم Design

ويتضمن تحديد المشكلة سواء أتدريبية كانت لها علاقة بالعمل أم بالتعليم والتربية، ومن ثم تحديد الأهداف، والاستراتيجيات، والأساليب التعليمية المختلفة الضرورية لتحقيق الأهداف.

3- التطوير Develop

ويتضمن وضع الخطط للمصادر المتوافرة، وإعداد المواد التعليمية.

4- التطبيق :Implement

ويتضمن تسليم وتنفيذ وتوزيع المواد والأدوات التعليمية.

5- **التقويم Evaluate**

ويتضمن التقويم التكويني للمواد التعليمية، ولكفاية التنظيم بمساق (مقرر) ما، وكذلك تقويم مدى فائدة مثل هذا المقرر للمجتمع، ومن ثم إجراء التقويم النهائي أو الختامي.

نماذج التصميم التعليمي

ولقد ظهرت العديد من نماذج التصميم التعليمي وهي كلها متقاربة مستندة إلى المراحل الخمس السابقة، والاختلاف بينها يكون في اعتماد نموذج ما على التوسع في مرحلة دون أخرى من مثل: نماذج: جانييه وبروجرز، وديك وكاري، جيرلاك وايلي، كمب، ليشن، روبرتس، توق..إلخ.

والنماذج الحديثة من التصميم التعليمي في كل من:Dick & Carey and Kemp ISD ، تقوم على تغذية راجعة نشطة مترابطة مع مراحل التصميمRapid prototyping ، وقد جاء هذا التطوير نتيجة الحاجة إلى توفير المال والوقت للوقوف أوليا على المشاكل التي تواجه المصمم أو المتعلمين خلال مراحل التصميم والتنفيذ للعملية التعليمية.

نماذج تصميم البرمجيات التعليمية

فيما يلي بعض نماذج تصميم البرمجيات التعليمية

نموذج إبراهيم عبد الوكيل في إنتاج البرمجية

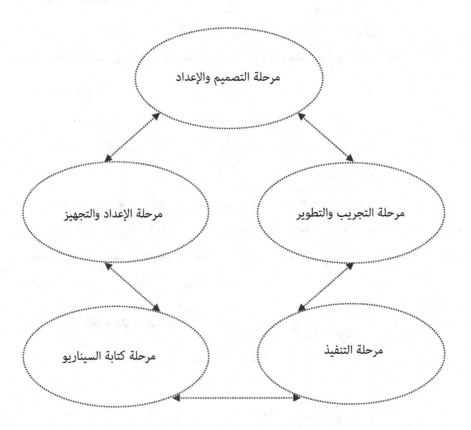

شكل رقم (3) نموذج إبراهيم عبد الوكيل في إنتاج البرمجية

ومن الملاحظ على الشكل السابق أن إنتاج البرمجية التعليمية يسير وفق المراحل التالية:

1- **مرحلة التصميم Design:** وهى المرحلة التي يضع المصمم فيها تصورا كاملا لمشروع البرمجية أو الخطوط العريضة لما ينبغي أن تحتويه البرمجية من أهداف ومادة علمية وأنشطة وتدريبات.

2- **مرحلة الإعداد أو التجهيز Preparation:** وهى المرحلة التي يتم فيها تجميع وتجهيز متطلبات التصميم من صيغة الأهداف وإعداد المادة العلمية والأنشطة ومفردات الاختبار، وما يلزم العرض والتعزيز من أصوات وصور ثابتة ومتحركة ولقطات فيديو

3- **مرحلة كتابة السيناريو Scenario:** وهى المرحلة التي يتم فيها ترجمة الخطوط العريضة التي وضعها المصمم إلى إجراءات تفصيلية وأحداث ومواقف تعليمية حقيقية على الورق مع وضع الاعتبار ما تم إعداده وتجهيزه بمرحلة الإعداد من متطلبات.

4- **مرحلة التنفيذ Executing:** وهى المرحلة التي يتم فيها تنفيذ السيناريو في صورة برمجية وسائط متعددة تفاعلية، مع كتابة بعض البناءات المنطقية.

5- **مرحلة التجريب والتطوير Development:** وهى المرحلة التي يتم فيها عرض البرمجية على عدد من المحكمين، بهدف التحسين والتطوير.

نموذج عبد اللطيف بن صفي الجزار

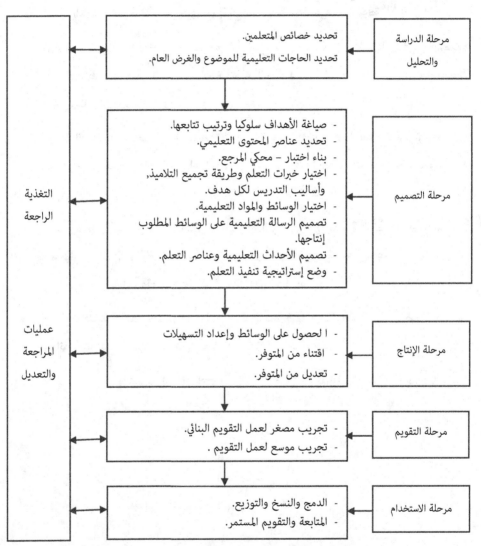

مرحلة الدراسة والتحليل	تحديد خصائص المتعلمين. تحديد الحاجات التعليمية للموضوع والغرض العام.	
مرحلة التصميم	- صياغة الأهداف سلوكيا وترتيب تتابعها. - تحديد عناصر المحتوى التعليمي. - بناء اختبار – محكي المرجع. - اختيار خبرات التعلم وطريقة تجميع التلاميذ, وأساليب التدريس لكل هدف. - اختيار الوسائط والمواد التعليمية. - تصميم الرسالة التعليمية على الوسائط المطلوب إنتاجها. - تصميم الأحداث التعليمية وعناصر التعلم. - وضع إستراتيجية تنفيذ التعلم.	التغذية الراجعة
مرحلة الإنتاج	- ا لحصول على الوسائط وإعداد التسهيلات - اقتناء من المتوفر. - تعديل من المتوفر.	عمليات المراجعة والتعديل
مرحلة التقويم	- تجريب مصغر لعمل التقويم البنائي. - تجريب موسع لعمل التقويم .	
مرحلة الاستخدام	- الدمج والنسخ والتوزيع. - المتابعة والتقويم المستمر.	

شكل رقم (4) نموذج عبد اللطيف بن صفي الجزار

يتكون هذا النموذج من خمسة مراحل، حيث يمكن تطبيقه على مستوى وحدة دراسية أو على مستوى درس واحد، ومن الملاحظ على النموذج أنه يتطلب المعرفة السابقة بمقررات فقط في تكنولوجيا التعليم والوسائط التعليمية، وذلك لأن النموذج يتمشى مع منهجية المنظومات وخطوات التفكير العلمي، كما أشار مؤلف النموذج إلى الإجراءات التعليمية التي تراعى عند تطبيق النموذج تشملها ثلاث عشرة خطوة تدور حول الواقع التعليمي والأهداف والمقاييس والاختبارات التي تستعمل للحكم على تحقق الأهداف، واستراتيجيات التعليم والتدريس ومصادر التعلم ودور كل من المتعلمين والعناصر البشرية الأخرى، كما تتضمن هيكل البناء الأولى وعمليات التُعَديل عليه نتيجة التجريب الاستطلاعي وعمليات التقويم والتغذية الراجعة التي تساعد في عمليات الترابط والتعديل في كل خطوات السير في بناء المنظومة. وفيما يلي تفصيل هذه المراحل:

1- مرحلة الدراسة والتحليل

وفي هذه المرحلة يتم تحديد خصائص المتعلمين سواء الخصائص النفسية أو الاجتماعية أو الجسمية، وتحديد الحاجات التعليمية للموضوع والغرض العام.

2- مرحلة التصميم

ويتم في هذه المرحلة صياغة الأهداف السلوكية وبصورة إجرائية حتى يتم قياسها وترتيب تتابعها، وتحديد عناصر المحتوى التعليمي وهى المادة العلمية التي يتم تجميعها من خلال موضوعات مترابطة تسهم في تحقيق الأهداف المرجوة، وبناء اختبار - محكي المرجع، واختيار خبرات التعلم وطريقة تجميع التلاميذ، وأساليب التدريس لكل هدف، واختيار الوسائط والأنشطة والمواد التعليمية، وتصميم الرسالة التعليمية على الوسائط المطلوب إنتاجها، وتصميم الأحداث التعليمية وعناصر التعلم.

3- مرحلة الإنتاج

وفي هذه المرحلة يتم الحصول على الوسائط وإعداد التسهيلات واقتناء من المتوفر، وتعديل من المتوفر.

4- **مرحلة التقويم**

وفي هذه المرحلة يتم تجريب مصغر لعمل التقويم البنائي، وتجريب موسع لعمل التقويم.

5- **مرحلة الاستخدام**

وفي هذه المرحلة يتم الدمج والنسخ والتوزيع، والمتابعة والتقويم المستمر.

وتتخلل هذه المراحل مجموعة المهن التعديلات والتغيرات حتى تظهر لبرمجية في أفضل صورة تعليمة بالإضافة إلى تضمين التغذية الراجعة في المراحل المختلفة للعملية التعليمة.

نموذج هاميروس Hamerous

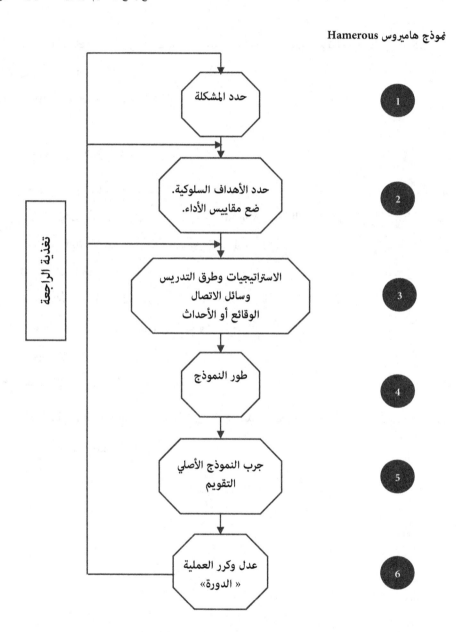

شكل رقم (5): نموذج هاميروس المصغر لتطوير الأنظمة التعليمية

ومن الملاحظ على النموذج السابق أن نموذج هاميروس لتطوير الأنظمة التعليمية يتكون من ثلاث مراحل هي:

- مرحلة التعريف بالتصميم.
- مرحلة التحليل.
- مرحلة تطوير النظم.

وتم تقسيم المراحل السابقة إلى خطوات سماها بالنموذج المكبر Maxi Model ثم أختصرها إلى ست خطوات سماها بالنموذج المصغر Mini Model وهذا النموذج المصغر يمكن تطبيقه من مصمم البرنامج بالإمكانات الفردية، ويتضمن الخطوات التالية:

- تحديد المشكلة.
- تحديد الأهداف السلوكية مع وضع مقاييس الأداء الخاصة بها.
- وضع الاستراتيجيات والمصادر التعليمية والوقائع والأحداث.
- تطوير النموذج المقترح.
- تعديل الإجراءات وإعادة الخطوات.

ويلاحظ أن التغذية الراجعة تربط بين جميع هذه الخطوات، والشكل السابق يوضح نموذج هاميروس المصغر لتطوير الأنظمة التعليمية.

نموذج جيرلاش Gerlach

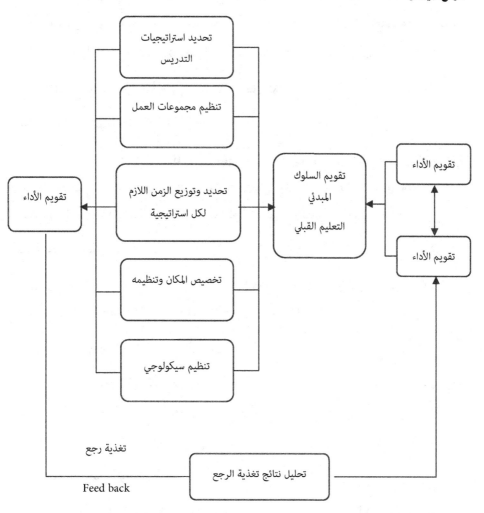

شكل رقم (6) يوضح نموذج جيرلاش Gerlach

وضع جيرلاش نموذجاً لتخطيط البرامج التعليمية وقام بالتركيز على أن المعلم هو المنظم والموجه والمرشد والمقوم للعملية التعليمية، وليس مجرد الناقل لجوانب التعلم، ويتم ذلك من خلال البرنامج التعليمي الذي يتكون من الخطوات الموضحة في الشكل السابق.

ومن الملاحظ على النموذج أنه يمر بخمسة مراحل كما يلي:

1- تحديد استراتيجيات

وفي هذه المرحلة يتم تحديد الاستراتيجيات التدريسية المناسبة لموضوعات وبالتالي يكون محور الاهتمام بالمعلم. وهذه الاستراتيجيات تتنوع وفق الموضوعات ومدى مناسبتها بتلك الاستراتيجيات مع عدم إغفال الاهتمام باستخدام أكثر من استراتيجية للموضوع الواحد.

2- تنظيم مجموعات العمل

وفي هذه المرحلة يتم تحديد مجموعات العمل وهو التقسيم النوعي لمجموعات العمل المدرسي بإشراف المعلم القائم على توجيه وتنظيم مجموعات العمل.

3- تحديد وتوزيع الزمن اللازم لكل استراتيجية

وفي هذه المرحلة يتم تقسيم الوقت المناسب لك استراتيجية بما يتلائم مع أهمية كل موضع ويتسم هذا التحديد بالمرونة سواء بالزيادة والنقص والتعديل بما لا يخل ببقية الاستراتيجيات المستخدمة.

4- تخصيص المكان وتنظيمه

ويقصد به بيئة التعلم التي سوف يتم فيها تنفيذ الاستراتيجيات التدريسية وتنفيذها وفي التخصيص يتم تحديد المواصفات القياسية للمكان والتي تسهم في فاعلية العلمية التعليمية.

5- **تنظيم سيكولوجي**

ويقصد بتلك المرحلة التهيئة النفسية للعمل الجمعي للطلاب وتدريبهم على ممارسة مجموعات العمل بشكل جدي وتحفيزهم على ضرورة بذل قصارى جهدهم حتى يساعدهم ذلك على إكسابهم المفاهيم والمهارات المراد تعلمها.

ويتم إجراء عملية التقويم المبدي التي تحدد مدى سير العمل سواء نجاحه من عدمه، ويعتمد التقويم على تقويم الأداء الذي يكون محور هذا النموذج وذلك من خلال المعلم، وتكون عمليات التغذية الراجعة متعددة بما يتناسب مع كل استراتيجية متبعة في العمل.

نموذج ميريل Merrill

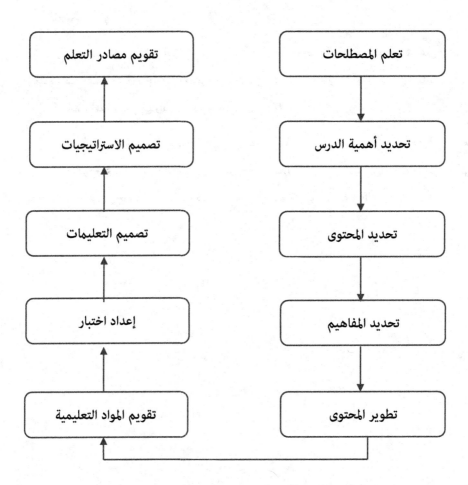

شكل رقم (7) يوضح نموذج ميريل Merrill

ويتضح من الشكل السابق أن نموذج ميريل Merrill يتكون من عدة خطوات تشمل:

1- تعلم المصطلحات الرئيسية التي يتناولها البرنامج من خلال المحتوي التعليمي المقدم.

2- تحديد الاحتياجات والمتطلبات الدراسية للتعرف على مدى أهمية المحتوى التعليمي.

3- تحليل المحتوى العلمي للبرنامج الذي سيتلقاه المتعلمون.

4- تحديد المفاهيم من خلال تحديد المواقف وتعريف رموزها وكتابتها وتحديد دلالتها.

5- تطوير أشكال العرض والتقويم للمحتوى التعليمي عن طريق بناء أمثلة توضح التفكير التباعدي.

6- تقويم وتغذية الحالات الصعبة.

7- إعداد اختبار التصنيف.

8- تصميم التعليمات الخاصة بالمتعلم من خلال إمداده بالمساعدة اللازمة.

9- تصميم الاستراتيجيات التعليمية المتتابعة التي يمكن استخدامها في البرنامج.

10- تقويم مصادر التعلم والمواد المستخدمة في التصميم التعليمي.

نموذج جيرولد كمب، 1991

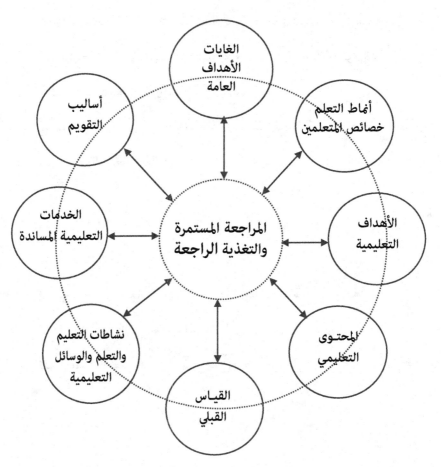

شكل رقم (8) يوضح نموذج جيرولد كمب لتصميم وبناء البرامج التعليمية

ويتضح من الشكل السابق أن نموذج جيرولد كمب يصمم البرنامج التعليمي في ثماني خطوات كما يلي:

1- الخطوة الأولى: تتمثل في التعرف على الغايات التعليمية والأهداف العامة لكل موضوع من الموضوعات الدراسية للمنهج أو الوحدة.

2- الخطوة الثانية: وفي هذه الخطوة يتم تحديد خصائص المتعلم وأنماط التعلم الملائمة.

3- الخطوة الثالثة: وتختص بتحديد وصياغة الأهداف التعليمية صياغة سلوكية إجرائية تشير إلى سلوك التعلم المتوقع أن يؤديه الطلاب.

4- الخطوة الرابعة: وتختص بتحديد المحتوى العلمي والوحدات التعليمية اللازمة لتحقيق هذه الأهداف.

5- الخطوة الخامسة: في هذه الخطوة يتم إعداد أدوات القياس القبلية التي تحدد الخبرات السابقة لدى المتعلمين في أي موضوع من موضوعات التعلم.

6- الخطوة السادسة: يتم فيها اختيار وتصميم نشاطات التعليم والتعلم والوسائل التعليمية اللازمة.

7- الخطوة السابعة: يتم فيها تحديد الخدمات التعليمية المساندة وطبيعتها.

8- الخطوة الثامنة: في هذه الخطوة يتم تحديد أساليب تقويم تعلم الطلاب وباقي عناصر المواقف التعليمية.

نموذج دك وكاري Dick & Carey

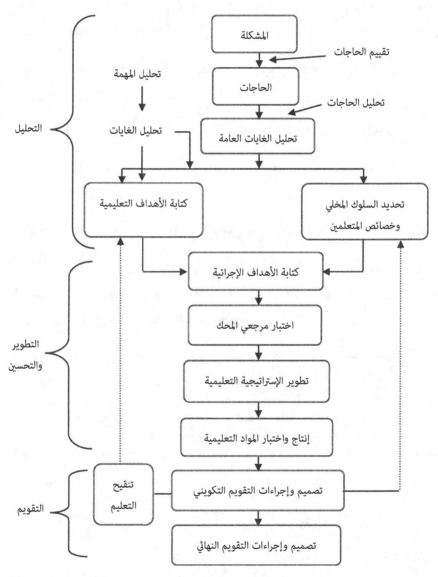

شكل رقم (9) يوضح نموذج دك وكاري المعدل للتصميم التعليمي

ويتضح من الشكل السابق أن نموذج دك وكاري للتصميم التعليمي يقوم بتحديد المشكلة ثم تحديد الحاجات وتحليلها وتقيمها لتحديد بداية ونهاية البرنامج التعليمي، ثم تحديد وتحليل الأهداف والغايات العامة التي يسعى إلى تحقيقها البرنامج بدقة مراعياً الخصائص المختلفة للمتعلمين والسلوك المدخلي والمتطلبات القبلية للتعلم، مع إجراء تحليل للسلوك التعليمي في كل خطوة من خطوات البرنامج، ثم يتم صياغة وكتابة الأهداف الإجرائية بدقة تامة، واختيار المحك التعليمي، وتطوير الإستراتيجية التعليمية، وإنتاج واختبار المواد التعليمية، تصميم وإجراءات التقويم التكويني، وإجراء عمليات المراجعة والتطوير والتنقيح أثناء الإعداد، وتصميم وإجراءات التقويم النهائي.

نموذج كافاريل للتصميم

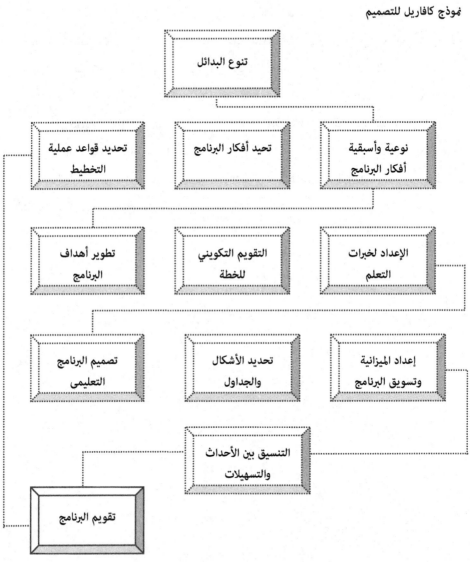

شكل رقم (10) يوضح نموذج كافاريل للتصميم

ويتضح من الشكل السابق أن نموذج كافاريل يعتمد على تنوع البدائل التعليمية المتاحة لتقديم الخبرات للمتعلمين عن طريق كم وكيف الأفكار المتناولة وأسبقية ترتيب عرضها بناءاً على عدة عوامل منها السلوك المدخلي، وطبيعة المحتوى المقدم، ونواتج التعلم المرغوب فيها، وفي ضوء هذا يتم تحديد الأفكار الأساسية للبرنامج، والقواعد الرئيسية لعملية التخطيط التعليمي، وتقديم خبرات التعلم التي تتناسب وطبيعة المحتوى وخصائص المتعلمين، والخلفية المعرفية لديهم، وتحديد الأشكال والجداول، واحتياجات كا من المعلم والمعلم ومصادر التعلم، والإمكانات المادية والبشرية المتاحة... لتصميم البرنامج. وكذلك تحديد مقاييس الأداء القبلية والتتابعية والنهائية، ويأتي بعد ذلك إعداد الميزانية ثم البحث عن طرق تسويق له من خلال التنسيق بين الأحداث والتسهيلات، وأخيراً تقييم مدى فعاليته وكفاءته التعليمية.

نموذج على محمد عبد المنعم

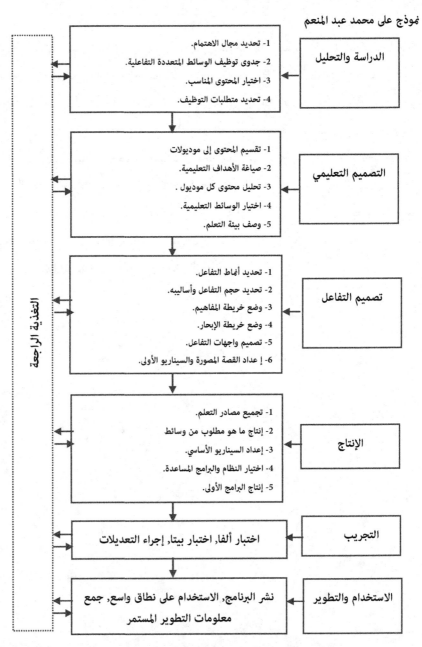

الدراسة والتحليل	1- تحديد مجال الاهتمام. 2- جدوى توظيف الوسائط المتعددة التفاعلية. 3- اختيار المحتوى المناسب. 4- تحديد متطلبات التوظيف.
التصميم التعليمي	1- تقسيم المحتوى إلى موديولات 2- صياغة الأهداف التعليمية. 3- تحليل محتوى كل موديول . 4- اختيار الوسائط التعليمية. 5- وصف بيئة التعلم.
تصميم التفاعل	1- تحديد أنماط التفاعل. 2- تحديد حجم التفاعل وأساليبه. 3- وضع خريطة المفاهيم. 4- وضع خريطة الإبحار. 5- تصميم واجهات التفاعل. 6- إعداد القصة المصورة والسيناريو الأولى.
الإنتاج	1- تجميع مصادر التعلم. 2- إنتاج ما هو مطلوب من وسائط 3- إعداد السيناريو الأساسي. 4- اختيار النظام والبرامج المساعدة. 5- إنتاج البرامج الأولى.
التجريب	اختبار ألفا, اختبار بيتا, إجراء التعديلات
الاستخدام والتطوير	نشر البرنامج, الاستخدام على نطاق واسع, جمع معلومات التطوير المستمر

التغذية الراجعة

شكل رقم (11) نموذج على محمد عبدالمنعم

ويتضح من الشكل السابق أن نموذج على محمد يعتمد في إعداد البرمجية التعليمية على ستة مراحل تتمثل فيما يلي:

المرحلة الأولى: الدراسة والتحليل وتتمثل في العناصر التالية:

- تحديد مجال الاهتمام.
- جدوى توظيف الوسائط المتعددة التفاعلية.
- اختيار المحتوى المناسب.
- تحديد متطلبات التوظيف.

المرحلة الثانية: التصميم التعليمي وتتمثل في العناصر التالية

- تقسيم المحتوى إلى موديولات
- صياغة الأهداف التعليمية.
- تحليل محتوى كل موديول.
- اختيار الوسائط التعليمية.
- وصف بيئة التعلم.

المرحلة الثالثة: تصميم التفاعل وتتمثل في العناصر التالية

- تحديد أنماط التفاعل.
- تحديد حجم التفاعل وأساليبه.
- وضع خريطة المفاهيم.
- وضع خريطة الإبحار.
- تصميم واجهات التفاعل.
- إعداد القصة المصورة والسيناريو الأولى.

المرحلة الرابعة: الإنتاج وتتمثل في العناصر التالية

- تجميع مصادر التعلم.

- إنتاج ما هو مطلوب من وسائط.
- إعداد السيناريو الأساسي.
- اختيار النظام والبرامج المساعدة.
- إنتاج البرامج الأولى.

المرحلة الخامسة: التجريب وتتمثل في العناصر التالية

- اختبار ألفا، اختبار بيتا، إجراء التعديلات.

المرحلة السادسة: الاستخدام والتطوير وتتمثل في العناصر التالية

- نشر البرنامج.
- الاستخدام على نطاق واسع.
- جمع معلومات التطوير المستمر.

نموذج زينب محمد أمين

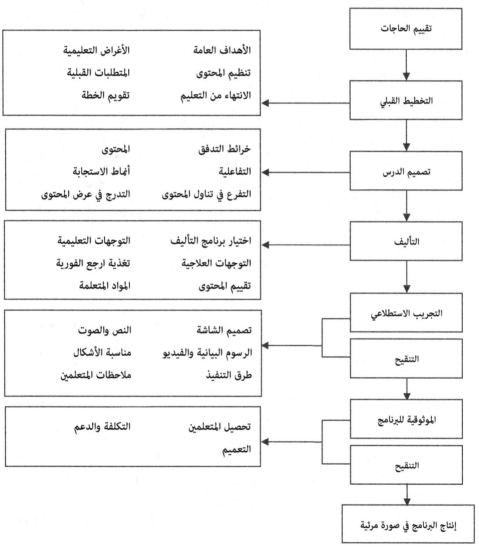

شكل رقم (12) نموذج زينب محمد أمين

تقدم زينب محمد نموذجاً لتصميم وإنتاج برمجيات الوسائط المتعددة التفاعلية يوضحها الشكل السابق ويتضمن الخطوات التالية:

1- تقييم الحاجات:

وفي هذه المرحلة يتم تقييم الاحتياجات التعليمية اللازمة لإعداد البرمجية التعليمية.

2- التخطيط القبلي ويتضمن العناصر التالية

- الأهداف العامة.
- الأغراض التعليمية.
- تنظيم المحتوى.
- المتطلبات القبلية.
- الانتهاء من التعليم.
- تقويم الخطة.

3- تصميم الدرس ويتضمن العناصر التالية

- خرائط التدفق.
- المحتوى.
- التفاعلية.
- أنماط الاستجابة.
- التفرع في تناول المحتوى.
- التدرج في عرض المحتوى.

4- التأليف ويتضمن العناصر التالية

- اختيار برنامج التأليف.
- التوجهات التعليمية.
- التوجهات العلاجية.

- تغذية ارجع الفورية.
- تقييم المحتوى.
- المواد المتعلمة.

5- **التجريب الاستطلاعي، والتنقيح ويتضمن العناصر التالية**

- تصميم الشاشة.
- النص والصوت.
- الرسوم البيانية والفيديو.
- مناسبة الأشكال.
- طرق التنفيذ.
- ملاحظات المتعلمين.

6- **الموثوقية للبرنامج، والتنقيح ويتضمن العناصر التالية**

- تحصيل المتعلمين.
- التكلفة والدعم.
- التعميم.

7- **إنتاج البرنامج في صورة مرئية**

وفي هذه المرحلة يتم تنفيذ وإنتاج البرنامج التعليمي في صورة مرئية ويعنى ذلك تحويل السيناريو المكتوب إلى برمجية تعليمة.

نموذج برين بلوم Brain Blum

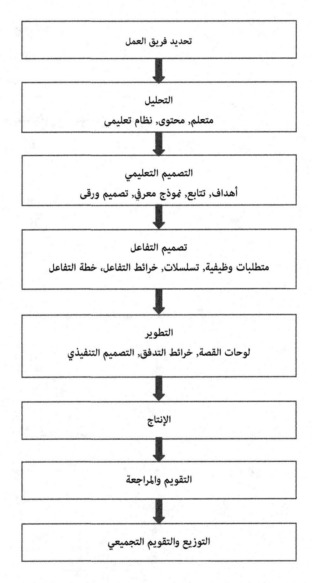

| تحديد فريق العمل |

| التحليل |
| متعلم, محتوى, نظام تعليمي |

| التصميم التعليمي |
| أهداف, تتابع, نموذج معرفي, تصميم ورقى |

| تصميم التفاعل |
| متطلبات وظيفية, تسلسلات, خرائط التفاعل, خطة التفاعل |

| التطوير |
| لوحات القصة, خرائط التدفق, التصميم التنفيذي |

| الإنتاج |

| التقويم والمراجعة |

| التوزيع والتقويم التجميعي |

شكل رقم (13) نموذج برين بلوم

ومن الملاحظ على النموذج السابق أن إعداد البرمجية التعليمية يمر بثمان مراحل تتمثل فيما يلي:

1- تحديد فريق العمل.

2- التحليل (متعلم، محتوى، نظام تعليمي).

3- التصميم التعليمي (أهداف، تتابع، نموذج معرفي، تصميم ورقي).

4- تصميم التفاعل (متطلبات وظيفية، تسلسلات، خرائط التفاعل، خطة التفاعل).

5- التطوير (لوحات القصة، خرائط التدفق، التصميم التنفيذي).

6- الإنتاج.

7- التقويم والمراجعة.

8- التوزيع والتقويم التجميعي.

نموذج استيفن واستانلى Stephen & Staley:

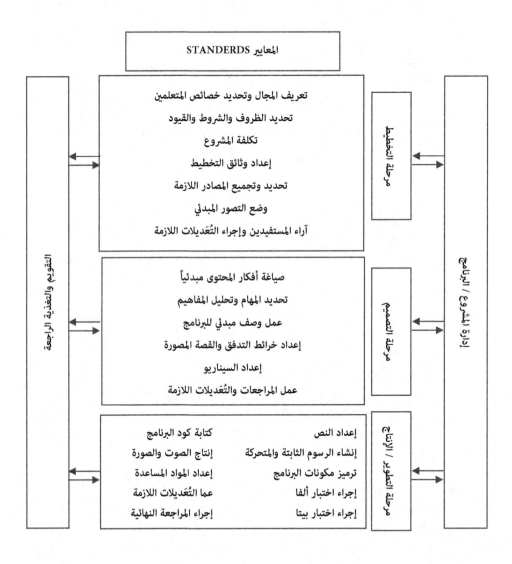

المعايير STANDERDS
تعريف المجال وتحديد خصائص المتعلمين
تحديد الظروف والشروط والقيود
تكلفة المشروع
إعداد وثائق التخطيط
تحديد وتجميع المصادر اللازمة
وضع التصور المبدئي
آراء المستفيدين وإجراء التُعَديلات اللازمة
مرحلة التخطيط
صياغة أفكار المحتوى مبدئياً
تحديد المهام وتحليل المفاهيم
عمل وصف مبدئي للبرنامج
إعداد خرائط التدفق والقصة المصورة
إعداد السيناريو
عمل المراجعات والتُعَديلات اللازمة
إعداد النص
إنشاء الرسوم الثابتة والمتحركة
ترميز مكونات البرنامج
إجراء اختبار ألفا
إجراء اختبار بيتا
كتابة كود البرنامج
إنتاج الصوت والصورة
إعداد المواد المساعدة
عما التُعَديلات اللازمة
إجراء المراجعة النهائية
التقويم والتغذية الراجعة
إدارة المشروع / البرنامج

شكل رقم (14) نموذج استيفن واستانلى

يعرض (Stephen & Staley) لخطوات تصميم وإنتاج برمجيات الكمبيوتر التعليمية متعددة الوسائط وإدارة المشروع / البرنامج والتقويم التغذية الراجعة تتم وفق المراحل التالية:

1- المعايير STANDERDS

يعتمد هذا النموذج على المعايير الخاصة بالمنهج والتي تحدد مؤشرات الأداء الواجب تحققها بعد الانتهاء من البرمجية وهذه المعايير محددة مسبقا.

2- مرحلة التخطيط وتتضمن العناصر التالية

- تعريف المجال وتحديد خصائص المتعلمين.
- تحديد الظروف والشروط والقيود.
- تكلفة المشروع (البرمجية).
- إعداد وثائق التخطيط.
- تحديد وتجميع المصادر اللازمة.
- وضع التصور المبدئي.
- آراء المستفيدين وإجراء التعديلات اللازمة.

3- مرحلة التصميم

- صياغة أفكار المحتوى مبدئياً.
- تحديد المهام وتحليل المفاهيم.
- عمل وصف مبدئي للبرنامج.
- إعداد خرائط التدفق والقصة المصورة.
- إعداد السيناريو.
- عمل المراجعات والتعديلات اللازمة.

4- **مرحلة التطوير / الإنتاج**

- إعداد النص.
- كتابة كود البرنامج.
- إنشاء الرسوم الثابتة والمتحركة.
- إنتاج الصوت والصورة.
- ترميز مكونات البرنامج.
- إعداد المواد المساعدة.
- إجراء اختبار ألفا.
- عما التُعَديلات اللازمة.
- إجراء اختبار بيتا.
- إجراء المراجعة النهائية.

نموذج احمد محمد عبد السلام

مرحلة التحليل	تحديد سمات المتعلم. تحديد الحاجات التعليمية والغرض العام. دراسة الواقع والإمكانات المتاحة.	
مرحلة التصميم	صياغة الأهداف سلوكياً وترتيب تتابعها. تحديد عناصر المحتوى التعليمي. بناء اختبار محكي المرجع. اختيار الخبرات التعليمية والعناصر لكل هدف. تصميم النصوص التنفيذية للعناصر. تصميم التفاعل والتحكم. تصميم السيناريو الرئيسي.	التغذية الراجعة
مرحلة الإنتاج	إحضار المتوفر. تنفيذ تصميمات العناصر. تنفيذ السيناريو الرئيسي.	عمليات المراجعة والتُعَديل
مرحلة التقويم	التقويم التكويني . التقويم التجميعي. تقرير التقويم.	
مرحلة الاستخدام	الدمج والنسخ والتوزيع. المتابعة والتقويم المستمر.	

شكل رقم (15) نموذج أحمد محمد

ومن الملاحظ على الشكل السابق أن هذا النموذج يتكون من خمس مراحل وتتضمن هذه المراحل التغذية الراجعة والمراجعة والتعديل المستمر كما يلي:

1- مرحلة التحليل وتتضمن العناصر التالية

- تحديد سمات المتعلم.
- تحديد الحاجات التعليمية والغرض العام.
- دراسة الواقع والإمكانات المتاحة.

2- مرحلة التصميم وتتضمن العناصر التالية

- صياغة الأهداف سلوكياً وترتيب تتابعها.
- تحديد عناصر المحتوى التعليمي.
- بناء اختبار محكي المرجع.
- اختيار الخبرات التعليمية والعناصر لكل هدف.
- تصميم النصوص التنفيذية للعناصر.
- تصميم التفاعل والتحكم.
- تصميم السيناريو الرئيسي.

3- مرحلة الإنتاج وتتضمن العناصر التالية

- إحضار المتوفر.
- تنفيذ تصميمات العناصر.
- تنفيذ السيناريو الرئيسي.

4- مرحلة التقويم وتتضمن العناصر التالية

- التقويم التكويني.

- التقويم التجميعي.
- تقرير التقويم.

5- مرحلة الاستخدام وتتضمن العناصر التالية

- الدمج والنسخ والتوزيع.
- المتابعة والتقويم المستمر.

نموذج: شوقى حسانى محمود

ومما سبق فقد استخلص الكاتب النموذج التالي لإعداد البرمجية التعليمية: شكل رقم (16) مراحل إعداد البرمجية.

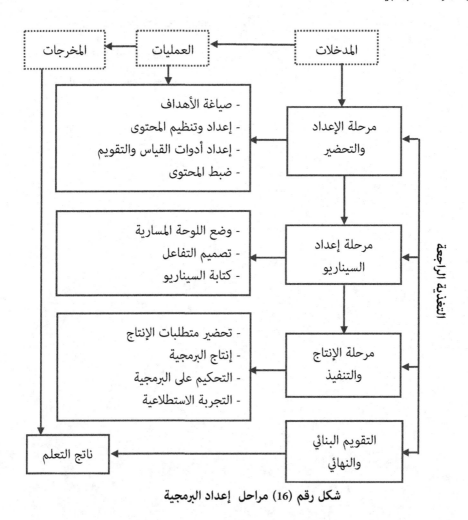

شكل رقم (16) مراحل إعداد البرمجية

المرحلة الأولى: الإعداد والتحضير وتتضمن العناصر التالية

- صياغة الأهداف
- إعداد وتنظيم المحتوى
- إعداد أدوات القياس والتقويم
- ضبط الوحدة

المرحلة الثانية: مرحلة إعداد السيناريو

السيناريو هو مزيج من شمولية الفكرة ومراعاة التفاصيل الدقيقة لتنفيذها ونقلها لعالم الواقع، فالمقصود بمرحلة كتابة السيناريو البرمجية هي المرحلة التي يتم فيها ترجمة الخطوط العريضة التي وضعاها مصمم البرمجية إلى إجراءات تفصيلية مسجلة على الورق.

ويذكر أشرف أحمد أن السيناريو هو وصف تفصيلي للشاشات التي سيتم عرضها وما يتضمنها من نصوص، ورسومات، ولقطات فيلمية، وكذلك الصوت، والمؤثرات الصوتية، والموسيقى المصاحبة، وهو مفتاح العمل، أو خريطة التنفيذ، التي تتيح للفكرة المطروحة في البرنامج أن تنفذ في شكل مرئي مسموع ينقل الأهداف التعليمية، ومعانيها، ومحتواها في شاشات متتابعة متكاملة تحتوى على الكثير من عوامل الجذب، والتشويق بالصورة، والحركة والصوت واللون.

و ترى أماني صلاح محمد بأن السيناريو هو ما ينبغي أن يعرض على الشاشة على نماذج خاصة ورقية مع الالتزام بأنماط متسقة، وإحساس دقيق بالصورة التي ستبدو بها المادة التعليمية على شاشة الكمبيوتر، وحيث يفوق التجريب العملي مراحل التصور النظري مهما كان دقيقا وشاملا، فأنه سيتم التعديل في السيناريو المسجل على الورق بعد الجلوس أمام الكمبيوتر، ويراعى عدم الاقتصاد في الوقت الذي يستغرق في مرحلة تصميم السيناريو، فكلما كان السيناريو معدا بطريقة واضحة ومفصلة كلما كان الوقت المستغرق في عملية إنتاج البرمجية أقل بكثير.

وقد راعى الكاتب مجموعة من المواصفات يجب مراعاتها عند إعداد السيناريو كما يلي:

- التسلسل المنطقي في عرض المادة وترابطها.
- ارتباط المادة المقدمة بحاجات الطلاب بحيث تثير تفكيرهم.
- مناسبة المادة المقدمة للمستوى العقلي لدى الطلاب.
- التوظيف الأمثل للوسائط المتعددة.
- ربط مادة البرنامج بالموضوعات السابقة واللاحقة.
- الوصف الدقيق للقطات المشاهد وتتابعاتها المرئية، والمسموعة،والنصوص
- أن يكون النص خاليا من الحشو، والإطالة ومحددا بدقة في كلماته.
- تحديد التفاعلات داخل الإطارات.

وقد مرت مرحلة إعداد وتصميم السيناريو بالخطوات التالية:

أ- وضع اللوحة المسارية Flowchart

يعتبر وضع خريطة الإبحار أو السير من الوسائل السهلة لتوضح المسارات التي سوف يسير فيها المتعلم للوصول إلى تحقيق الأهداف التعليمية الموضحة من قبل المصمم التعليمي للبرنامج، كما أنها توضح طريقة تعامل المتعلم مع البرنامج، وكذلك تحديد مواصفات العمل، وبدائله في البرنامج، كما تحدد خريطة المسار مستوى الإتقان الواجب الوصول إليه، كما يتضح منها ترتيب المواقف التي سيتعرض لها المتعلم مثل الاختبارات ونقطة البداية والنهاية، والتفريعات التي ستحدث في البرنامج.

والشكل التالي يوضح الخريطة المسارية للبرنامج

البداية
اسم الطالب
درجة الطالب
هل انتهى الاختبار القبلي؟
طبع اسم الطالب والدرجة
أ
اقرأ الاختبار القبلي
لا
هل الإجابة صحيحة
نعم
الدرجة = الدرجة + 1

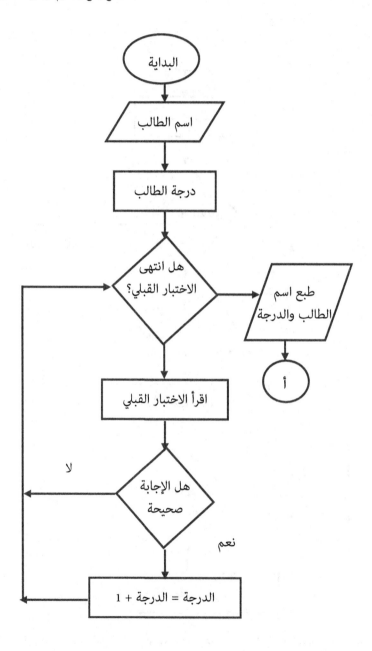

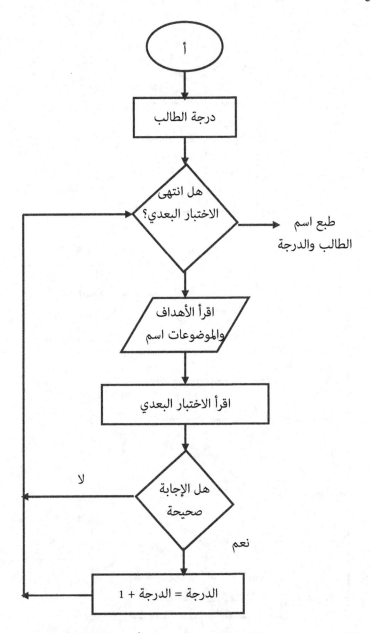

شكل رقم (17) يوضح اللوحة المسارية المرحلة الأولى لإنتاج البرمجية التعليمة

ب - تصميم التفاعل:

بعد إعداد الخريطة المسارية تم إعداد التصميم المناسب للتفاعل بين المتعلم والمعلم، الكمبيوتر ومن أمثلة علمية التفاعل:

- توفير مجموعة من القوائم الأساسية التي ينسدل عنها قوائم فرعية تتيح للمتعلم حرية التنقل بين تلك القوائم، وتحدد محتويات تلك القوام من خلال الضغط بمؤشر الفأرة عليها.

- تحكم المتعلم في تسلسل محتويات بعض الدروس والوقت المناسب لتعلمها.

- تجهيز قائمة تشتمل على الدروس التي يحتويها البرنامج، وكل درس يحتوى على ثلاث أيقونات تشمل الأهداف، والمحتوى، والتقويم.

- توفير أسئلة تفاعلية داخل كل درس قبل وبعد كل معلومة تقدم للمتعلمين تتيح له استخدام العصف الذهني في الاستجابة على تلك الأسئلة، كما يستطيع الكتابة بلوحة المفاتيح للإجابة على تلك التساؤلات.

- توفير مجموعة من الأشكال التفاعلية التي تتغير بمجرد العرض التوضيحي لمحتوى الشكل.

- توفير مجموعة من الصور المتحركة التي تبرز التفاعل مع المتعلم.

ج - كتابة السيناريو

بعد إعداد المادة العلمية والخريطة المسارية للبرنامج وتصميم التفاعل تم توظيف ما تم التوصل إليه في المراحل السابقة إلى كتابة السيناريو الذي اعتمد على تفصيلات دقيقة تسهم المساعدة في عملية الإنتاج، وتم تحديد أربع محاول في إعداد السيناريو وهو رقم الإطار ثم الجانب المرئي،والجانب المسموع، وصف الإطار كما هو موضح بجدول سيناريو البرنامج.

أهم العناصر الأساسية لتقييم إعداد السيناريو

- احتواء السيناريو على جميع العناصر الأساسية لأي موضوع تعليمي إلكتروني.

- التجديد والإبداع.

- معلومات عامة عن الدرس ومعد السيناريو.

- التفاعل ودور الطالب.

- إمكانية تحويل السيناريو إلى برمجية تعليمية.

- الترتيب والوضوح لعناصر الدرس.

- تحديد مبدئي لنوعية الوسائط المتعددة ومكانها في كل شريحة.

- تحديد مبدئي للأجهزة والبرامج المستخدمة.

المرحلة الثالثة: مرحلة الإنتاج

وتمر هذه المرحلة وفق الخطوات التالية:

أ - تحضير متطلبات الإنتاج.

ب- إنتاج البرمجية.

ج- التحكيم على البرمجية.

د- التجربة الاستطلاعية.

وفيما يلي ذلك بالتفصيل

أ - تحضير متطلبات الإنتاج:

وفي هذه المرحلة يتم تجهيز متطلبات إعداد البرنامج ومن هذه المتطلبات:

1- تحديد إمكانيات الحاسب المستخدم في إعداد البرمجية ومدى توافر الوسائط المتعددة مثل الصور والرسوم والصوت... الخ.

2- تجهيز الوسائط المتعددة المطلوبة في إنتاج البرمجية سواء كانت صور ثابتة أو متحركة أو رسوم أو صوت أو موسيقى.

3- البرامج المتوافرة في إعداد البرمجيات التعليمية مثل:

- برنامج Photoshop لإعداد الصور والخلفيات والإشكال.
- برنامج Ulead Gif Animator لإعداد الصور المتحركة.
- برنامج Photo Impact لإعداد خلفيات متحركة.
- برنامج Sound Forge لتسجيل وإعداد الأصوات.
- برنامج Camtasia لتسجيل ومعالجة لقطات الفيديو.
- برنامج Macromedia Director MX نافذة المشروع.
- برنامج Microsoft Visual Basic.

ب - إنتاج البرمجية:

تأتي هذه المرحلة بعد إعداد المادة العلمية والخريطة الانسيابية وتحديد الوسائل التعليمية المناسبة من صور وصوت وموسيقى ونصوص مكتوبة، وتحديد البرامج المستخدمة في عملية الإنتاج. وتم استخدام برنامج دايركتور مكس الإصدار الأخير في إعداد تلك البرمجية بمعاونة البرامج سالفة الذكر وكانت خطوات الإنتاج كما يلي:

1- تحويل السيناريو إلى شاشات

2- إعداد مجلد لحفظ

- النصوص المكتوبة Texts.
- اللغة المنطوقة Sound.
- الموسيقى Music.
- الرسومات الخطية Graphics.
- الصور الثابتة Still pictures.
- الصور المتحركة Motion pictures.
- الرسوم المتحركة Animation

3- دمج محتويات المجلد في برنامج الدايركتور مكس وفق الخريطة الانسيابية للبرمجية.

4- تجريب البرمجية مبدئيا لتحديد نواحي القصور ومعالجتها.

ج - التحكيم على البرمجية

تم عرض البرمجية على مجموعة من المحكمين من المتخصصين في تكنولوجيا التعليم وبعض الموجهين والمعلمين والخبراء في مجال التعليم والتخصص؛ من حيث:

- خصائص المحتوى التعليمي وسلامة محتواة.
- خصائص استخدام الطالب ومدى تحكمه في البرمجية ومدى سهولة استخدام البرمجية والتغذية الراجعة والتفاعل.
- خصائص تشغيل البرمجية: مثل سهولة الدخول والخروج من البرمجية، والوضوح والتناسق في العرض.

ويتم الحكم على صلاحية البرمجة للمحكمين من حيث:

- صحة المحتوى العلمي.
- تناسب وقت التعلم مع المحتوى العلمي.
- سهولة التشغيل والدخول الخروج للبرمجية.
- قدمت البرمجية تفاعل للطالب.
- صلاحية البرمجية للعرض ومناسبتها لمستوى الطلاب.

د - التجربة الاستطلاعية:

يتم تجريب البرنامج على مجموعة من الطلاب كتجربة استطلاعية لمعرفة جوانب القصور في البرنامج وتعديلها وجوانب القوى وتدعيمها وقد تبرز التجربة الاستطلاعية مجموعة من الملاحظات منها:

- تعديل عرض بعض الشرائح.
- إعادة الصياغة اللغوية لبعض العبارات.
- تغير حجم وشكل الأيقونات.

التغذية الراجعة؛ ويتم مراجعة التغذية الراجعة بدور كبير أثناء إعداد وإنتاج البرمجية التعليمية.

رابعا: مرحلة التقويم البنائي والنهائي

أما بالنسبة للتقويم البنائي فتتم في نهاية كل درس أثناءه درس والتقويم النهائي بعد نهاية تدريس البرمجية التعليمة.

وبذلك تصبح البرمجية التعليمية صالحة للتطبيق على عينة الدراسة أو التطبيق الميداني والتعميم على العملية التعليمية.

الفصل الخامس

معايير جودة المنهج

مقدمة

يمر العالم الآن بمرحلة تغيير واسعة لم يسبق لها مثيل في التاريخ ولاسيما في مجال استخدام الجودة الشاملة في كافة مناشط الحياة. وسوف يكون لهذه التغيرات أثر كبير جداً على طبيعة مجتمعنا وثقافتنا وأنشطتنا الاقتصادية والتنموية.

وقد تم التحول في معظم أنحاء العالم المتقدم وبعض الدول النامية من الاقتصاد المعتمد على الصناعة إلي الاقتصاد المعتمد على الخدمات، وقد أكدت بعض الدراسات التي أجريت حديثاً إلي أن نسبة مساهمة قطاع الخدمات في إجمالي الناتج العالمي قد بلغت 56.2% بينما بلغت نسبة مساهمة القطاع الصناعي 36.8%

وقد تبين أيضاً أن أكثر مؤسسات الاتصال نجاحاً في البيئة الجديدة هي التي تتميز بالإبداعية والتنوع والمهارة في مواردها البشرية وخاصة تحسين إعداد الطلاب للعمل وذلك من خلال جودة التعليم والتي تتفهم آلية السوق.

وسوف يتناول هذا الفصل النقاط التالية:

أولا: مفهوم الجودة Quality

ثانيا: أهداف تطبيق الجودة الشاملة في النظام التعليمي

ثالثا: مبادئ إدارة الجودة الشاملة في المجال التربوي

رابعا: متطلبات تطبيق نظام الجودة الشاملة.

خامسا: نماذج إدارة الجودة الشاملة

1- النموذج الأوربي لمعايير الجودة للمؤسسات التعليمية

2- نموذج إدوارد ديمنج (Edward Deming)

3- نموذج أرماند فيجنبم (Armand Feigenbaum)

4- نموذج بيتر سنج (Peter Senge Philosophy)

5- نموذج ايشيكاوا

6- نموذج برايس وشن (Pric&Chen 1993)

7- نموذج تاجوشي

8- نموذج هامبر (Hamber).

سادسا: الفوائد المتوقعة من تطبيق نظام إدارة الجودة الشاملة المؤسسات التعليمية:

سابعا: المنهج في ضوء معايير الجودة

- دور كثير من الجهات المنوط بها تطوير المناهج
- مؤشرات الجودة الشاملة في التعليم
- منظومة الجودة الكلية في التعليم
- العوامل التي تحدد صياغة معايير جودة المنهج
- خصائص جودة المنهج

ثامنا: جودة الكتاب التعليمي

- ضمان جودة الكتاب التعليمي
- مواصفات الكتاب التعليمي في ضوء معايير الجودة

وفيما يلي شرح لهذه النقاط بالتفصيل:

أولا: مفهوم الجودة Quality

إن مفهوم الجودة في اللغة تم اشتقاقه من الفعل الماضي جاد جودة وجودة أي صار جيدا، والجديد نقيض الرديء.

تعتبر الجودة أحد النماذج التنافسية في الوقت الحاضر كما إنها أحد الجوانب المهمة التي لاقت تطور كبيرا نتيجة المؤشرات البيئية المحيطة، فكلمة الجودة كمصطلح يقصد بها طبيعة الشيء والشخص ودرجة صلاحه، وهي لا تعني الأفضل أو الأحسن دوما، وإنما هي مفهوم نسبي يختلف النظر له باختلاف جهة الاستفادة منه سواء كان الزبون، المجتمع، المنظمة، وغيرها.

وأصبحت الجودة الشاملة الآن محور اهتمام معظم دول العالم باعتبارها ركيزة أساسية لنموذج الإدارة الجديدة الذي تتيح له مواكبة المستحدثات العالمية من خلال مسايرة المتغيرات الدولية والمحلية من أجل التكيف معها، فإدارة الجودة الشاملة تعتمد على تطبيق أساليب متقدمة لإدارة الجودة وتهدف إلى التحسين والتطوير المستمر وتحقيق أعلى المستويات الممكنة في الممارسات والعمليات والنواتج والخدمات.

بيد أنه يستخدم لفظ الجودة للتعبير عن تميز السلعة أو الخدمة من حيث درجتها أو رتبتها أو حسن مواصفاتها سواء الفنية منها أم الشكلية، ومن الناحية الهندسية فإن الجودة يقصد بها مجموعة من الخصائص أو المواصفات الفنية أو الإبعاد والمقاييس والمكونات الواجب توافرها في مادة أو سلعة معينة، أم في لغة المشتريات فإن الجودة تعنى مجموعة من الخصائص أو المواصفات التي يمكن الحصول عليها أو توفيرها بأقل تكلفة ممكنة لإشباع الحاجة أو مقابلة الغرض الذي تشترى من أجله، ولتوافر الجودة يتطلب توافر ثلاثة عناصر هي:

1- **الملائمة للغرض:** ويعنى ذلك أن الجودة المناسبة لا يمكن وصفها بأحسن مستوى متاح أو أقل مستوى ممكن أو المستوى المتوسط للسوق فأمر يتوقف على الغرض الذي تشترى من أجلة المواد.

2- **التأمين أو التوفير:** من الناحية العملية بقصد بالتأمين أو التوفير إمكانية الحصول على الجودة المصلوبة بالكميات اللازمة لمواجه الاحتياجات باستمرار وفي المواعيد المحددة ومن أكثر من مصدر.

3- **التكلفة:** تعتبر التكلفة أيضاً من أهم العوامل التي تؤثر في تحديد المستوى المناسب للجودة، وذلك لان تكلفة المواد المشتراه تمثل عنصرا أساسيا من عناصر تكلفة الإنتاج التي تؤثر بدورها على المركز التنافسي للشركة ومقدار ما تحققه من أرباح.

وذكر رياض رشاد نقلا عن جابلونسكي إلى أن مفهوم إدارة الجودة الشاملة كغيره من المفاهيم الإدارية التي تتباين بشأنه المفاهيم والأفكار وفقاً لزاوية النظر من قبل هذا الباحث أو ذاك إلا أن هذا التباين الشكلي في المفاهيم يكاد يكون متماثلاً في المضامين الهادفة إذا أنه يتمحور حول الهدف الذي تسعى لتحقيقه المنظمة والذي يتمثل بالمستهلك من خلال تفاعل كافة الأطراف الفاعلة في المنظمة. إن إدارة الجودة الشاملة تعني الإسهام الفعال للنظام الإداري والتنظيمي بكافة عناصره في تحقيق الكفاءة الاستثمارية للموارد المتاحة من مادة أولية ومعدات وقوى بشرية ومعلوماتية وإدارة وإستراتيجية ومعايير ومواصفات.. الخ، بحيث تسهم جميعاً في السعي لتحقيق هدف المنظمة الذي يتركز في تحقيق الإشباع الأمثل للمستهلك الأخير من خلال تقديم السلع والخدمات بالمواصفات القياسية ذات النوعية الجيدة والسعر الذي يتلائم مع قدراته الشرائية.

وعلى صعيد المجال التعليمي انطلقت المؤسسات التعليمية الكبرى متمثلة في الجامعات لتبني مفاهيم الجودة الشاملة وتطبيقها بهدف العمل على التحسين المستمر

في المنتج التعليمي ومخرجات العملية التعليمية، وأيضا رفع كفاءة العاملين بها بما يضمن الحصول على خريجين لديهم المعارف الأساسية التي تؤهلهم إلى التنافس في كافة المجالات العملية بكفاءة عالية على المستوى العالمي، وقد اعتمدت الجودة الشاملة على توفير الأدوات والأساليب المتكاملة التي تساعد المؤسسات التعليمية على تحقيق نتائج مرضية معتمدة على وضع قاعدة عريضة من المعلومات والمؤشرات التي تمكن كافة الإدارات وواضعي القرار من الوقوف على مؤشرات القصور والقوة داخل المؤسسة التعليمية.

وتعد الجودة درجة استيفاء المتطلبات التي يتوقعها العميل المستفيد من الخدمة (أو تلك المتفق عليها معه).

كما ذكر مرتى Mirta (1993) أن الجودة بأنها الملائمة للاستخدام وفق مواصفات نوعية.

ويرى Karl (1992) أن مفهوم الجودة الشاملة للخدمة عبارة عن مجموعة الأعمال والمهام التي تقدم المنظمة من خلالها قيمة معينة لكل من أصحاب رؤوس الأموال والعملاء والعاملين.

وكما أنها «تفادي الخسارة التي سيسببها المنتج للمجتمع بعد تسليمه للزبون» ويشمل الخسائر الناجمة عن عدم تلبية المنتج لتوقعات الزبون من جهة والإخفاق في تلبية خصائص الأداة من جهة أخرى.

وذكر يحي برويقات (2003) أن إدارة الجودة الشاملة هي أسلوب إداري حديث، يعتمد على إرضاء الزبائن وتحقيق منافع لجميع الأفراد العاملين وللمجتمع، ومشاركة كلّ أفراد المؤسسة في التحسين المستمر للعمليات والمنتجات والخدمات باستخدام الأدوات العلمية بهدف النجاح في المدى الطويل.

وأشار أسامة اليمنى (2004) أن مفهوم جودة الخدمة للتعليم يشكل أحد أهم الخدمات ويقصد بجودة الخدمة جودة الخدمات المقدمة سواء كانت المتوقعة أو المدركة

وهي المحدد الرئيسي لرضي المستهلك أو عدم رضاه فبعض المنظمات تجعلها من أولوياتها لتعزيز جودة الخدمة، وكما أكد أيضاً أن هناك ثلاث مصطلحات لجودة الخدمة هي:

1- الجودة المتوقعة: وتعني ما يتوقعه العملاء عن جودة الخدمة المقدمة إليهم وتتأثر هذه التوقعات بعوامل رئيسية منها مزيج الاتصالات التسويقية وحاجات الزبون وصورة المؤسسة ووعود مقدم الخدمة المعلق عنها.

2- الجودة المجربة: ويقصد بها الجودة التي يشعر بها الزبون أثناء تجربة حصوله الفعلي على الخدمة، ويؤثر فيها عاملين هما الجودة الفنية والجودة الوظيفية.

3- الجودة المدركة: ويقصد بها الجودة التي يقدرها الزبون عند قيامه بالمقارنة بين الجودة المتوقعة والجودة المجربة فإذا كانت الجودة المتوقعة غير واقعية (المتوقعة أعلى من المجربة) فتكون الجودة المدركة منخفضة، وتكون الجودة المدركة مرتفعة عندما يتقابل مستوى الجودة المجربة مع الجودة المتوقعة.

ويرتكز النظام الإداري للجودة الشاملة على عدة مفاهيم أساسية هي:

الالتزام: Commitment فإدارة الجودة الشاملة تعتمد على أن كل شخص يلتزم بتطوير جودة مؤسسته دون الاعتماد على الغير.

1- إرضاء المستفيدين: Stakeholder satisfaction والمستفيد من الدراسات العليا يمكن أن يكون مستفيد داخلي كالطالب والإداريين وأعضاء هيئة التدريس، أو خارجي كسوق العمل.

2- الإدارة بالمعلومات: Managing by information وهذا المفهوم يؤكد على أهمية جمع المعلومات كي تستخدم في تطوير الأفراد.

3- احترام إنسانية العاملين:Importance of People وهذا المفهوم يتمشى مع فلسفة،

وأهداف التعليم العالي والتي تركز على احترام إنسانية العاملين؛ والذي بدوره ينعكس على جودة العمل وجودة المخرجات.

4- تحسين الجودة المستمر: Continuous Quality Improvement ويعتمد هذا المفهوم على الفهم الكامل للعمليات المناسبة لتحقيق أهداف النظام وتجريب المهارات والأساليب الجديدة.

5- إدارة الجودة الشاملة: هي أسلوب متكامل يطبق في جميع فروع المنظمة التعليمية ومستوياتها ليوفر للأفراد وفرق العمل الفرصة لإرضاء الطلاب والمستفيدين من التعلم، وهي فعالية تُحقّق أفضل خدمات تعليمية بحثية بأكفأ الأساليب ثبت نجاحها لتخطيط الأنشطة التعليمية وإدارتها.

وبدراسة التعريفات السابقة يتبين أن الجودة الشاملة تتسم ببعض السمات كما يلي:

- تعتمد الجودة على درجة استيفاء المتطلبات الأساسية للعميل.
- تعمل إدارة الجودة على تفادي الخسارة في المنظمة.
- تعد إدارة مجموعة من مواصفات نوعية التي تسهم في تحقيق الترويج للسلعة أو الخدمة.
- الجودة تعتمد على مجموعة الأعمال والمهام التي تقدمها المنظمة
- أسلوب إداري حديث، يعتمد على إرضاء الزبائن.
- تنقسم الجودة إلى: (الجودة المتوقعة، الجودة المجربة، الجودة المدركة).

ومما سبق يتضح الجودة الشاملة:

هي أسلوب إداري يعتمد علي تحقيق منفعة للعميل سواء كانت هذه المنفعة سلعة أو خدمة وذلك وفق مجموعة من الإجراءات والمهام التي يتم من خلالها تحديد مواصفات تلك السلعة أو الخدمة، وبما يحقق هدف المنظمة سواء كان الهدف تحقيق أرباح أو تقليل التكاليف أو تقديم خدمة بدون هدف الربح.

ثانيا: أهداف تطبيق الجودة الشاملة في النظام التعليمي

تتمثل أهداف تطبيق نظام الجودة الشاملة في النظام التعليمي فيما يلي:

1- إن غالبية الدول النامية أخذت بإستراتيجية الكم لاستيعاب تدفق الأطفال من السكان إلى الجهاز التعليمي، إن هذه الإستراتيجية كانت على حساب نوعية العملية التربوية.

2- تحسين مخرجات العملية التربوية.

3- إن الثورة التكنولوجية الشاملة والقائمة على التدفق العلمي والمعرفي يمثل تحدياً للعقل البشري مما جعل المجتمعات تتنافس في الارتقاء بالمستوى النوعي لنظمها التربوية.

4- بما أن الطالب هدف ومحور العملية فيجب إرضائه كزبون أساسي في العملية التربوية.

5- ضرورة إجراء التحسينات في العملية التربوية بطريقة منظمة من خلال تحليل البيانات باستمرار.

6- استثمار إمكانيات وطاقات جميع الأفراد العاملين في العملية التربوية.

7- طريقة لنقل السلطة إلى العاملين بالمؤسسة مع الاحتفاظ في نفس الوقت بالإدارة المركزية.

8- خلق الاتصال الفعال على المستويين الأفقي والعمودي.

9- للجودة الشاملة ثقافة إدارية خاصة وهذا يقتضي تغيير نمط الثقافة التنظيمية الإدارية في المؤسسة التعليمية وهذا يعني تغيير القيم والسلوك السائد بما يساعد على تحقيق الجودة الشاملة.

10- تغيير النمط الإداري إلى الإدارة التشاركية.

ثالثا: مبادئ إدارة الجودة الشاملة في المجال التربوي

يعتبر مصطلح الجودة الشاملة مصلح يتكون من مجموعة من العناصر الأساسية التي تعتمد عليها المؤسسات الإدارية سواء كانت إنتاجية أو خدمية وحيث أن المؤسسات التعليمية تعد من المؤسسات الخدمة فبالتالي ينطبق عليه تلك العناصر

فقد ذكر (1994) Eric مصطلح إدارة الجودة الشاملة (Total،Quality، Management) (TQM) إلى ثلاث عناصر أساسية تتمثل فيما يلي:

- الشاملة (Total) ويعنى ذلك أن كل شخص في المؤسسة أو المنظمة يجب أن يشترك في برنامج الجودة سواء شخصيا أو من خلال فرق العمل الجماعي، بالإضافة إلى إمكانية تفويض السلطة.
- الجودة (Quality) وتعنى التأكيد من أن العملاء يتلقون كل ما يرغبون فيه بل وأكثر منه إن أمكن، وهذا يتطلب الاتصال بالعميل والتأكد من أن السلع والخدمات تتناسب مع احتياجات السوق، وكذلك بناء علاقات طيبة مع الموردين.
- إدارة (Management) وتعنى أنه يجب أن يكون هناك فلسفة قوامها التركيز على العميل، وذلك من خلال التنظيم لا الإشراف، والإدارة تعنى أيضاً تغيير في الثقافة وإزالة العقبات، والتأكد من أن الأدوات المستخدمة لأداء الوظيفة متاحة.

وأكد محمد إسماعيل أن هناك مجموعة من العناصر الأساسية التي ترتكز عليها إدارة الجودة الشاملة وهى كما يلي:

1- التركيز على العملاء.
2- بناء القرارات الأساسية على الحقائق.
3- التركيز على العمليات.
4- عمليات التحسين المستمر.
5- التزام جميع الأفراد داخل المنشأة.

وأشار أحمد سيد ومحمد مصيلحي أن المدرسة مطالبة ببذل الجهد الوفير وتخصيص الوقت الكافي ومتابعة التغير بعين يقظة حتى تتمكن من الأخذ بمبادئ إدارة الجودة الشاملة والمتمثلة في:

1- تحقيق رضا المستفيد.
2- إجراء التقييم الذاتي وصولا لتحسين الأداء.
3- الأخذ بأساليب العمل الجماعي وتشكيل فرق العمل.
4- جمع البيانات الإحصائية وتوظيفها بشكل مستمر.
5- تفويض السلطات والعمل بالمشاركة.
6- إيجاد بيئة تساعد على التوحد والتغير.
7- إرساء نظام للعمليات المستمرة.
8- القيادة التربوية الفعالة.

وأن الجودة في التعليم تتمثل في مجموعة من الشروط والمواصفات التي يجب أن تتوافر في العملية التعليمية لتلبية حاجات المستفيدين منها وإعداد مخرجات تتصف بالكفاءة لتلبية المتطلبات الحياتية.

ويتطلب مفهوم جودة التعليم وجود معايير ترتبط بكل عنصر من عناصر العملية التعليمية وهى كما يلي:

1- معايير الجودة المرتبطة بالأهداف.
2- معايير الجودة الخاصة بالمناهج الدراسية.
3- معايير الجودة الخاصة بالمعلمين.
4- معايير الجودة الخاصة بمستويات الإتقان لدى الطلاب.
5- معايير الجودة الخاصة بالوسائط والأنشطة التعليمية.
6- معايير الجودة الخاصة بالتقويم والامتحانات.
7- معايير الجودة الخاصة بالإدارة المدرسة.
8- معايير الجودة الخاصة بالتجهيزات والمباني.

رابعا: متطلبات تطبيق نظام الجودة الشاملة في المؤسسة التعليمية

إن تطبيق نظام الجودة في المؤسسة التعليمية يقتضي:

- القناعة الكاملة والتفهم الكامل والالتزام من قبل المسئولين في الوزارة.

- إشاعة الثقافة التنظيمية والمناخ التنظيمي الخاص بالجودة في المؤسسة التربوية نزولاً إلى المدرسة.

- التعليم والتدريب المستمرين لكافة الأفراد إن كان على مستوى الوزارة أو مستوى المدرسة.

- التنسيق وتفعيل الاتصال بين الإدارات والأقسام على المستويين الأفقي والعمودي.

- مشاركة جميع الجهات وجميع الأفراد العاملين في جهود تحسين جودة العملية التعليمية.

- تأسيس نظام معلومات دقيق وفعال لإدارة الجودة على الصعيدين المركزي والمدرسي.

إن المبادئ السابقة تؤثر وبشكل مباشر على عناصر تحقيق الجودة والتي يمكن تلخيصها بالأمور التالية:

- تطبيق مبادئ الجودة.
- مشاركة الجميع في عملية التحسين المستمرة.
- تحديد وتوضيح إجراء العمل أو ما تطلق عليه بالإجراءات التنظيمية.

خامسا: نماذج إدارة الجودة الشاملة

لقد ظهرت نماذج عديدة في مجال إدارة الجودة الشاملة، قام بوضعها عدد من المفكرين، ومن أشهر تلك النماذج:

1- النموذج الأوربي لمعايير الجودة للمؤسسات التعليمية:

ويتضح من الشكل التالي أن نظام الجودة الشاملة يتكون من تسعة معايير تنقسم إلى مجموعتين، المجموعة الأولى تمثل الأساليب التي تتبعها المؤسسة للوصول إلى الجودة

وعددها خمسة معايير رئيسية، والمجموعة الثانية هي النتائج والتي تمثل نتائج ما حققته المؤسسة بفضل تطبيق الأساليب السابقة وعدد هذه المعايير أربعة معايير كما يلي:

مجموعة الأساليب Enablers

توضح هذه المجموعة من المعايير ما تقوم به المؤسسة أو المدرسة من أجل تحقيق الجودة والامتياز، وفيما يلي توضيح مبسط لتلك المعايير الرئيسية.

1- **القيادة:** كيف تقوم قيادات المدرسة (المؤسسة) بوضع الأهداف والرؤية وتحديد القيم لاستمرار نجاح المؤسسة وكذا تطبيق ذلك بالأساليب الملائمة، وكيفية انخراط القيادات بصفة شخصية وتفاعلهم مع مؤسستهم للتأكد من أن النظام الإداري في المؤسسة ناجح ويتم تطبيقه وتطويره، وتجدر الإشارة هنا إلى أن دور القيادة لا يقتصر على المدير فقط بل جميع أعضاء الهيئة الإدارية والتدريسية.

2- **السياسة والإستراتيجية:** كيف تقوم المؤسسة بتنفيذ مهامها ورؤيتها من خلال إستراتيجية واضحة ومدعومة بالسياسات اللازمة وكذا الخطط والأهداف والعمليات. وهنا يجب أن تتوفر خطط وأطر عمل واضحة وموثقة ومقاسه كميا وفقا لإطار زمني واضح.

3- **الموارد البشرية:** كيف تقوم المؤسسة بإدارة وتطوير واستنهاض معارف وإمكانات مواردها البشرية كأفراد أو كفرق عمل، وكيف يتم تخطيط الأنشطة اللازمة لذلك بطريقة تدعم وتعزز سياسات المؤسسة واستراتيجيتها.

4- **الشراكة والموارد:** كيف تخطط المؤسسة وتدير شراكاتها الخارجية وكذا مواردها الداخلية بغرض دعم إستراتيجيتها وتفعيل دور العمليات التي تقوم بها.

5- **العمليات:** كيف تقوم المؤسسة بتصميم وإدارة وتحسين عملياتها بغرض دعم السياسات والإستراتيجيات وكذلك إيجاد الرضا التام وتعظيم القيمة التي يحصل عليها العملاء وأصحاب المصالح منها.

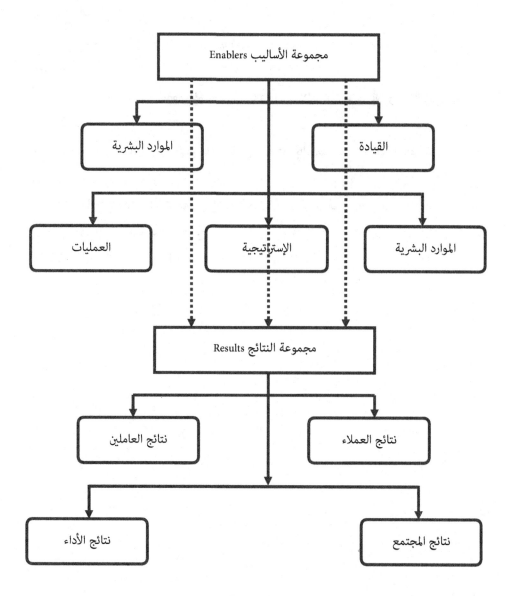

شكل رقم (18) يوضح النموذج الأوربي لمعايير الجودة

مجموعة النتائج Results

توضح هذه المجموعة نتائج ما تم تحقيقه بإتباع الأساليب السابقة مقاساً بطريقة كمية وموثقه.

- نتائج العملاء:ما الذي تحققه المؤسسة في علاقتها بعملائها الخارجيين ألا وهم الطلاب وأولياء أمورهم.

- نتائج العاملين: ما الذي تحققه المؤسسة في علاقتها بالعاملين فيها سواء الهيئة التدريسية أو الإدارية.

- نتائج المجتمع:ما الذي تحققه المؤسسة في علاقتها بالمجتمع المحلي والوطني وكذلك على المستوى الدولي وفقا بما يتلاءم مع ظروف كل مؤسسة.

- نتائج الأداء الرئيسية: ويتناول نتائج الأداء الذي تم تخطيطه مسبقا.

2- نموذج إدوارد ديمنج (Edward Deming):

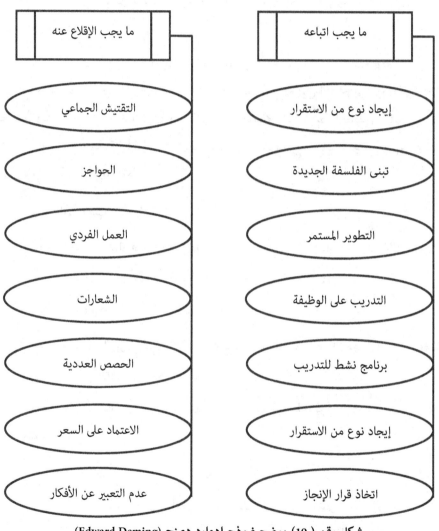

ما يجب الإقلاع عنه	ما يجب اتباعه
التقتيش الجماعي	إيجاد نوع من الاستقرار
الحواجز	تبنى الفلسفة الجديدة
العمل الفردي	التطوير المستمر
الشعارات	التدريب على الوظيفة
الحصص العددية	برنامج نشط للتدريب
الاعتماد على السعر	إيجاد نوع من الاستقرار
عدم التعبير عن الأفكار	اتخاذ قرار الإنجاز

شكل رقم (19) يوضح نموذج إدوارد ديمنج (Edward Deming)

ومن الشكل السابق يتضح أن نموذج إدوارد ديمنج من ابرز المؤسسين لإدارة الجودة الشاملة فقد طور عدة أساليب يمكن للأفراد أن يعملوا من خلالها بشكل جماعى والذى عرف فى اليابان بلقب (أبو الجودة).

يستند هذا النموذج إلى أن الجودة الشاملة مسؤولية الجميع، لذا يرى ديمنج Deming أن كل فرد له علاقة بعملية الإنتاج أو الخدمات ينبغي أن يساهم في تحقيق النتائج المرجوة وهي إرضاء العملاء. ويشير ديمنج إلى أن الجودة نسبية وليست مطلقة وأنها ترتبط ارتباطاً وثيقاً بالإنتاجية، وتتألف فلسفته في الجودة الشاملة من أربعة عشر عنصراً منها سبعة عناصر إيجابية وسبعة عناصر أخرى سلبية يمكن إيجازها فيما يلي:

(أ) النقاط التي يجب اتباعها:

1- إيجاد نوع من الاستقرار فيما يتعلق بهدف تطوير المنتجات والخدمات ويتطلب ذلك (الإبداع – البحث والتعليم – التطوير المستمر للمنتج والخدمة – صيانة الأجهزة).

2- تبنى الفلسفة الجديدة، ويتطلب ذلك تغيير الإدارة.

3- التطوير المستمر واللانهائي لنظام الإنتاج والخدمات ويتطلب ذلك (ألا يكون التطوير عملية وقتية – العمل كفريق – أن تقوم الإدارة بالتوجيه والإرشاد).

4- التدريب على الوظيفة ويتطلب ذلك (تقديم التدريب بواسطة أفراد مشهود لهم بالكفاءة – استمرار التدريب).

5- قيادة المنظمة نحو التغيير.

6- وضع برنامج نشط للتدريب والتعليم، ويتطلب ذلك (تركيز الإدارة علي تطوير الإنتاج – تقديم معارف ومهارات جديدة – النظر إلى التدريب على أساس أنه استثمار للبشر وضرورة من أجل التخطيط طويل المدى).

7- اتخاذ قرار لإنجاز التحول، ويتطلب ذلك (إشراك الجميع في عملية التحول) – اتباع منظومة شيوارت (التخطيط، العمل، المراجعة، التنفيذ).

(ب) النقاط التي يجب الإقلاع عنها:

8- الاعتماد على التفتيش الجماعي، ويتطلب ذلك (القناعة بأن عملية التفتيش عملية مكلفة وغير فعالة - التطوير في العملية وليس التفتيش).

9- الحواجز القائمة بين الأقسام المختلفة.

10- الخوف من خلال التعبير عن الأفكار، واختفاء الخوف من تطور الإدارة.

11- الحواجز بين الأقسام المختلفة عن طريق العمل كفريق، واختفاء الأهداف المتصارعة بين الأقسام والتي قد تؤدى إلى تدمير الهدف.

12- الشعارات والتحذيرات.

13- أسلوب الحصص العددية.

14- إسناد الأعمال على أساس السعر فقط، فالسعر ليس له معنى دون توافر معيار للجودة.

3- نموذج أرماند فيجنبم (Armand Feigenbaum Philosphy)

يعد (فيجنبم) أول من استخدم مصطلح الرقابة على الجودة الشاملة وتركز فلسفته في هذا الشأن على عشر نقاط يجب أخذها في الاعتبار لرفع مستوى الجودة وتشمل:

- جعل الجودة عملية واسعة النطاق تتبناها المنظمة.
- أن تكون الجودة والتكلفة كل متكامل لا يوجد بينهما تضارب.
- أن تعنى الجودة ما يفهمه ويتقبله العميل.
- توافر الحماس لدى كل الأفراد ومجموعات العمل تجاه مسألة الجودة.
- أن تصبح الجودة أسلوباً للإدارة.
- أن تعتمد الجودة والإبداع كل على الآخر.

- أن تصبح الجودة عملية أخلاقية.
- أن يكون هناك تطوير متواصل للجودة.
- أن تعنى الجودة أقل قدر من رأس المال وأعلى قدر من فعالية التكلفة في العملية الإنتاجية.
- أن تنفذ الجودة من خلال نظام شامل يرتبط بالعملاء والموردين.

4- نموذج بيتر سنج (Peter Senge Philosophy)

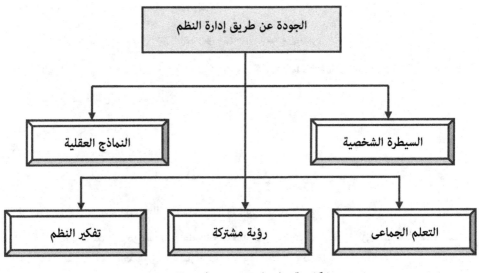

شكل رقم (20) يوضح نموذج بيتر سنج

ومن خلال الشكل السابق يقدم (بيتر سنج) من خلال تركيزه على إدارة النظم - خمس مكونات تكنولوجية وتتضمن ما يلي:

1- السيطرة الشخصية أي التركيز على ما لدى الفرد من طاقات وتطويرها حتى يمكنه رؤية الحقيقة بموضوعية ويشكل هذا المكون حجر الزاوية في العملية التعليمية إلا أنه يتطلب تعهداً وإصرارا من الأفراد على التعلم المتواصل مدى الحياة.

2- النماذج العقلية أي الافتراضات والتعميمات المتأصلة لدى الفرد وتؤثر في فهمهم وبالتالي في أدائهم.

3- التعلم الفريقى أي العمل والتفكير بصورة جماعية لأن الفريق وليس الفرد هو الذي يشكل الوحدات الجوهرية للمؤسسة التعليمية الحديثة.

4- بناء رؤية مشتركة أي تبني صورة مشتركة للمستقبل واندماج الجميع في هذه الرؤية بدلاً من الإذعان عنها.

5- تفكير النظم وهو عبارة عن أن كل الأحداث البعيدة من حيث الزمان والمكان يكون لها تأثير على بقية الأحداث.

5- نموذج جوزيف جوران

لقد ركز جوران على مجموعة العيوب والأخطاء أثناء الأداء التشغيلي (العمليات) وكذلك على الوقت الضائع أكثر من الأخطاء المتعلقة بالجودة ذاتها كما أنه ركز على الرقابة على الجودة دون التركيز على كيفية إدارة الجودة ولذا يرى أن الجودة (النوعية) تعني مواصفات المنتج التي تشبع حاجات المستهلكين وتحوز على رضاهم مع عدم احتوائها على العيوب ويرى أن تطوير المنتج يمثل صميم إدارة الجودة الشاملة وهي عملية مستمرة لا تكاد أن تنتهي. ويرى جوران أن التخطيط للجودة يمر بعدة مراحل وهي:

المحور الأول: إجراءات تحقق الجودة

- تحديد من هم المستهلكين.
- تحديد احتياجاتهم.

- تطوير مواصفات المنتج لكي تستجيب لحاجات المستهلكين.
- تطوير العمليات التي من شأنها تحقيق تلك المواصفات أو المعايير المطلوبة.
- نقل نتائج الخطط الموضوع إلى القوى العاملة.

المحور الثاني: الرقابة على الجودة

أما بالنسبة للرقابة على الجودة فإن جوران يرى أن الرقابة على الجودة عملية مهمة وضرورية لتحقيق أهداف العمليات الإنتاجية في عدم وجود العيوب.

فالرقابة على الجودة تتضمن:

- تقييم الأداء الفعلي للعمل.
- مقارنة الأداء المتحقق (الفعلي) بالأهداف الموضوعة.
- معالجة الانحرافات أو الاختلافات باتخاذ الإجراءات السليمة.

6- نموذج ايشيكاوا:

يعد إيشيكاوا من رواد الجودة في اليابان وإليه يعود الفضل في تطبيق حلقات الجودة Quality Circles، ونشر مفهوم الجودة بين العاملين، ويرى أن الجودة الشاملة تبدأ بعملية التدريب والتعليم وتنتهي أيضاً بالتدريب والتعليم للموظفين، وينظر إلى الاستثمار في تدريب الموظفين أثناء الخدمة باعتباره من أهم النشاطات الإدارية التي يجب أن تركز عليها الإدارة العليا، خاصة وأن التوظيف في اليابان لا يتحدد بسنوات معينة وإنما يستمر الفرد في الوظيفة مدى الحياة.

ويعتقد ايشيكاوا أن مفهوم الجودة متعدد الجوانب ويشمل التحول من برنامج مراقبة الجودة المستند إلى التفتيش إلى برنامج شامل يعتمد على العمليات والنشاطات الداخلية التي تراعي العملاء بوصفهم جزء لا يتجزأ من تحسين الجودة، وتحدي مجالات الجودة في السلعة أو الخدمة التي يتقبلها العميل وتطبيق الأساليب الإحصائية في مراقبة الجودة. ويلخص ايشيكاوا المبادئ الأساسية لمراقبة الجودة فيما يلي:

1- إن الجودة مبنية على وجهة العميل.

2- إن الجودة هي جوهر العملية الإدارية، ويفضل أن ينظر إليها على أنها استثمار طويل المدى بدلاً من التركيز على الأرباح في مدة قصيرة من الزمن.

3- إن الجودة تعتمد اعتماداً كلياً على المشاركة الفاعلة من قبل العاملين والموظفين، كما يتطلب تطبيق أسلوب إدارة الجودة إزالة الحواجز بين الأقسام المختلفة.

4- استخدام البيانات والمعلومات بواسطة الوسائل الإحصائية للمساعدة في عملية اتخاذ القرارات.

ولعل أبرز اسهامات ايشيكاوا في تطوير نظام إدارة الجودة الشاملة يتمثل في زيادة حجم مشاركة العمال وزيادة قوة التحفيز وإثارة الدوافع من خلال توفير جو عمل يستطيع العاملون من خلاله العمل باستمرار على حل المشكلات.

7- نموذج برايس وشن (Pric & Chen 1993)

فقد أشار بريس وشن أن عناصر الجودة تتمثل فيما يلي:

1- الأفراد يجب منهم التركيز على العمل الجماعي والتدريب المستمر فيتم التركيز في هذا النموذج على الأفراد بوصفهم محور عملية الجودة بحيث يتم الحفز على التدريب والعمل الجماعي وبصفة مستمرة.

2- التطوير المستمر للجودة فلا يجب قبول مستوى معين ولكن يجب أن يتطور الأداء حتى أفضل ما يمكن وفق القياسات المستهدفة للناتج.

3- الخطوات: تطوير خطة العمل وذلك خلال مرحلة الإعداد والتنفيذ الدقيق لخطة العمل ومن المفترض أن يكون التنفيذ مرتبط بخطة العمل السابق إعدادها ثم يأتي بعد ذلك عملية التقويم والتي تهدف إلى معرفة نتائج عملية التنفيذ.

4- التركيز علي العميل وتفضيلاته بحيث يجب النظر بعين الاعتبار إلى حاجات العملاء ورغباتهم.

8- نموذج تاجوشي

يستند النموذج إلى أفكار ومفاهيم الجودة والفعالية أثناء مرحلة التصميم السابقة للتصنيع. ويركز على جودة تصميم المنتج أو السلعة بدلاً من التركيز على العملية الإنتاجية. ويرتبط نموذج تاجوشي بمفهومين للجودة كما يلي:

أ - دالة الخسارة Loss Function.

ب - خصائص التصميم Design Characteristics.

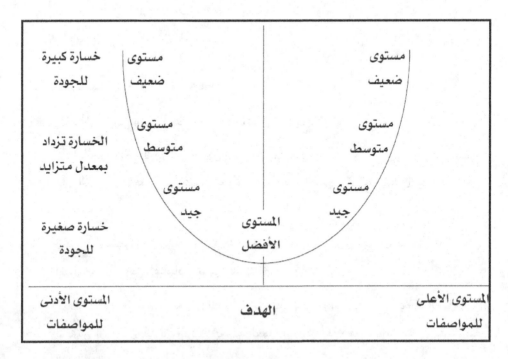

شكل رقم (21) وضح دالة تاجوشي للخسارة

ومن الشكل السابق يتضح أنه كلما اتجهت قيمة التكلفة إلى الهدف انخفضت التكلفة، ويشير إلى وجود رغبة لدى العملاء إلى الشراء وأن المنتج يتناسب مع توقعاتهم، وعندما تتجه النقاط بعيداً عن الهدف ترتفع قيمة التكلفة الاجتماعية مما يشير إلى عدم رضا العملاء عن هذا المنتج، والتي تستند إلى تصميم العملية والمنتج، وهذا يتطلب تطوير المواصفات الخاصة بالعمليات وتصاميمها والمنتج، ويشتمل نموذج تاجوشي على النقاط التالية:

1- إن التصميم الجيد للعملية والمنتج يسهم بشكل فاعل.

2- تتطلب عملية تحسين الجودة تخفيضاً مستمراً في الانحرافات الخاصة بأداء العملية أو المنتج.

3- يمكن تحديد المقاييس والمعايير الخاصة بالعملية أو المنتج، وذلك عن طريق استخدام التجارب الإحصائية.

4- يمكن تخفيض انحراف الأداء عن طريق استخدام التأثيرات غير الخطية بين مقاييس العملية وخصائص أداء المنتج.

وباستقراء تلك النماذج يمكن التوصل إلى النقاط التالية:

1- إن عملية تحسين الجودة لا تتم دون الاستثمار في برامج التعليم والتدريب المستمر للقوى البشرية للمنظمة.

2- إن العملاء هم الركيزة الأساسية لجميع عمليات تحسين الجودة.

3- إن تحسين الجودة يسهم في تقليص النفقات على المدى البعيد وزيادة القدرة التنافسية للمنظمة.

4- إن تحسين الجودة يستغرق وقتاً طويلاً وتتم بأسلوب علمي.

5- إن تحسين الجودة يتطلب من الإدارة العليا التركيز على مستوى الأداء من خلال المتابعة والتقويم وإجراء التصحيحات الملائمة.

6- إن تحسين الجودة الشاملة مهمة جميع العاملين في كافة المستويات التنظيمية والفنية.

9- نموذج هامبر (Hamber)

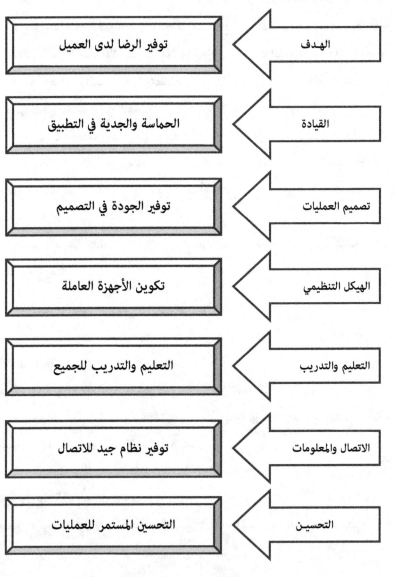

الهدف	←	توفير الرضا لدى العميل
القيادة	←	الحماسة والجدية في التطبيق
تصميم العمليات	←	توفير الجودة في التصميم
الهيكل التنظيمي	←	تكوين الأجهزة العاملة
التعليم والتدريب	←	التعليم والتدريب للجميع
الاتصال والمعلومات	←	توفير نظام جيد للاتصال
التحسين	←	التحسين المستمر للعمليات

شكل رقم (22) يوضح نموذج هامبر

ومن الملاحظ على الشكل السابق أن نموذج هامبر يتكون من العناصر الآتية:

1- الهدف: وهو توفير الرضا لدى العميل.

2- القيادة:الحماسة والجدية في التطبيق وتوفير الدعم لكل الجهود المبذولة.

3- تصميم العمليات: تعرف حاجات العميل وتوقعاته، وتوفير الجودة في تصميم العمليات.

4- الهيكل التنظيمي:تكوين الأجهزة التي سستتولى التخطيط للبرنامج ومتابعته وتقييمه.

5- التعليم والتدريب للجميع.

6- الاتصال والمعلومات: توفير نظام جيد للاتصال وجمع المعلومات.

7- التحسين المستمر للعمليات.

سادسا: الفوائد المتوقعة من تطبيق نظام إدارة الجودة الشاملة المؤسسات التعليمية:

1- رؤية ورسالة وأهداف عامة للمؤسسة التعليمية واضحة ومحددة.

2- خطة إستراتيجية للمؤسسات التعليمية وخطط سنوية للوحدات متوفرة ومبينة على أسس علمية.

3- مراجعة المنتج التعليمي المباشر وهو الطالب من حيث العوائد المباشرة وغير المباشرة طويلة المدى وقصيرة المدى ذات التأثيرات الفردية والاجتماعية التي تعبر عن مجموعة التغيرات السلوكية والشخصية لدى الطالب مثل القيم والولاء والانتماء والدافعية والإنجاز وتحقيق الذات.

4- مراجعة المنتج التعليمي غير المباشر مثل التغيرات الثقافية والاقتصادية والتقنية والاجتماعية والسياسية التي يحدثها التعليم في المجتمع من خلال تنشئة أفراده ويؤثر بها في مستوى تقدمه ومدى تحضره.

5- اكتشاف حلقات الهدر وأنواعه المختلفة من هدر مالي وهدر بشري وهدر زمني، وتقدير معدلاتها وتأثيرها على كفاءة التعليم الداخلية والخارجية.

6- تطوير التعليم من خلال تقييم النظام التعليمي وتشخيص أوجه القصور في المدخلات والعمليات والمخرجات، حتى يتحول التقويم إلى تطوير حقيقي وضبط فعلي لجودة الخدمة التعليمية.

7- هيكلة واضحة ومحددة وشاملة ومتكاملة وعلمية ومستقرة للمؤسسة التعليمية. ووصف وظيفي لكل دائرة ولكل موظف متوفرة ومحددة.

8- معايير جودة محددة لجميع مجالات العمل في الجامعات (خدمية، إنتاجية، أكاديمية، إدارية، مالية....إلخ)

9- إجراءات عملية واضحة ومحددة من أجل تحقيق معايير الجودة.

10- توفر نوعية وتدريب شامل وملائم لتطبيق إدارة الجودة في المؤسسات التعليمية.

11- أدوار واضحة ومحددة في النظام الإداري للمؤسسات التعليمية.

12- ارتفاع ملحوظ لدافعية وانتماء والتزام ومشاركة العاملين.

13- مستوى أداء مرتفع لجميع الإداريين والمشرفين والعاملين في المؤسسات التعليمية.

14- توفر جو من التفاهم والتعاون والعلاقات الإنسانية السليمة بين جميع العاملين في المؤسسات التعليمية.

15- ترابط وتكامل بين الإداريين والمشرفين والعاملين في المؤسسات التعليمية والعمل بروح الفريق.

16- قدرة العاملين في المؤسسات التعليمية على حل المشكلات بطريقة علمية سليمة.

17- انخفاض التكاليف وجودة عالية للخدمة.

سابعا: المنهج في ضوء معايير الجودة

بدأت العديد من الحكومات داخل دول العالم بالاهتمام بتطبيق الجودة الشاملة على العملية التعليمية ككل فقد اهتموا بجودة أداء المعلم وجودة المناهج والبيئة المدرسة والإدارة التعليمية...الخ، ومن ثم بات الاهتمام بجودة التعليم مناط كل اهتمام دول ومن هذا الاهتمام الكبير بدأ الاهتمام بجودة المنهج لما له من أهمية كبيرة ومؤثرة على تطوير المنظومة التعليمية ككل.

بيد أن قضية الجودة الشاملة ليست قضية مؤسسة بعينها أو قطاع ما من قطاعات العمل في المجتمع بل أنها قضية المجتمع ككل ولذلك اهتم التربويون بضرورة توفير طاقات المجتمع لتحقيق الجودة الشاملة وتطوير العملية التعليمية.

وهذا يبرز دور كثير من الجهات المنوط بها تطوير المناهج والعملية التعليمية في ضوء الجودة وهى كما يلى:

1- **القيادات الحكومية**

تعتبر القيادات الحكومية من أبرز الجهات الهادفة إلى تحقيق رفاهية المجتمع ورقية وهذا لا يتحقق إلا بالاهتمام بتطوير التعليم، فلابد من مزيد من الجهد للحكومات لتحقيق الجودة في جميع مؤسسات المجتمع سواء كانت صناعية أو اجتماعية أو سياسية، وان تطوير أداء هذه المؤسسات يتوقف على ناتج العملية التعليمة والذي لا يتحقق إلا بتحقيق الجودة في منظومة التعليم ومنها تحقيق جودة المناهج.

2- **خبراء التعليم والمناهج**

يأتي دور خبراء التعليم من خلال عرضهم للنظريات والنماذج الحديثة لتطوير المناهج في ضوء معايير الجودة وتطبيقه على مؤسسات التعليم المختلفة، بل لا يقتصر فقط على تطبيق النظريات الحديثة بل محاولة تقنينها للتمشي مع احتياجات كل مجتمع،

وأيضا التقويم المستمر للوضع السائد للمناهج والتطوير المستمر لها في ضوء مقتضيات العصر واحتياجات المجتمع وقيمة.

3- مؤسسات المجتمع المدى

تقوم مؤسسات المجتمع المدني المتمثلة في الجمعيات التي لا تهدف إلى الربح بتقديم التسهيلات لتطوير المناهج من خلال عقد المؤتمرات وورش العمل التي تبرز القضايا والمشكلات التي تتعرض لها عمليات التطوير، كما أنها تقدم الدعم النقدي من خلال تقديم منح وتبرعات لتطوير المناهج بجودة عالية.

4- القيادات التعليمية

وبقصد بهم المسئولين في التعليم ويأتي دورهم في تقديم فكر متجدد لتحقيق عملية التطوير وتقديم الدعم الفني والمادي لتحقيق هذا الهدف، ولا يتحقق هذا الهدف إلا من فكر واعي بضرورة تحقيق الجودة في التعليم، وعلى ذلك فإن فكر المسئولين يجب أن يكون من النضج والقراءة الواعية للاتجاهات العالمية للتعليم، والمبادئ الحديثة مثل دعم اللامركزية في التعليم.

4- رجال الأعمال

يأتي دور جال الأعمال في توفير المعلومات الضرورية لسوق العمل واحتياجاته سواء المحلية أو العالمية وتصبح هذه النقطة الانطلاقة لتطوير المناهج في ضوء احتياجات السوق فأن من أهداف التربية هي إعداد الطلاب للحياة ولا يأتي ذلك إلا من ضرورة تقديم تعليم يحقق هذا الهدف، ومن أدوار رجال الأعمال أيضاً تقديم الدعم الفني والعيني المتمثل تقديم مقترحات للتطوير وتوفير فرص التدريب للطلاب بمؤسساتهم ومصانعهم، ولا يتحقق ذلك إلا إذا كان هناك انتماء للوطن والبعد عن الذاتية وحب العمل الاجتماعي.

ذكر فايز مراد مرادان هناك مجموعة من الملاحظات حول معايير الجودة وعلاقتها بتطوير المناهج وهى كما يلي:

- لا يمكن الحديث عن تطوير المناهج أو حتى عن معايير الجودة دون النظر والنسقية (النظامية/المنظومية) إلى المنهج ذلك أن المنهج يعتبر نسقا فرعيا لنسق النظام التعليمي.

- تفرض الطبيعة الإنسانية للتربية قيودا على مفهوم الجودة إذ لا يمكن الحديث عن «الجودة الشاملة» ولكن يمكن الحديث عن «الجودة النسبية» وذلك بخلاف المنتجات الصناعية التي يمكن تقويمها بشكل كامل وفوري. ويتصل بذلك أن نواتج عملية التربية لا يمكن قياسها كلها، كما أن بعضا من تظهر آثاره في وقت لاحق.

- ترتبط عادة معايير الجودة بالاعتماد.

- لابد لكي تتحقق الجودة في التعليم ومناهجه من إنشاء مهنة للتعليم.

مؤشرات الجودة الشاملة في التعليم

ذكر ممدوح عبد الرحيم أحمد الجعفري أن هناك مجموعة من المؤشرات العامة للجودة الشاملة في التعليم تتمثل في المحاول التالية:

المحور الأول: معايير مرتبطة بالطالب:
- نسبة عدد الطلاب إلى المدرسين.
- متوسط تكلفة الطالب والخدمات التي تقدم لهم.
- دافعية الطلاب واستعدادهم للتعليم.

المحور الثاني: معايير مرتبطة بالمعلمين:
- حجم الهيئة التدريسية.
- كفاية المعلمين المهنية.

- مدى مساهمة المعلمين في خدمة المجتمع.
- احترام المعلمين لطلابهم.

المحور الثالث: معايير مرتبطة بالمناهج الدراسية:

- أصالة المناهج وجودة مستواها ومحتواها.
- الطريقة والأسلوب ومدى ارتباط المناهج بالواقع.
- المناهج ومدى ما تعكسه للشخصية القومية أو التبعية الثقافية.

المحور الرابع: معايير مرتبطة بالإدارة:

- التزام القيادات بالجودة.
- التزام القيادات بالعلاقات الإنسانية الجيدة.
- اختيار الإداريين وتدريبهم.

المحور الخامس: معايير مرتبطة بالإمكانات المادية:

- مرونة المبنى المدرسي وقدرته على تحقيق الأهداف.
- مدى استفادة الطلاب من المكتبة.
- مدى استفادة الطلاب من الأجهزة والأدوات.
- المساعدات وحجم الاعتمادات المالية.

المحور السادس: معايير مرتبطة بالعلاقة بين المدرسة والمجتمع:

- مدى وفاء المدرسة باحتياجات المجتمع المحيط.
- مدى مشاركة المدرسة في حل المشكلات المجتمع.
- ربط التخصصات بطبيعة المجتمع وحاجاته.
- التفاعل بين المدرسة بمواردها البشرية والفكرية وبين المجتمع بقطاعاته الإنتاجية والخدمية.

منظومة الجودة الكلية في التعليم

بالطبع لا يمكن للأحوال الراهنة لمستوى الخرجين أن ترضى أحدا أو تقنعه بأن هذه النوعية من الخرجين يمكن أن تقود المجتمع إلى عالم القرن الحادي والعشرين بتحدياته الكبرى.

وحتى تتهيأ المؤسسات التعليمية في مصر (سواء علي المستوى قبل الجامعي أو الجامعي والعالي) لتحمل أعباء تحديات المستقبل، لابد لها أن تسعى إلى تحقيق الجودة الكلية في جميع مكونات عملية التعليم، بحيث تؤلف مكونات منظومة شاملة الجودة، هذه المكونات هي (المدخلات – العمليات – المخرجات) وفيما يلي تفصيل ذلك:

● **المدخلات وتشمل:**

1- خصائص الطلاب: ويرتبط بها نظام القبول بالتعليم العالي.

2- خصائص البيئة العامة المحيطة بالجامعة أو المعهد.

3- خصائص البيئة الخاصة المحيطة بالجامعة أو المعهد وتشمل (المبنى – الموارد – أعضاء هيئة التدريس ومعاونيهم – الإدارة الجامعية والجهاز الإداري – نظام الدراسة والخطط الدراسية – المناخ العام والروح المعنوية).

● **العمليات وتشمل:**

4- عمليات التعليم – التعلم؛ وتشمل (البرامج والمناهج والمقررات – الكتب ومواد التعليم وتكنولوجيا التعليم – الأجهزة وتجهيزات المعمل والورش – مراكز تكنولوجيا المعلومات – طريقة التدريس وأساليب التعلم – رعاية ذوى الاحتياجات الخاصة، المتعثرين والمتفوقين)

5- عمليات التقويم: (التقويم المبدئي وطرق التعليم التعويضي – التقويم التكوني وطرق التعليم العلاجي والاثرائي – التقويم التجميعي للانتقال من فرقة لأخرى أو من مستوى تعليمي لآخر).

● المخرجات:

وتشمل ما يلي: (النواتج التعليمية المقيسة باستخدام الامتحانات وأدوات التقويم - النواتج التعليمية غير المقيسة معرفية، اجتماعية،أخلاقية، شخصية - نواتج عامة أو مهارات الحياة اقتصادي، ثقافية،مهنية - التخرج ومنح الشهادات - التقويم البعدى تتبع الخرجين - إعادة إنتاج آثار التعليم ونواتجه في الأجيال التالية - منظومة التعليم مدى الحياة)

ومن خلال العرض السابق يتضح للباحث أن منظومة الجودة الشاملة للمنهج تتلخص في الشكل التالي:

ويوضح الشكل التالي منظومة جودة المنهج.

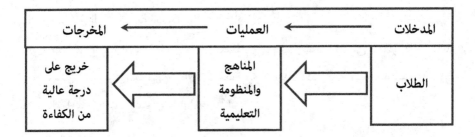

المخرجات	العمليات ←	← المدخلات
خريج على درجة عالية من الكفاءة	المناهج والمنظومة التعليمية	الطلاب

شكل(23) يوضح منظومة الجودة الشاملة في مجال المنهج

ومن الملاحظ على الشكل السابق أن منظومة المنهج في ضوء الجودة الشاملة تبدأ بالمخلات وهى الطلاب المناظرة للمواد الخام في المجال الصناعي مع التحفظ في التشبيه فالطلاب يتم إعدادهم عن طريق مناهج معيبة بطرق وأساليب تدريس تهدف إلى إعدادهم لسوق العمل وبالتالي تكون مخرجات عملية التعليم خريج ذو كفاءة عالية تؤهله للالتحاق بسوق العمل.

وتتمثل جودة المناهج في الاهتمام بمحتوياتها ووضوح غايتها وأهدافها وإمكانية تحقيقها وواقعيتها في تلبية رغبات المستفيدين (الطلاب، أولياء الأمور، المجتمع) إلى جانب الاهتمام المماثل بجودة طرق واستراتيجيات التدريس ووسائل وأساليب التقويم التي يجب أن تكون أولويتها دائماً العمل على تحقيق التحسن المستمر في عمليتي التعليم والتعليم الموجه إلى تحقيق التحسن في قدرات ومهارات الطلاب على نحو متواصل وذلك منذ سنوات الدراسة الأولية.

وجودة المنهج تعني: «توفر خصائص معينة في المناهج المدرسية بحيث تنعكس تلك الخصائص على مستوى الخريجين، وهو ما يشير إلي أهمية وجود تخطيط متقن يستند لمعايير الجودة ويستتبع ذلك تنفيذ التخطيط بشكل دقيق في ظل متابعة دائمة ومستمرة» ونؤكد في هذا السياق ضرورة تجنب العشوائية والبعد عن القرارات الفردية، فجودة المنهج في هذا الإطار تعنى «تعلماً من اجل التمكن». ولتحقيق ذلك التمكن ينبغي مراعاة

- انطلاق المنهج من فلسفة المجتمع ومحقق لأهدافه
- ضمان التجريب الميداني للمنهج قبل الشروع في تعميمه
- تمكين المعلمين من خلال تدريب للمعلمين على المناهج المطورة
- وجوب الاعتماد علي أدوات تقويم موضوعية لقياس مستوى التمكن

العوامل التي تحدد صياغة معايير جودة المنهج

- المجتمع الذي يتم فيه تطوير المناهج والذي لابد أن يتوفر فيه العدالة الاجتماعية وتكافؤ الفرص والحرية والديمقراطية.

- الارتباط الوثيق بين المناهج الدراسية ومجالات العمل والإنتاج.

- تبنى مفهوم إنتاج المعرفة وما يتطلبه ذلك من تكوين العقلية القادرة على هذا الإنتاج.

- تبنى مفهوم التعلم الذاتي وما يتطلبه من مهارات.

- مواكبة التطورات الحديثة في عالم متغير يعتمد على صنع المعرفة وتعددية مصادرها.

- تعزيز نموذج التعلم النشط وتوظيف المعرفة وتطبيقها.
- التركيز على أساسيات العلم من مفاهيم وقوانين ونظريات.
- تبنى الأسلوب العلمي في التفكير واتخاذ القرارات وحل المشكلات.
- تحديد مستويات الإتقان في جميع المجالات المعرفية والمهارية والوجدانية.
- ترسيخ قيم العمل الجماعي والتدريب على مهاراته.
- ترسيخ نمط الإدارة الفاعلة المرنة التي تتبنى معايير الجودة.
- المشاركة المجتمعية وقيم المواطنة الفاعلة.
- التقويم في كافة مراحل بناء المنهج وتطوير.

وقد ذكر عدنان أحمد الورثان عدة معايير يجب على أساسها تقييم جودة المنهج التعليمي

- مدى ملائمة المناهج لمتطلبات سوق العمل
- مدى ملائمة المناهج للبيئة المحلية
- مدى ملائمة المناهج وقدرتها على استيعاب متغيرات العصر المذهلة
- مدى ملائمة المناهج وقدرتها على تنمية طرق التفكير النقدي العلمي
- مدى قدرة المناهج على تبسيط وترسيخ قيم العلم
- مدى قدرة المناهج في مساعدة الطلاب على حل مشكلاتهم الحياتية
- مدى قدرة المناهج على تنمية روح الولاء والانتماء للوطن.

خصائص جودة المنهج

وبدراسة ما سبق يتضح أن خصائص تتمثل فيما يلي:

1- الشمول: أي أنها تتناول جميع الجوانب المختلفة فعملية بناء المنهج وتصميمه وتطويره وتقويمه.

2- الموضوعية: وهى لابد أن تتوافر عند الحكم على مدى ما توافر من أهداف دون تحيز.

3- المرونة: مراعاة كافة المستويات وكافة البيئات وسهولة الحذف والإضافة في المحتوى.

4- المجتمعية: أي أن المنهج يراعى حاجات المجتمع وظروفه وقضاياه.

5- الاستمرارية والتطوير: أي إمكانية تطبيقها وتعديلها.

وتجدر الإشارة إلي وثيقتين لمعايير مناهج تحقق الجودة لمخرجات المنهج والمدرسة وهما:

1- وثيقة خاصة بالمنهج: وهى تتضمن مستويات معيارية لكل عنصر من عناصر المنهج.

2- وثيقة خاصة بالمتعلم ونواتج التعلم: وهى تضم المستويات المعيارية التي تحدد ما يجب أن يتصف به المتعلم والمهارات التي يجب أن تنمى لديه.

ومما سبق يمكن التوصل إلى أن جودة المنهج هي «تلك المواصفات الفنية التي يتسم بها المنهج من حيث ملائمة المناهج لمتطلبات وسوق العمل والبيئة المحلية والعالمية، وتحقيق الأهداف العامة للدولة والمرونة تجاه تغيرات العصر، وتبسيط وترسيخ قيم العلم، وتنمية طرق التفكير النقدي العلمي، والتطبيق العملي على المشكلات الحياتية».

ثامنا: جودة الكتاب التعليمي

يعد الكتاب المدرسي أهم مفردة من مفردات المنهج الدراسي، فهو الإطار الذي يعبر عن محتويات المنهج وأهدافه وما يتضمنه من أنشطة تعليمية متنوعة، ويلعب الكتاب المرسى دورا مهما لكل من المعلم والتعلم في آن واحد فهو المرجع الأساسي للمتعلم في حالة تكاملع وشموله، بينام يعد الدليل المرشد للمعلم أثناء تنفيذه لمحتوى المنهج وتحديد مدى تقدم المتعلمين في تحصيل ذلك المحتوى.

ولا يقتصر دور الكتاب المرسى على نقل المعرفة التي من المتوقع أن يتعلمها الطلاب، ولكنها تقوم ببلورة ونشر مجاميع مختارة من المعرفة والثقافة المجتمعية ذات التناسق والانسجام.

وفى ظل الاتجاه السابق بضرورة تطوير المناهج في ضوء معايير الجودة فإن الكتاب المدرسة بوصفه أحد مفردات المنهج فإنه من المفترض أن يتم إعداده بجودة عالية. حيث تشكل جودة الكتاب التعليمي أحد عناصر جودة المادة التعليمية والتي تشكل بدورها أحد أهم عناصر جودة العملية التعليمية، بالإضافة إلى عناصرها الأخرى المتمثلة في جودة العنصر البشري المكون من الطلاب وأعضاء هيئة التدريس، وجودة بيئة وإمكانيات التعليم بما يضمه من صفوف ومختبرات ومكتبات وورشات وغيرها، وكذلك جودة الإدارة مع ما تعتمد عليه من قوانين وأنظمة ولوائح وتشريعات، وما تتبناه من سياسات وفلسفات، وما تعتمده من هياكل ووسائل ومواد، وأخيراً جودة المنتج المتمثل بالخريجين والخدمات المجتمعية والأنشطة البحثية بالإضافة إلى الاكتشافات والاختراعات والبراءات وما شابه.

جودة الكتاب تعني المواصفات التي تشبع حاجات المستهلكين/المستفيدين، وتحوز على رضاهم، مع عدم احتواءه على العيوب، ويمكن أيضاً اعتماد التصنيف التالي بالنسبة لمستهلكي الكتاب الجامعي:

1- المستهلك الداخلي، من داخل المؤسسة التعليمية (طلاب، أساتذة).

2- المستهلك الخارجي، ويمثل المهتم الذي لا يكون ضمن المؤسسة التعليمية (جامعات أخرى مؤسسات تعليمية وغير تعليمية، خريجون،.....).

ضمان جودة الكتاب التعليمي:

يقصد بضمان جودة الكتاب التعليمي، جميع الأهداف والاتجاهات والإجراءات والاستراتيجيات التي من خلال أو استخدامها وتوظيفها، تضمن تحقيق جودة المنهج.

لضمان جودة الكتاب التعليمي لابد من توفر عدد من الصفات والشروط والمعايير، التي يجب على مؤلفي الكتاب التعليمي أخذها بعين الاعتبار. وهى على النحو التالي:

- أن تكون للكتاب له أهداف واضحة الصياغة، قابلة للملاحظة والقياس تتسم بالإجرائية.

- أن يكون في مقدمة كل درس أهدافا سلوكية قابلة للتقييم والقياس.

- أن تكون له مقدمة توضح أهدافه ومحتواه العلمي وطريقة بنائه.

- أن يتفق مضمونه مع محتوى المنهج.

- أن يحقق مضمونه الأهداف العامة للمنهج التي وضع من أجلها.

- أن يكون أسلوبه في عرض المادة متدرجا من السهولة إلى الصعوبة.

- أن تكون المادة العملية له صحيحة.

- أن يكون أسلوبه مترابطا ومتكاملاً.

- أن تكون له عناوين رئيسة بارزة وعناوين وفرعية لكل موضوع من موضوعات الكتاب.

- أن يتناسب محتواه مع عدد الساعات أو الحصص المحددة له، وأن يتم التحقق من ذلك.

- أن يحتوي على الرسوم والأشكال التوضيحية والرسوم البيانية المناسبة.

- أن يستخدم أساليب مناسبة للتقويم التكويني (المرحلي) والنهائي، التي يمكن للمتعلم أن يحكم من خلالها على درجة تمكنه من المادة التي درسها.

- أن يكون فيه ما يحفز المتعلم على التفكير بمختلف أنواعه، كأن يتضمن أسئلة مفتوحة في نهاية كل فصل، تستدعي التفكير والعصف الذهني.

- أن يكون العرض فيه تشويق وإثارة للمتعلم.

- أن يحتوى الكتاب على مجموعة النشاطات التي يستطيع أن يقوم به الطلاب.

- أن يكون به قدر من التفاعل مع الطالب أثناء العرض مثل وضع أسئلة يحاول الطلاب الإجابة عليها.

- أن يتناسب مع مستوى المتعلم في لغته وأسلوبه وطريقة العرض وسيريته العلمية.

- أن يوجه المتعلم إلى مصادر المعرفة والمراجع الأخرى في نفس المجال.
- أن يربط بين الأمور بالنواحي العملية والنظرية لطبيعة المادة.
- أن يحقق الترابط بين معرفة المادة وتطبيقاتها الحياتية في البيئة المحلية.
- أن ينمي أسلوب التعلم الذاتي والمستمر لدى المتعلم، ويزيد قدرته على البحث والاستقصاء.
- أن يساعد الطالب على التعلم التعاوني، ويعزز روح العمل الجماعي والتشاركي.

مواصفات الكتاب التعليمي في ضوء معايير الجودة

لكي يتم وضع الكتاب ضمن سياق نظام الجودة الشاملة للمؤسسات التعليمية يجب أن يكون هناك مجموعة موصفات معينة مقدمة الكتاب ومحتواه وأسلوب عرض المادة العلمية وإخراج الكتاب كما في الجدول التالي:

جدول رقم (6) يوضح معايير جودة الكتاب المدرسي

المعيار	المؤشرات
المعيار الأول مقدمة الكتاب	- يجب أن تشرح أهداف تدريس هذا الكتاب. - توضح بأسلوب تنظيم الكتاب وطريقة عرض محتواه. - ترشد إلى الطرق والاستراتيجيات والأساليب المناسبة لتناول مادة الكتاب. - تعطي ملخص عن محتويات الكتاب الجامعي.
المعيار الثاني محتوى الكتاب	- يتفق مع المنهج ويحقق أهدافه. - تغطي موضوعاته كل مصفوفة المنهج. - يتناسب محتواه التقنيات والمتغيرات. - يبدأ بالأهداف السلوكية ثم المحتوى العلمي ثم التقويم. - يتناسب مع الحصص المقررة له.

المعيار	المؤشرات
	- يراعي صحة المعلومات المعروضة علميا. - يراعي التسلسل المنطقي المعلومات وانسجامها - يناسب مستويات الطلاب ويشبع حاجاتهم. - يراعى الفروق الفردية للطلاب. - يربط بين المعلومات النظرية والتطبيقات العملية. - يحتوى على مجموعة من الأنشطة المتنوعة تساعد على استيعاب المادة وتنمية التفكير الناقد. - يهتم بتوضيح المصطلحات والمفاهيم ويحتوي على قائمة بها. - يشجع المتعلم على التعلم الذاتي والتعاوني. - يحتوى على وسائل تعليمية مناسبة ذات صلة بالمادة العلمية. - يرتبط محتواه مع محتوى المواد الدراسية الأخرى ذات الصلة. - يوظف المستحدثات التكنولوجية مثل البرمجيات التعليمة. - يتناسب محتواه مع القيم السائدة في المجتمع. - يعد الطلاب للعمل. - يكسب الطلاب مهارات حياتيه تمكنه من التوافق مع المجتمع. - يتناول موضوعات حديثه ومعاصرة. - يحتوى على بعض الصور والإشكال التوضيحية والرسوم البيانية. - يهتم بتنمية الاتجاهات الإيجابية لدى الطلبة وتغير الاتجاهات السلبية. - يتضمن مواقف عملية متنوعة وشاملة. - يحتوى على قائمة بالمفاهيم العلمية باللغة العربية وأخرى باللغة الأجنبية. - يشتمل على قائمة بالمراجع والكتب التي يمكن الرجوع إليها لإثراء المعرفة. - يشير إلى مصادر تعلم أخرى، يمكن للمتعلم العودة إليها

المعيار	المؤشرات
	لغايات الاستزادة والتوسع في المادة العلمية.
	- يخلو من الحشو والتكرار.
المعيار الثالث أسلوب عرض المادة في الكتاب	- يربط المادة العلمية بالخبرات السابقة للمتعلمين. - يستخدم تعبيرات لغوية سليمة وواضحة ويستخدم لغة تناسب مستوى نمو المتعلمين. - يعرض المادة بشكل متسلسل مترابط (منطقياً أو سيكولوجياً). - تتوافر فيه عناصر التشويق والإثارة. - يستخدم طرقاً متنوعة للتقويم. - يستخدم طرقاً متنوعة في الأنشطة والتطبيقات. - يربط بين المادة العلمية وبيئة المتعلم كلما كان ذلك ممكناً. - يكثر من المواقف التي تحفز الطلبة على الاستنتاج والتفكير الناقد. - يحتوى على العديد من الأمثلة التوضيحية والتطبيقات التي تساعد المتعلم على فهم المادة.
المعيار الرابع إخراج الكتاب	- طباعته واضحة ونظيفة. - الخطوط والرسوم والأشكال واضحة. - تنسيق جيد للمسافات بين الكلمات وكذلك السطور مناسبة. - الورق المستخدم مناسب لاستخدامات المتعلم. - يحتوي على فهرس بالمحتويات (الفصول، والأشكال والجداول) يشير إلى صفحاتها. - تصميم الغلاف الخارجي للكتاب يتناسب مع محتوى المادة. - يتوافر ألوان كافية توفر عنصرا الجاذبية والتشويق. - يتصف بالاتساق في استخدام علامات الترقيم. - تدوين أسماء معدين الكتاب على الغلاف.

الفصل السادس

1- نموذج دليل المعلم للبرمجيات التعليمة

2- نموذج الاختبار التحصيلي والمواقف للبرمجيات التعليمة

3- نموذج سيناريو للبرمجيات التعليمة

نموذج دليل المعلم
لمنهج إدارة المشتريات الالكترونية

تعريف دليل المعلم

يعتبر دليل الوحدة الإطار المرجعي الذي يسترشد به المعلم في تدريس الوحدة بطريقة تحقق الأهداف المطلوبة.

واعتبره حلمي الوكيل «بمثابة مرشد وموجه للمعلم بل ولا غنى عن كونه كتابا للمعلم يعينه علي أداء رسالته».

وعرف اللقاني مرجع الوحدة بأنه دليل يسترشد به المعلم في عملية تنفيذ الوحدة وهو يحتوي علي وصف إجرائي لما يجب أن يتبع عند تنفيذ الوحدة في إطار الأهداف المرجوة من وراء تدريسها.

أهمية مرجع الوحدة:

يساعد مرجع الوحدة المعلمين المنفذين للوحدة (البرمجية) حيث:

- يقدم لهم تخطيطا منظما لكل درس من دروس الوحدة.
- يقدم لهم كيفية تحقيق أهداف الوحدة بشكل إجرائي.
- يقدم لهم القراءات التي تساعد علي الأداء الجيد للوحدة
- يوضح لهم طرق التقويم المتبعة وأدواته وإجراءاته
- ينمي روح العمل كفريق.
- يعطي فرصة الابتكار.

وقد احتوي دليل المعلم علي العناصر التالية:

1- عنوان الوحدة.

2- إرشادات وتوجيهات للمعلم.

3- المقدمة.

4- أهداف تدريس الوحدة.

5- طرق التدريس المقترحة لتدريس الوحدة.

6- الوسائل التعليمية.

7- أساليب التقويم.

8- المراجع والكتب التي يمكن للمعلم الرجوع إليها.

9- مخطط إعداد لكل درس من دروس الوحدة يشتمل علي:

أ - الأهداف الإجرائية لكل درس من دروس الوحدة.

ب- النشاط الذي يقوم به الطالب.

ج- النشاط الذي يقوم به المعلم والوسائل التعليمية المستخدمة.

د- أسئلة التقويم.

نموذج عملي لدليل المعلم

مقدمة:

تقوم الإدارة الالكترونية بالدرجة الأولى على تكنولوجيا المعلومات، تلك التكنولوجيا التي أفرزها تزاوج علوم الحاسب مع علوم الاتصالات، وهو ما أدى لإلغاء حواجز الوقت والمسافة بين البلاد أو الأسواق.

والإدارة الالكترونية: هي وسيلة لرفع أداء وكفاءة الحكومة وليست بديلا عنها ولا تهدف إلى إنهاء أدورها، وكما أنها إدارة بلا ورق لأنها تستخدم الأرشيف الالكتروني والأدلة والمفكرات الإلكترونية والرسائل الصوتية وهي إدارة بلا مكان وتعتمد أساسا على الهاتف المحمول وهي إدارة بلا زمان حيث تعمل 356/7/24 أي العالم يعمل في الزمن الحقيقي 24 ساعة، وهي إدارة بلا تنظيمات جامدة فالمؤسسات الذكية تعتمد على عمال المعرفة وصناعات المعرفة.

إن كلمة«الشراء» عبارة عن اصطلاح يستخدم عموما في ميادين الصناعة والإدارة لينم عن المسئولية الوظيفية Functional Responsibility والتصرف الخاص بتوفير الاحتياجات Procurement من المواد والمهمات والمعدات للاستخدام في المنشآت، سواء في الإنتاج أو التشغيل وهذا الاصطلاح لا يعتبر شاملا، حيث لأن مسئولية الشراء تتعدى الحدود الخاصة بتنفيذ عملية الشراء. فهي تتضمن التخطيط ورسم السياسات واتخاذ القرارات، والبحث والدراسة لاختيار الماد ومصادر الشراء (وكل ذلك قبل إصدار لأمر الشراء)، ومتابعة أمر التوريد لضمان التسليم في المواعيد المناسبة، وكذلك فحص المشتريات من حيث الكمية والجودة للتأكد من صلاحيتها وموافقتها للشروط، وذلك قبل استلامها، كما أنها تتطلب التنسيق الكبير بينها وبين إدارة المخازن حيث تعتمد إلى حد كبير على البيانات التي يستخرجها قسم مراقبة المخزون عن الموجودات المختلفة ورأس المال المستثمر في كل صنف وحركة دوران هذه الأصناف .

تعد إدارة المشتريات الحكومية السمة العامة التي تميز الإدارة الحكومية وعن طريقها يتم تلبية احتياجات الجهاز الإداري للدولة بالمشتريات الضرورية اللازمة للدولة، وهذه الاحتياجات الضرورية تتمثل في كل السلع والخدمات التي تستطيع بها الدولة تلبية احتياجات الأفراد في المجتمع، وهذه المشتريات لا تتم بطريقة عشوائية ولكن وفق ضوابط ومعايير قانونية تحكم تصرف المسئولين في الشراء،

وتحاول هذه الوحدة توظيف التقنيات الحديثة في تدريس هذه الوحدة مثل توظيف الحاسب الآلي، والتقنيات التفاعلية، كما أنه بصدد إعداد موضوعات جديدة في مجال إدارة المشتريات الحكومية.

عزيزي المعلم

نقدم لك هذا الدليل لتسترشد به في عملية تنفيذ وحدة «إدارة المشتريات الالكترونية» اللازمة لطلاب الصف الثاني الثانوي التجاري للإدارة والخدمات (شعبة إدارة المشتريات والمخازن)، وهو يعد بمثابة كتاب سوف يساعدك على أداء رسالتك، ويعاونك معاونة صادقة، ويقدم لك من المقترحات ما يعينك على التغلب على المشكلات التي تعترض تنفيذ الوحدة، فهو يتضمن وصفاً إجرائياً لكل ما يجب القيام به في سبيل تنفيذ هذه الوحدة وتحقيق أهدافها.

وقد روعي أن تكون الأنشطة المقترحة، والوسائل التعليمية متعددة وعلى درجة كافية من التنوع حتى يتاح لك المجال لكي تختار من بينها ما يلائم طلابك وظروف مدرستك والزمن المقرر لدراسة هذه الوحدة، ويفضل ألا تتقيد بأنواع الأنشطة الواردة في هذا المرجع، كما يمكنك أن تعدل أنواع الأنشطة المقترحة أو تغيرها أو تحذف بعضها أو تضيف إليها.

وبجانب النشاط ستجد مقترحات بأنواع المراجع والوسائل التعليمية المناسبة

لتدريس هذه الوحدة، وخاصة البرمجية التي تحتوى على الموضوعات الخاصة بالوحدة من أهداف ومحتوى وتقويم كما تحتوى على اختبار شامل لجميع موضوعات البرنامج، فمن المفترض أن تشاهد هذه الاسطوانة التي تعتمد على التقنيات التفاعلية، والتي سوف تكون اكبر عون لك في تحقيق أهداف البرنامج، وإسراء العملية التعليمة وجعل التعليم أبقى أثرا.

ويعد هذا الدليل مرشد لك على أداء مهمتك ولا ينبغي أن تنظر إلى هذا الدليل على أنه قد بلغ حد الكمال، فهذا جهد بشرى قابل للتعديل، فمهما بذل فيه من جهد في إعداده فلا يزال المجال متسع للتعديل والتطوير في ضوء خبرتك العملية وما يستجد من كتب ومراجع وتقنيات ومستحدثات تعليمية يمكن توظيفها في تدريس الوحدة، والحقيقة أنه لا يخفى على أي أحد أي تطوير في المناهج مهما كان مستوى جودته والدقة في إعداده أو اعتماده على التقنيات التفاعلية فإن نجاح هذا التطوير يعتمد بشكل أساسي على أداء المعلم في تنفيذه ومن هنا فإن الكثير من خبراء المناهج يعتبرون دليل المعلم عنصراً من عناصر المنهج.

عزيزي المعلم نشكرك على حسن تعاونك ودورك الإيجابي في تطوير منهج إدارة المشتريات وذلك بمشاركتك الفاعلة في تنفيذ هذه الوحدة وتحقيق أهداف البرنامج، والباحث متأكد من أنك بعد تنفيذ هذه الوحدة سوف تتجمع لديك كثير من الملاحظات القيمة عنها سواء بإضافة أفكار جديدة أو بإثارة بعض المشكلات والمعوقات أو بالإشارة إلى بعض الصعوبات التعليمية أو اقتراحات خلاقة، وبالتالي أرغب في الاستفادة من خبرتك العملية والميدانية في مجال التدريس ولذا أرجو أن تسجل كل ما يتراءى لك من ملاحظات عن هذه الوحدة.

أهداف الوحدة

أولاً: الأهداف العامة للوحدة

تهدف هذه الوحدة تعليم التلاميذ معلومات وحقائق ومفاهيم وتعميمات ومصطلحات خاصة بإدارة المشتريات، كما تهدف إلى إكسابهم اتجاهات إيجابية نحو استخدام تقنيات المعلومات والاتصالات في مجال إدارة المشتريات، كما تهدف إلى إكسابهم بعض المهارات الخاصة بإعداد أذون وأوامر وإجراءات الشراء

ثانياً: الأهداف الإجرائية للوحدة

الأهداف الإجرائية للوحدة:

1- الأهداف المعرفية:

يرجى بعد تدريس الوحدة أن يكون الطالب قادراً على أن

- ✓ يوضح مفهوم الحكومة الإلكترونية.
- ✓ يحدد أهداف الحكومة الإلكترونية.
- ✓ يبين نطاق الحكومة الالكترونية.
- ✓ يوضح الإطار المنهجي لنظام الحكومة الإلكترونية.
- ✓ يحدد خصائص العمل الالكتروني.
- ✓ يذكر الإدارة الحكومية الالكترونية.
- ✓ يحدد معوقات تطبيق الحكومة الالكترونية.
- ✓ يعدد الفوائد المتوقعة من تطبيق الحكومة الإلكترونية والعقبات.
- ✓ يصنف الأنظمة الالكترونية اللازمة للإدارة الالكترونية.
- ✓ يقارن بين الإدارة الالكترونية والحكومة الإلكترونية.
- ✓ يفند آثار استخدام التكنولوجيا على العمل الإداري الحكومي.
- ✓ يوضح مفهوم التخطيط الالكتروني.

✔ يبين أهمية التنظيم الالكتروني.

✔ يصدر حكما على خصائص التنظيم الالكتروني.

✔ يحدد خصائص الهيكل التنظيمي الالكتروني.

✔ يقارن بين التخطيط التقليدي والتخطيط الالكتروني.

✔ يوضح القيادة الالكترونية.

✔ يقارن بين أنواع القيادة.

✔ يذكر مفهوم الرقابة الالكترونية.

✔ يقارن بين مزايا وعيوب الرقابة الالكترونية.

✔ يشرح مفهوم التجارة الالكترونية.

✔ يصف سمات التجارة الإلكترونية.

✔ يميز عناصر الإدارة الإلكترونية.

✔ يفصل عناصر التجارة الإلكترونية.

✔ يقارن بين مميزات ومعوقات التجارة الإلكترونية.

✔ يعدد أنشطة وصور التجارة الإلكترونية.

✔ يحدد المكونات الأساسية لإستراتيجية التجارة الإلكترونية الحكومية

✔ يصف المدير الالكتروني.

✔ يصدر حكما على المشاكل المرتبطة بالتجارة الإلكترونية

✔ يذكر إدارة المشتريات الالكترونية.

✔ يستنتج أهداف عمليات الشراء.

✔ يحلل مراحل عمليات الشراء

✔ يقارن بين سياسات الشراء.

✔ يعدد أسباب الشراء عند الحاجة.

✔ يعدد المزايا والعيوب للشراء عند الحاجة.

✔ يحدد الشروط الواجب توافرها لنجاح سياسة الشراء عند الحاجة.

✓ يوضح مفهوم سياسة الشراء المقدم.

✓ يعدد أسباب استخدام سياسة الشراء المقدم.

✓ يستنتج مزايا وعيوب الشراء المقدم.

✓ يوضح مفهوم الشراء بغرض المضاربة.

✓ يحدد المقصود الشراء للاستخدام الفوري.

✓ يميز خصائص الشراء للاستخدام الفوري.

✓ يفند الشروط الواجب توافرها في تقديم المعطاءات.

✓ يحدد مفهوم المناقصة العامة وإجراءاتها.

✓ يوضح مفهوم المناقصة المحدودة ويحدد إجراءاتها.

✓ يحدد مفهوم المناقصة المحلية ويحدد إجراءاتها.

✓ يوضح مفهوم الممارسة العامة ويحدد إجراءاتها.

✓ يحدد مفهوم الممارسة المحدودة ويحدد إجراءاتها.

✓ يشرح مفهوم الشراء بالأمر المباشر ويحدد إجراءاته.

2- الأهداف المهارية:

يرجى بعد تدريس الوحدة يصبح الطالب قادراً على أن

✓ يطبق محتوى الحكومة الالكترونية على المشكلات الحياتية.

✓ يخطط للإدارة الحكومة الإلكترونية.

✓ يطبق تقنيات التجارة الإلكترونية.

✓ يحدد الاحتياجات اللازمة للمنشاة.

✓ يستخدم الأنظمة الإلكترونية اللازمة للإدارة التجارة الإلكترونية اللازمة للمدير الالكتروني.

✓ يناقش الموردين والعملاء على التسهيلات المتاحة وإمكانية التخزين والشحن والتعبئة

✔ يجرى الاتصالات والمفاوضات.

✔ يحسب التكلفة المرتبطة بالمخزون الإمكانيات المادية.

✔ يحدد توقيت ومعاد الشراء المناسب.

✔ يقيم ويختار مصادر التوريد المناسبة.

✔ استلام الأصناف المشتراه ويراقب عملية الجودة.

✔ يحدد الاحتياجات الفعلية الضرورية لسير العمل أو الإنتاج.

✔ يقسم الاحتياجات إلى مجموعات متجانسة.

✔ يحدد المواصفات الفنية بدقيقة وبطريقة مفصلة.

✔ يضع القيمة التقديرية للعملية موضوع التعاقد.

✔ يقيم العروض من الناحية الفنية والمالية.

✔ يمسك السجلات والدفاتر الخاصة بعمليات الشراء.

✔ يعد كراسة المواصفات الفنية.

✔ يعد التراخيص اللازمة ذات الصلة بموضوع التعاقد.

✔ يحرر طلب الشراء وينسق المستند من حيث (نوع الخط والحجم واللون).

✔ يجرى المفاوضات مع الموردين.

✔ يدرس السوق بطريقة علمية.

✔ يختار المصدر المناسب.

✔ يحرر أمر الشراء وينسق المستند من حيث (نوع الخط والحجم واللون).

✔ يتابع التوريد.

✔ يحدد إجراءات الفحص والمراجعة.

✔ يحرر أذن الاستلام وينسق المستند من حيث (نوع الخط والحجم واللون).

✔ يتقن أنواع الشراء الحكومي.

✔ يطبق الإجراءات التمهيدية للشراء.

3- الأهداف الوجدانية:

يرجى بعد دراسة الوحدة أن يكون الطالب قادرا على أن:

- ✓ يهتم باستخدام التقنيات الحديثة في إدارة عمليات الشراء الحكومي.
- ✓ يقدر قيمة تطبيق نظام الحكومة الإلكترونية في الدولة.
- ✓ يتعاون مع زملائه في إعداد أوامر وأذون الشراء.
- ✓ يقدر قيمة استخدام الخطوات العملية في عملية الشراء.
- ✓ يهتم باستخدام الكمبيوتر في إعداد إجراءات الشراء الحكومة.
- ✓ يتآلف مع طبيعة الإنتاج والظروف الاقتصادية دون رهبة.
- ✓ يشارك زملاؤه لاختيار أنسب الطرق.

التوزيع الزمني لموضوعات الوحدة:

يمكن تقسيم موضوعات الوحدة في حدود الحصص المبينة على النحو التالي:

الموضوع	عدد الحصص
الدرس الأول: الحكومة الالكترونية	4
الدرس الثاني: الإدارة الحكومية الإلكترونية	2
الدرس الثالث: وظائف الإدارة في ظل الحكومة الالكترونية	2
الدرس الرابع: إدارة التجارة الإلكترونية	2
الدرس الخامس: إدارة المشتريات الالكترونية	2
الدرس السادس: سياسات الشراء	4
الدرس السابع: إجراءات الشراء الحكومي	4
الدرس الثامن: طرق الشراء الحكومي	4
الإجمالي	**24**

طرق التدريس:

تعددت طرق التدريس التي يمكن استخدامها في العملية التعليمية ولكل طريقة يناسبها موقف أو عدة مواقف تعليمية ومن أشهر طرق التدريس المستخدمة المحاضرة، والمناقشة، وحل المشكلات.

وتعرف طريقة التدريس بأنها «فنية من الإجراءات والأفعال المرتبطة التي تظهر علي هيئة أدوات أو أداءات يقوم بها المدرس أثناء العملية التعليمية بهدف تيسير حدوث تعلم التلاميذ لموضوع دراسي معين، أو جزء منه».

وهناك مجموعة من الشروط يجب توافرها في الطريقة المختارة لتدريس أي درس أو وحدة تعليمية من أهمها:

1- ملائمة الطريقة للهدف المحدد.

2- ملائمة الطريقة للمحتوي.

3- ملائمة الطريقة لمستويات التلاميذ.

4- مدي مشاركة التلاميذ.

5- مدي التنوع.

ولذلك فإن خطة التدريس المقترحة لهذه الوحدة لا ترجح طريقة أو مدخل تدريسي معين بل تعتمد على إيجابية التلاميذ ومشاركتهم الفعالة في عملية التعلم بدلاً من الاعتماد كلية على المعلم كذلك تعتمد على المناقشة والحوار بين المعلم وتلاميذه، والتفاعل مع الحاسب الآلي كما تعتمد على الخروج للبيئة والزيارات المختلفة، وإجراء الأنشطة المختلفة وكذلك التجارب المعملية البسيطة سواء التي من الممكن أن تتم عن طريقة توجيه المعلم وعن طريق التعلم التعاوني والجماعي، كما تعتمد خطة التدريس على العمل باستمرار على تنشيط دافعية التلاميذ وتشجيعهم على الاستمرار في دراسة الوحدة وذلك عن طريق استخدام المعززات اللفظية في المواقف التعليمية بالإضافة إلى استخدام

معززات أخرى من إعطاء درجات أو تعبيرات غير لفظية عن طريق حركات الرأس واليد وتعبيرات الوجه.

وقد راعى الباحث عند تصميم البرنامج أن يكون هناك ترابط وتفاعل بين عناصر البرنامج. ومن الملاحظ على العلاقة بين المحتوى وطرق التدريس أن طبيعة محتوى البرنامج وتتابعه بفرض استخدام طريقة تناسبه.

وحيث أن محتوى البرنامج المقترح يتضمن استخدام الحاسب الآلي وتقنيات التعلم الحديثة مثل استخدام الانترنت فقد اقتراح الباحث مجموعة من طرق التدريس كما يلي:

- المحاضرة.
- المناقشة.
- حل المشاكل.
- دراسة الحالة.
- تمثيل الأدوار.
- الاستقراء.
- الاستنباط.
- ورش العمل.
- التعلم الذاتي.

الوسائل والأنشطة المعينة على تدريس الوحدة:

ويقترح الباحث مجموعة من الوسائل والأنشطة التعليمية التي يمكن أن تسهم في تدريس الوحدة ومنها:

1- برنامج إدارة المشتريات المعد باستخدام التقنيات التفاعلية «البرمجية التعليمية»

2- الحاسب الآلي.

3- جهاز عرض الشفافيات.

4- السبورات الضوئية.

5- الزيارات والرحلات: زيارة لبعض المؤسسات الحكومية لمعرفة أداء ان موظفي إدارة المشتريات.

6- فيلم تعليمي عن إجراءات المناقصات الحكومية وفض المظاريف.

7- النماذج: نموذج للإعلان عن مناقصة.

8- نشاط طلب خدمة من على الانترنت إعداد طلب الشراء، أمر الشراء، وأذن الاستلام.

9- عمل أبحاث عن الحكومة الالكترونية وإدارة عمليات الشراء عن طريق الانترنت.

10- عمل بحث مصور عن عملية المناقصة من بداية الإعلان عن طريق الانترنت إلى فض المظاريف.

11- جمع معلومات عن المنشآت الحكومية وأسلوب عمل إدارة المشتريات بها.

12- عمل مجموعات عمل (ورش عمل) لكل مجموعة من الطلاب لمناقشة موضوعات كل درس.

التقويم:

تمثل عمليه التقويم جانبا كبير الأهمية في بناء وتنفذ البرامج التعليمية حيث يبين التقويم مدى الحكم على مناسبة الأهداف لما وضعت له من محتوي وأنشطة وأساليب تدريس. بالإضافة إلى فاعليه الوحدة المفترقة من البرنامج.

وقد اشتمل تقويم البرنامج على:

- تقويم بنائي:

وذلك عن طريق تقديم أسئلة شفهية واختبارات قصيرة وأسئلة باستخدام الحاسب

عقب كل درس من دروس الوحدة بالإضافة إلي تكليف الطلاب بحل الواجبات المنزلية ومتابعتهم.

- تقويم نهائي:

ويتم ذلك عن طريق تطبيق اختبار تحصيلي باستخدام الحاسب الآلي.

الكتب والمراجع التي يمكن الاستفادة منها في تدريس الوحدة:

هناك العديد من الكتب والمراجع العربية والأجنبية التي يمكن الاستفادة منها علمياً (أكاديمياً) أو تربوياً في تدريس هذه الوحدة، كما أن هناك الكتب المختلفة التي صدرت عن إدارة المشتريات الحكومية وكذلك المواقع، ومن أمثلة هذه الكتب والمراجع والكتيبات:

قائمة مراجع الوحدة

1- تفيدة على هلال: إدارة المواد والإمداد، الولية للإنتاج الإعلامي، الإسكندرية، ط1، 2000.

2- فريد النجار، تامر النجار: تكنولوجيا المعلومات والاتصالات والانترنت بحوث التسويق والمستهلك، المكتبة المصرية، الإسكندرية، ط 1، 2002.

3- علي حسون الطائي: الحكومة الإلكترونية وإمكانيات تطبيقها في العراق مع إلقاء الضوء على تجارب بعد الدول، دراسة تقدم بها الندوة الثامنة عشرة من سلسلة الندوات التي يقيمها مكتب الاستشارات، كلية الإدارة والاقتصاد- جامعة بغداد،2005 .

4- على عبد المجيد عبده: إدارة المشتريات والمخازن، دار النهضة العربية، القاهرة، ط 7، 1970.

5- محمد سعيد عبد الفتاح: إدارة المشتريات والمخازن، المكتب العربي الحديث، الإسكندرية، 1987.

6- قانون الهيئات العامة الصادر بالقانون رقم 61 لسنة 1963.

7- قانون رقم 53 لسنة 1973 في شان الموازنة العامة للدولة.

8- قانون نظام الإدارة المحلية الصادر بالقانون رقم 43 لسنة 1979 ولائحته التنفيذية.

9- قانون رقم 127 لسنة 1981 في شان المحاسبة الحكومية ولائحته التنفيذية.

10- قانون تنظيم المناقصات والمزايدات الصادر بالقانون رقم 89 لسنة 1998.

11- قانون رقم (5) لسنة 2005 تعديل بعض أحكام قانون تنظيم المناقصات والمزايدات الصادر بالقانون رقم 89 لسنة 1998.

12- الإصدار (2003) البرنامج الإنمائي للأمم المتحدة - برنامج إدارة الحكم في الدول العربية.

المواقع المرتبطة بالوحدة

http://www.berc-iraq.com/reform%5CElctronic%20government.htm

http://www.edocforum.com/Uploads/Document/edocs.ppt

http://unpan1.un.org/intradoc/groups/public/documents/ARADO/UNPAN005603.pps

www.aiim.org

www.unpan.org

www.ig.org

www.ieg.ibm.com

www.iagchampions.gov.uk

www.cabinet-office.gov.uk/moderngov

www.firstgov.gov

www.town.tillsonburg.on.ca/agenda-minutes.html

www.techgov.com/2001/english/medalists.html

http://www.uaeec.com/ec/index.php?act=Print&client=printer&f=6&t=6796

http://fldp.org/l5.htm

http://www.khayma.com/madina/m3-files/idara.htm

http://www.araburban.org/eGov/PPS/15.pps#11

http://www.alwatan.com/graphics/2004/06jun/1.6/dailyhtml/local.htm

http://www.rezgar.com

http://www.moe.edu.qa/Arabic/moecc/egov/index.shtml

http://www.arriyadh.com/Gov/index.asp

http://www.egypt.gov.eg/arabic/default.asp

شرح تفصيلي لكيفية تدريس دروس الوحدة:

الدرس	الموضوع	عدد الحصص
الأول	الحكومة الالكترونية	4

الأهداف الإجرائية للدرس:

يرجى بعد الانتهاء من هذا الدرس أن يكون الطالب قادرا على أن:

أهداف الدرس

- يوضح مفهوم الحكومة الإلكترونية.
- يحدد أهداف الحكومة الإلكترونية.
- يوضح الإطار المنهجي لنظام الحكومة الإلكترونية.
- يطبق محتوى الحكومة الالكترونية على المشكلات الحياتية.
- يقدر قيمة تطبيق نظام الحكومة الإلكترونية في الدولة.
- يبين نطاق الحكومة الالكترونية.
- يعدد الفوائد المتوقعة من تطبيق الحكومة الإلكترونية والعقبات.

- يحدد الخدمات التي تقدمها الحكومة الالكترونية.
- يتعرف على مكونات ومتطلبات الحكومة الالكترونية.

الأنشطة:

- ورشة العمل والتقسيم إلى مجموعات داخل حجرة الدراسة واختيار احد أهداف الدرس ومناقشتها.
- الدخول على موقع الحكومة الالكترونية.

الوسائل المستخدمة:

- البرمجية التعليمية الخاصة بالبرنامج.
- الكمبيوتر.
- الشفافيات
- Over Head Projector

السير في الدرس:

التمهيد للدرس:

من الأفضل أن يتم هذا الدرس داخل بمعمل الأوساط التعليمية أو معمل الكمبيوتر ويستطيع المعلم أن يبدأ الدرس بالمقدمة الآتية:

يقوم المعلم بتعريف الطالب أن التدريس سوف يتم بالاستعانة ببعض المستحدثات التكنولوجية، ومنها استخدام الحاسب الآلي في عملية التعلم وبالتالي إدراك الطالب أن العملية التعليمية سوف لا تقتصر على الإلقاء ولكن سوف يتم التعلم عن طريق التكنولوجيا التفاعلية والدور النشط للمتعلم من خلال التفاعل مع الحاسب الآلي والمعلم والطلاب.

تعتبر الحكومة هي الكيان السياسي المتصرف في شئون الدولة في شتى النواحي السياسية والاقتصادية والاجتماعية وتعتبر أي اتفاقيات بدون قوانين الدولة يعتبر

مخالف للقوانين وبالتالي يتعرض صاحب هذا الاتفاق للمسائلة القانونية، ونتيجة لحدوث تقدم مذهل وهائل في تقنيات المعلومات والاتصالات عبر شبكة الإنترنت واستخدام الحاسبات في التجارة تبرز أهمية إدارة المؤسسات الحكومية إلكترونيا، ومن هذا المنطلق أطلقت ثلاث دول عربية هي الأردن ومصر والإمارات مشاريع بناء الحكومة الإلكترونية

وبعد هذه المقدمة يستطيع المعلم أن يطرح بعض الأسئلة التمهيدية عما يعرفه تلاميذه عن الحكومة الالكترونية وأهدافها وأهميتها ومن خلال إجاباتهم يستطيع أن يقف على مستواهم المعرفي والثقافي عن هذا الموضوع

ثم يطلب المعلم من الطلاب تشغيل برنامج إدارة المشتريات الالكترونية بالتعاون مع أمين معمل الوسائط التعليمية ويتم تعريف الطلاب تعليمات البرنامج من خلال فتح الزر الخاص بتعليمات البرنامج.

وتتلخص تعليمات البرنامج فيما يلي:

تعليمـــــات
يتطلب تشغيل الاسطوانه نظام تشغيل Windows xp
للحصول على عرض صحيح يجب ان تكون ابعاد شاشة الكمبيوتر 800 X 600
يمكن تخطى المقدمة عن طريق الضغط بالفأرة على الشاشة

تعليمـــــات
بعد انتهاء المقدمة تظهر الشاشة الرئيسية
أهداف البرنامج
موضوعات البرنامج
عن البرنامج
المواقع المرتبطة بالدرس
الاختبار
تعليمات البرنامج
خروج
مفتاح خروج للخروج من العرض
مفتاح مساعدة (هام) لعرض كيفية التعامل مع البرنامج
مفتاح الموضوعات لعرض الدروس و تظهر الشاشة التالية

تعليمات
لاختيار درس معين نضغط على اسم الدرس
مفتاح الرئيسية للعودة للصفحة الرئيسية
و بعد اختيار الدرس تظهر الشاشة التالية
الرئيسية
التالي
السابق

تعليمات
أهداف الدرس
محتوى الدرس
التقويم
تحتوى هذه الشاشة على اسم الدرس و اهداف الدرس ومحتوى الدرس و التقويم
مفاتيح التحكم و هى:
الرئيسية
التالي
السابق

تعليمــــات
١
٢
٣
٤
١ مفتاح الرجوع لصفحة موضوعات الدروس
٢ مفتاح الصفحة السابقة
٣ مفتاح الايقاف المؤقت و التشغيل
٤ مفتاح الصفحة التالية
الرئيسية
التالي
السابق

تعليمــــات
الاسئلة نهاية كل درس:
سؤال صح أم خطأ بمجرد الضغط على رمز صح او رمز خطأ يظهر هل الاجابة صحيحة أم خاطئة
الرئيسية
التالي
السابق

تعليمات
سؤال تخير الاجابة الصحيحة بمجرد الضغط على الاجابة يظهر ان كانت الاجابة صحيحة أم خاطئة
الرئيسية
التالي
السابق

تعليمات
سؤال اكمل بعد كتابة الحل و الضغط على مفتاح الاجابة تظهر الاجابة الصحيحة
الرئيسية
التالي
السابق

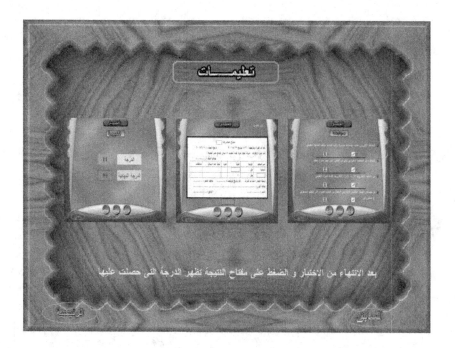

- ثم يطلب المعلم من الطلاب فتح أيقونة الدرس الأول وتلخيص ما شاهدوه عن الحكومة الالكترونية من البرمجية التعليمية.

- أثناء العرض يطرح المعلم عدة أسئلة لكل طالب على حدة حتى يتم تنشيط التركيز.

- ثم يناقش المعلم الطلاب فيما فقد شاهدوه عن الحكومة الالكترونية من البرمجية التعليمية حيث تختلف إجابات الطلاب وفق الخلفية العلمية لكل طالب ودرجة التركيز في مشاهدة وسماع الدرس وغير ذلك.

- ثم يلخص المعلم الموضوع مع الطلاب.

- ثم يحاول المعلم مع تلاميذه إلى أن يتوصلوا إلى مفهوم الحكومة الالكترونية وماذا يقصد بها؟.

- ثم يناقش المعلم مع الطلاب العبارة «إنه لمن المحتمل اليوم أنك اليوم سوف تدخل على موقع الحكومة الالكترونية وتحاول الحصول على خدمة معينة».

- يطلب المعلم من الطلاب الدخول على الانترنت والدخول على موقع الحكومة الالكترونية المصرية على العنوان التالي: /www.egypt.gov.eg

- يطلب المعلم من الطلاب فتح أحد الخدمات التي يمكن أن يحصل عليها من خلال موقع الحكومة الالكترونية.

- يطلب المعلم من الطلاب إعداد E.MAIL على موقع / http://www.yahoo.com خاص به حتى يتم مراسلة المعلم والاستفسار عن أي سؤال وكذلك تلقى الإجابة من المعلم.

- يتوصل المعلم مع الطلاب إلى مفهوم جديد سيتم شرحه بالتفصيل في الدرس القادم وهو مفهوم الإدارة الحكومية الإلكترونية.

- يلخص المعلم الدرس.

التقويم:

- يطلب المعلم من الطلاب فتح أيقونة التقويم الموجدة داخل الدرس والتي تعمل باستخدام تقنية Auto TEST مع ملاحظة الإجابة الصحيحة في حالة الخطأ.

الدرس	الموضوع	عدد الحصص
الثاني	الإدارة الحكومة الالكترونية	2

الأهداف الإجرائية:

يرجى بعد الانتهاء من هذا الدرس أن يكون الطالب قادرا على أن:

أهداف الدرس

- يذكر الإدارة الحكومية الالكترونية.
- يصنف الأنظمة الالكترونية اللازمة للإدارة الالكترونية.
- يفند آثار استخدام التكنولوجيا على العمل الإداري الحكومي.
- يحدد الطلاب الإجراءات والتخطيط للإدارة الحكومة الإلكترونية.
- يحدد خصائص العمل الالكتروني.
- يحدد معوقات تطبيق الحكومة الالكترونية.

الأنشطة:

ورشة العمل والتقسيم إلى مجموعات داخل حجرة الدراسة واختيار احد أهداف الدرس ومناقشتها.

الوسائل المستخدمة:

- اسطوانة البرمجية التعليمية.
- الكمبيوتر.
- الشفافيات.
- Over Head Projector

السير في الدرس:

تمهيد:

من الممكن أن يمهد المعلم لهذا الدرس بأن يسأل الطلاب عما درسوه في الدرس السابق وعن ماهية الحكومة الالكترونية، ويطلب منهم شرح كيف الحصول على خدمة معينة عن طريق الانترنت.

وبعد هذه المقدمة يستطيع المعلم أن يطرح بعض الأسئلة التمهيدية عما يعرفه تلاميذه عن الإدارة الحكومة الالكترونية وأهدافها وأهميتها ومن خلال إجاباتهم يستطيع أن يقف على مستواهم المعرفي والثقافي عن هذا الموضوع

- ثم يطلب المعلم من الطلاب تشغيل برنامج إدارة المشتريات الالكترونية بالتعاون مع أمين معمل الوسائط التعليمية.

- يطلب المعلم من الطلاب فتح أيقونة الدرس الثاني الإدارة الحكومة الالكترونية ثم الدخول على الأهداف ثم المحتوى.

- أثناء العرض يطرح المعلم عدة أسئلة لكل طالب على حدة حتى يتم تنشيط التركيز.

- ثم يناقش المعلم الطلاب فيما فقد شاهدوه عن إدارة المشتريات الالكترونية من البرمجية حيث تختلف إجابات الطلاب وفق الخلفية العلمية لكل طالب ودرجة التركيز في مشاهدة وسماع الدرس وغير ذلك.

- ثم يلخص المعلم الموضوع مع الطلاب.

- ثم يحاول المعلم مع تلاميذه إلى أن يتوصلوا إلى ماهية الإدارة الالكترونية الأنظمة الالكترونية اللازمة للإدارة الالكترونية،وآثار استخدام التكنولوجيا على العمل الإداري الحكومي ثم يحدد الإجراءات والتخطيط للإدارة الحكومة الإلكترونية، والخصائص العمل الالكتروني، والمعوقات تطبيق الحكومة الالكترونية.

- يتوصل المعلم مع الطلاب إلى مفهوم جديد سيتم شرحه بالتفصيل في الدرس القادم وهو مفهوم الإدارة الحكومية الإلكترونية.

- يلخص المعلم الدرس.

التقويم:

- يطلب المعلم من الطلاب فتح أيقونة التقويم الموجدة داخل الدرس والتي تعمل باستخدام تقنية Auto TEST مع ملاحظة الإجابة الصحيحة في حالة الخطأ.

الدرس	الموضوع	عدد الحصص
الثالث	وظائف الإدارة في ظل الحكومة الالكتروني	2

الأهداف الإجرائية:

يرجى بعد الانتهاء من هذا الدرس أن يكون الطالب قادرا على أن:

أهداف الدرس

- يوضح مفهوم التخطيط الالكتروني.
- يحدد خصائص التنظيم الالكتروني.
- يصف القيادة الالكترونية.
- يقارن بين على أنواع القيادة.
- يوضح مفهوم الرقابة الالكترونية.
- يقارن بين مزايا وعيوب الرقابة الالكترونية.
- يقارن بين الإدارة الالكترونية والحكومة الإلكترونية.
- يقارن بين التخطيط التقليدي والتخطيط الالكتروني.
- يميز خصائص الهيكل التنظيمي الالكتروني.
- يبين أهمية التنظيم الالكتروني.

الأنشطة:

ورشة العمل والتقسيم إلى مجموعات داخل حجرة الدراسة واختيار احد أهداف الدرس ومناقشتها.

الوسائل المستخدمة:

- البرمجية التعليمية.
- الكمبيوتر.

- الشفافيات.
- Over Head Projector

السير في الدرس:

تمهيد:

من الممكن أن يمهد المعلم لهذا الدرس بأن يسأل الطلاب عما درسوه في الدرس السابق وعن ماهية الإدارة الحكومة الالكترونية، ويطلب منهم شرح الأنظمة الالكترونية اللازمة للإدارة الالكترونية.

وبعد هذه المقدمة يستطيع المعلم أن يطرح بعض الأسئلة التمهيدية عما يعرفه الطلاب عن وظائف الإدارة في ظل الحكومة الالكتروني وأهدافها وأهميتها ومن خلال إجاباتهم يستطيع أن يقف على مستواهم المعرفي والثقافي عن هذا الموضوع

- ثم يطلب المعلم من الطلاب تشغيل برنامج إدارة المشتريات الالكترونية بالتعاون مع أمين معمل الوسائط التعليمية.

- يطلب المعلم من الطلاب فتح أيقونة الدرس الثالث وظائف الإدارة في ظل الحكومة الالكتروني ثم الدخول على الأهداف ثم المحتوى.

- أثناء العرض يطرح المعلم عدة أسئلة لكل طالب على حدة حتى يتم تنشيط التركيز.

- ثم يناقش المعلم الطلاب فيما فقد شاهدوه عن وظائف الإدارة في ظل الحكومة الالكترونية من البرمجية حيث تختلف إجابات الطلاب وفق الخلفية العلمية لكل طالب ودرجة التركيز في مشاهدة وسماع الدرس وغير ذلك.

- ثم يلخص المعلم الموضوع مع الطلاب.

- ثم يحاول المعلم مع الطلاب إلى أن يتوصلوا إلى مفهوم التخطيط الالكتروني وخصائص التنظيم الالكتروني.ومفهوم القيادة الالكترونية، وعلى أنواع القيادة، ومفهوم الرقابة

الالكترونية، ومزايا وعيوب الرقابة الالكترونية، والفرق بين الإدارة الالكترونية والحكومة الإلكترونية، والفرق بين التخطيط التقليدي والتخطيط الالكتروني، وخصائص الهيكل التنظيمي الالكتروني، وأهمية التنظيم الالكتروني.

- يتوصل المعلم مع الطلاب إلى مفهوم جديد سيتم شرحه بالتفصيل في الدرس القادم وهو إدارة التجارة الإلكترونية.

- يلخص المعلم الدرس.

التقويم:

- يطلب المعلم من الطلاب فتح أيقونة التقويم الموجدة داخل الدرس والتي تعمل باستخدام تقنية Auto TEST مع ملاحظة الإجابة الصحيحة في حالة الخطأ.

الدرس	الموضوع	عدد الحصص
الرابع	إدارة التجارة الالكترونية	2

الأهداف الإجرائية:

يرجى بعد الانتهاء من هذا الدرس أن يكون الطالب قادرا على أن:

أهداف الدرس

- يشرح مفهوم التجارة الالكترونية.
- يصف سمات التجارة الإلكترونية.
- يفصل عناصر الإدارة الإلكترونية.
- تحدد الطلاب عناصر التجارة الإلكترونية.
- يعدد أنشطة وصور التجارة الإلكترونية.
- يحدد المكونات الأساسية لإستراتيجية التجارة الإلكترونية الحكومية.
- يصف المدير الالكتروني.
- يصدر حكما على المشاكل المرتبطة بالتجارة الإلكترونية.
- يطبق تقنيات التجارة الإلكترونية.
- يستخدم الأنظمة الإلكترونية اللازمة للإدارة التجارة الإلكترونية اللازمة للمدير الالكتروني.
- يقارن بين مميزات ومعوقات التجارة الإلكترونية.

الأنشطة:

ورشة العمل والتقسيم إلى مجموعات داخل حجرة الدراسة واختيار أحد أهداف الدرس ومناقشتها.

الوسائل المستخدمة:

● البرمجية التعليمية.

● الكمبيوتر.

● الشفافيات

● Over Head Projector

السير في الدرس:

تمهيد:

من الممكن أن يمهد المعلم لهذا الدرس بأن يسأل الطلاب عما درسوه في الدرس السابق وعن ماهية وظائف الإدارة في ظل الحكومة الالكتروني، ويطلب منهم شرح الأنظمة الالكترونية اللازمة للإدارة الالكترونية.

وبعد هذه المقدمة يستطيع المعلم أن يطرح بعض الأسئلة التمهيدية عما يعرفه الطلاب عن التجارة الالكترونية مفهومها وسماتها، ومن خلال إجاباتهم يستطيع أن يقف على مستواهم المعرفي والثقافي عن هذا الموضوع

● ثم يطلب المعلم من الطلاب تشغيل برنامج إدارة المشتريات الالكترونية بالتعاون مع أمين معمل الوسائط التعليمية.

● يطلب المعلم من الطلاب فتح أيقونة الدرس الرابع إدارة التجارة الإلكترونية ثم الدخول على الأهداف ثم المحتوى.

● أثناء العرض يطرح المعلم عدة أسئلة لكل طالب على حدة حتى يتم تنشيط التركيز.

● ثم يناقش المعلم الطلاب فيما فقد شاهدوه عن إدارة التجارة الالكترونية من البرمجية حيث تختلف إجابات الطلاب وفق الخلفية العلمية لكل طالب ودرجة التركيز في مشاهدة وسماع الدرس وغير ذلك.

● ثم يلخص المعلم الموضوع مع الطلاب.

- ثم يحاول المعلم مع الطلاب إلى أن يتوصلوا إلى مفهوم التجارة الالكترونية، وسمات التجارة الإلكترونية، وعناصر الإدارة الإلكترونية، وعناصر التجارة الإلكترونية، وأنشطة وصور التجارة الإلكترونية، والمكونات الأساسية لاستراتيجية التجارة الإلكترونية الحكومية، وصفات المدير الالكتروني، والمشاكل المرتبطة بالتجارة الإلكترونية،و تقنيات التجارة الإلكترونية، وتحدد الأنظمة الإلكترونية اللازمة للإدارة التجارة الإلكترونية اللازمة للمدير الالكتروني، ومميزات التجارة الإلكترونية، ومعوقات التجارة الإلكترونية.
- يتوصل المعلم مع الطلاب إلى مفهوم جديد سيتم شرحه بالتفصيل في الدرس القادم وهو إدارة المشتريات الالكترونية.
- يلخص المعلم الدرس.

التقويم:

- يطلب المعلم من الطلاب فتح أيقونة التقويم الموجودة داخل الدرس والتي تعمل باستخدام تقنية Auto TEST مع ملاحظة الإجابة الصحيحة في حالة الخطأ.

الدرس	الموضوع	عدد الحصص
الخامس	إدارة المشتريات الإلكترونية	2

الأهداف الإجرائية:

يرجى بعد الانتهاء من هذا الدرس أن يكون الطالب قادرا على أن:

أهداف الدرس

- يوضح مفهوم إدارة المشتريات الالكترونية.
- يستنتج أهداف عمليات الشراء.
- يحلل مراحل عمليات الشراء.
- يناقش المودين والعملاء على التسهيلات المتاحة وإمكانية التخزين والشحن والتعبئة.
- يحدد الاحتياجات اللازمة للمنشاة.
- يجرى الاتصالات والمفاوضات.
- يحسب التكلفة المرتبطة بالمخزون والإمكانيات المادية.
- يحدد توقيت ومعاد الشراء.
- يقيم ويختار مصادر التوريد.
- استلام الأصناف المشتراه ويراقب عملية الجودة.
- يقدر قيمة استخدام الخطوات العملية في عملية الشراء.
- يتآلف مع طبيعة الإنتاج والظروف الاقتصادية دون رهبة.
- يهتم باستخدام التقنيات الحديثة في إدارة عمليات الشراء الحكومي.

الأنشطة:

ورشة العمل والتقسيم إلى مجموعات داخل حجرة الدراسة واختيار أحد أهداف الدرس ومناقشتها.

الوسائل المستخدمة:

- البرمجية التعليمية.
- الكمبيوتر.
- الشفافيات.
- Over Head Projector

السير في الدرس:

تمهيد:

من الممكن أن يمهد المعلم لهذا الدرس بأن يسأل الطلاب عما درسوه في الدرس السابق وعن ماهية التجارة الالكترونية وسماتها، ويطلب منهم تحدد عناصر الإدارة الإلكترونية، وتحدد عناصر التجارة الإلكترونية، وتحدد أنشطة وصور التجارة الإلكترونية وبعد هذه المقدمة يستطيع المعلم أن يطرح بعض الأسئلة التمهيدية عما يعرفه الطلاب عن إدارة المشتريات الالكترونية، ومن خلال إجاباتهم يستطيع أن يقف على مستواهم المعرفي والثقافي عن هذا الموضوع

- ثم يطلب المعلم من الطلاب تشغيل برنامج إدارة المشتريات الالكترونية بالتعاون مع أمين معمل الوسائط التعليمية.
- يطلب المعلم من الطلاب فتح أيقونة الدرس الخامس إدارة المشتريات الالكترونية ثم الدخول على الأهداف ثم المحتوى.
- أثناء العرض يطرح المعلم عدة أسئلة لكل طالب على حدة حتى يتم تنشيط التركيز.
- ثم يناقش المعلم الطلاب فيما فقد شاهدوه عن إدارة المشتريات الالكترونية من البرمجية حيث تختلف إجابات الطلاب وفق الخلفية العلمية لكل طالب ودرجة التركيز في مشاهدة وسماع الدرس وغير ذلك.
- ثم يلخص المعلم الموضوع مع الطلاب.

- ثم يحاول المعلم مع الطلاب إلى أن يتوصلوا إلى مفهوم إدارة المشتريات الالكترونية، وأهداف عمليات الشراء، وتحدد مراحل عمليات الشراء، وتحدد التسهيلات المتاحة وإمكانية التخزين والشحن والتعبئة، وتحدد الاحتياجات اللازمة للمنشاة، وإجراء الاتصالات والمفاوضات، وتحديد التكلفة المرتبطة بالمخزون الإمكانيات المادية،و تحديد توقيت ومعاد الشراء، وتقييم واختيار مصادر التوريد وكيفية الاستلام والرقابة على الجودة،وأهمية استخدام الخطوات العملية في عملية الشراء، وطبيعة الإنتاج والظروف الاقتصادية.

- يتوصل المعلم مع الطلاب إلى مفهوم جديد سيتم شرحه بالتفصيل في الدرس القادم وهو سياسات الشراء.

- يلخص المعلم الدرس.

التقويم:

- يطلب المعلم من الطلاب فتح أيقونة التقويم الموجدة داخل الدرس والتي تعمل باستخدام تقنية Auto TEST مع ملاحظة الإجابة الصحيحة في حالة الخطأ.

الدرس	الموضوع	عدد الحصص
السادس	سياسات الشراء	4

الأهداف الإجرائية:

يرجى بعد الانتهاء من هذا الدرس أن يكون الطالب قادرا على أن:

أهداف الدرس

- يقارن بين سياسات الشراء.
- يعدد أسباب الشراء عند الحاجة.
- يحدد الشروط الواجب توافرها لنجاح سياسة الشراء عند الحاجة.
- يوضح مفهوم سياسة الشراء المقدم.
- يعدد أسباب استخدام سياسة الشراء المقدم.
- يوضح مفهوم الشراء بغرض المضاربة.
- يذكر الشراء للاستخدام الفوري.
- يحدد خصائص الشراء للاستخدام الفوري.
- يعدد مزايا وعيوب الشراء عند الحاجة.
- يستنتج مزايا وعيوب الشراء المقدم.

الأنشطة:

ورشة العمل والتقسيم إلى مجموعات داخل حجرة الدراسة واختيار أحد أهداف الدرس ومناقشتها.

الوسائل المستخدمة:

- البرمجية التعليمية.
- الكمبيوتر.

- الشفافيات.

- Over Head Projector

السير في الدرس:

تمهيد:

من الممكن أن يمهد المعلم لهذا الدرس بأن يسأل الطلاب عما درسوه في الدرس السابق وعن ماهية التجارة الالكترونية وسماتها، ويطلب منهم مفهوم إدارة المشتريات الالكترونية، وأهداف عمليات الشراء، وتحدد مراحل عمليات الشراء، وتحدد التسهيلات المتاحة وإمكانية التخزين والشحن والتعبئة، وتحدد الاحتياجات اللازمة للمنشاة،و إجراء الاتصالات والمفاوضات، وتحديد التكلفة المرتبطة بالمخزون الإمكانيات المادية.

وبعد هذه المقدمة يستطيع المعلم أن يطرح بعض الأسئلة التمهيدية عما يعرفه الطلاب عن سياسات الشراء، ومن خلال إجاباتهم يستطيع أن يقف على مستواهم المعرفي والثقافي عن هذا الموضوع

- ثم يطلب المعلم من الطلاب تشغيل برنامج إدارة المشتريات الالكترونية بالتعاون مع أمين معمل الوسائط التعليمية.

- يطلب المعلم من الطلاب فتح أيقونة الدرس السادس إدارة المشتريات الالكترونية ثم الدخول على الأهداف ثم المحتوى.

- أثناء العرض يطرح المعلم عدة أسئلة لكل طالب على حدة حتى يتم تنشيط التركيز.

- ثم يناقش المعلم الطلاب فيما قد شاهدوه عن سياسات الشراء من البرمجية حيث تختلف إجابات الطلاب وفق الخلفية العلمية لكل طالب ودرجة التركيز في مشاهدة وسماع الدرس وغير ذلك.

- ثم يلخص المعلم الموضوع مع الطلاب.

- ثم يحاول المعلم مع الطلاب إلى أن يتوصلوا إلى تحدد سياسات الشراء، والتعرف على سياسة الشراء عند الحاجة، والشروط الواجب توافرها لنجاح سياسة الشراء عند الحاجة، وأسباب على سياسة الشراء المقدم، وأسباب استخدام سياسة الشراء المقدم، والتعرف على الشراء بغرض المضاربة، والتعرف على الشراء للاستخدام الفوري، وتحديد خصائص الشراء للاستخدام الفوري، وتحديد المزايا والعيوب للشراء عند الحاجة،و تحديد مزايا وعيوب الشراء المقدم.

- يتوصل المعلم مع الطلاب إلى مفهوم جديد سيتم شرحه بالتفصيل في الدرس القادم وهو إجراءات الشراء الحكومي.

- يلخص المعلم الدرس.

التقويم:

- يطلب المعلم من الطلاب فتح أيقونة التقويم الموجدة داخل الدرس والتي تعمل باستخدام تقنية Auto TEST مع ملاحظة الإجابة الصحيحة في حالة الخطأ.

الدرس	الموضوع	عدد الحصص
السابع	إجراءات الشراء الحكومي	4

الأهداف الإجرائية:

يرجى بعد الانتهاء من هذا الدرس أن يكون الطالب قادرا على أن:

أهداف الدرس

- يفند الشروط الواجب توافرها في تقديم العطاءات.
- يحدد الاحتياجات الفعلية الضرورية لسير العمل أو الإنتاج.
- يقسم الاحتياجات إلى مجموعات متجانسة.
- يحدد المواصفات الفنية بدقيقة وبطريقة مفصلة.
- يضع القيمة التقديرية للعملية موضوع التعاقد.
- يقيم العروض من الناحية الفنية والمالية.
- يمسك السجلات والدفاتر الخاصة بعمليات الشراء.
- يعد كراسة المواصفات.
- يعد التراخيص اللازمة ذات الصلة بموضوع التعاقد.
- يحرر طلب الشراء وينسق المستند من حيث (نوع الخط، الحجم واللون).
- يجرى المفاوضات مع الموردين.
- يدرس السوق بطريقة علمية.
- يختار المصدر المناسب.
- يحرر أمر الشراء وينسق المستند من حيث (نوع الخط، الحجم واللون)
- يتابع التوريد.
- يحدد إجراءات الفحص والمراجعة.
- يحرر أذن الاستلام وينسق المستند من حيث (نوع الخط، الحجم واللون).

- يحدد أنسب الطرق للتعاقد.
- يتعاون مع زملاؤه في إعداد أوامر وأزون الشراء.

الأنشطة:

ورشة العمل والتقسيم إلى مجموعات داخل حجرة الدراسة واختيار احد أهداف الدرس ومناقشتها.

الوسائل المستخدمة:

- البرمجية التعليمية.
- الكمبيوتر.
- الشفافيات.
- Over Head Projector

السير في الدرس:

تمهيد:

من الممكن أن يمهد المعلم لهذا الدرس بأن يسأل الطلاب عما درسوه في الدرس السابق وعن سياسة الشراء عند الحاجة، والشروط الواجب توافرها لنجاح سياسة الشراء عند الحاجة، وأسباب على سياسة الشراء المقدم، وأسباب استخدام سياسة الشراء المقدم، والتعرف على الشراء بغرض المضاربة.

وبعد هذه المقدمة يستطيع المعلم أن يطرح بعض الأسئلة التمهيدية عما يعرفه الطلاب عن إجراءات الشراء الحكومي، ومن خلال إجاباتهم يستطيع أن يقف على مستواهم المعرفي والثقافي عن هذا الموضوع

- ثم يطلب المعلم من الطلاب تشغيل برنامج إدارة المشتريات الالكترونية بالتعاون مع أمين معمل الوسائط التعليمية.

- يطلب المعلم من الطلاب فتح أيقونة الدرس السابع إجراءات الشراء الحكومي ثم الدخول على الأهداف ثم المحتوى.
- أثناء العرض يطرح المعلم عدة أسئلة لكل طالب على حدة حتى يتم تنشيط التركيز.
- ثم يناقش المعلم الطلاب فيما قد شاهدوه عن إجراءات الشراء من الـ CD حيث تختلف إجابات الطلاب وفق الخلفية العلمية لكل طالب ودرجة التركيز في مشاهدة وسماع الدرس وغير ذلك.
- ثم يلخص المعلم الموضوع مع الطلاب.
- ثم يحاول المعلم مع الطلاب إلى أن يتوصلوا إلى الشروط الواجب توافرها في تقديم العطاءات، والاحتياجات الفعلية الضرورية لسير العمل أو الإنتاج، وتقسم الاحتياجات إلى مجموعات متجانسة، وتحديد المواصفات الفنية بدقيقة وبطريقة مفصلة ووضع القيمة التقديرية للعملية موضوع التعاقد، وتقييم العروض من الناحية الفنية والمالية وإعداد السجلات والدفاتر الخاصة بعمليات الشراء، وكراسة المواصفات، والتراخيص اللازمة ذات الصلة بموضوع التعاقد، وتحرر طلب الشراء، وإجراء المفاوضات، ودراسة السوق، واختيار المصدر المناسب، وتحرر أمر الشراء،و متابعة التوريد تحديد إجراءات الفحص والمراجعة، وتحرير أذن الاستلام، وتحديد أنسب الطرق للتعاقد.
- يتوصل المعلم مع الطلاب إلى مفهوم جديد سيتم شرحه بالتفصيل في الدرس القادم وهو طرق الشراء الحكومي.
- يلخص المعلم الدرس.

التقويم:

- يطلب المعلم من الطلاب فتح أيقونة التقويم الموجدة داخل الدرس والتي تعمل باستخدام تقنية Auto TEST مع ملاحظة الإجابة الصحيحة في حالة الخطأ.

الدرس	الموضوع	عدد الحصص
الثامـن	طرق الشراء الحكومي	4

الأهداف الإجرائية:

يرجى بعد الانتهاء من هذا الدرس أن يكون الطالب قادرا على أن:

أهداف الدرس

- يحدد مفهوم المناقصة العامة وتحديد إجراءاتها.
- يوضح مفهوم المناقصة المحدودة وتحديد إجراءاتها.
- يوضح مفهوم المناقصة المحلية وتحديد إجراءاتها.
- يوضح مفهوم الممارسة العامة وتحديد إجراءاتها.
- يميز الممارسة المحدودة وتحديد إجراءاتها.
- يشرح الشراء بالأمر المباشر وتحديد إجراءاته.
- يتقن أنواع الشراء الحكومي.
- يطبق الإجراءات التمهيدية للشراء.
- يشارك زملاؤه اختيار أنسب الطرق للتعاقد.
- يهتم باستخدام الكمبيوتر في إعداد إجراءات الشراء الحكومية.

الأنشطة:

ورشة العمل والتقسيم إلى مجموعات داخل حجرة الدراسة واختيار احد أهداف الدرس ومناقشتها.

الوسائل المستخدمة:

- البرمجية التعليمية.
- الكمبيوتر.

● الشفافيات.

● Over Head Projector

السير في الدرس:

تمهيد:

من الممكن أن يمهد المعلم لهذا الدرس بأن يسأل الطلاب عما درسوه في الدرس السابق وعن الشروط الواجب توافرها في تقديم العطاءات، والاحتياجات الفعلية الضرورية لسير العمل أو الإنتاج،وتقسم الاحتياجات إلى مجموعات متجانسة،و تحديد المواصفات الفنية بدقيقة وبطريقة مفصلة ووضع القيمة التقديرية للعملية موضوع التعاقد.

وبعد هذه المقدمة يستطيع المعلم أن يطرح بعض الأسئلة التمهيدية عما يعرفه الطلاب عن طرق الشراء الحكومي، ومن خلال إجاباتهم يستطيع أن يقف على مستواهم المعرفي والثقافي عن هذا الموضوع.

● ثم يطلب المعلم من الطلاب تشغيل برنامج إدارة المشتريات الالكترونية بالتعاون مع أمين معمل الوسائط التعليمية.

● يطلب المعلم من الطلاب فتح أيقونة الدرس الثامن طرق الشراء الحكومي ثم الدخول على الأهداف ثم المحتوى.

● أثناء العرض يطرح المعلم عدة أسئلة لكل طالب على حدة حتى يتم تنشيط التركيز.

● ثم يناقش المعلم الطلاب فيما قد شاهدوه عن طرق الشراء الحكومي من البرمجية حيث تختلف إجابات الطلاب وفق الخلفية العلمية لكل طالب ودرجة التركيز في مشاهدة وسماع الدرس وغير ذلك.

● ثم يلخص المعلم الموضوع مع الطلاب.

- ثم يحاول المعلم مع الطلاب إلى أن يتوصلوا إلى مفهوم المناقصة العامة وتحديد إجراءاتها، وتحديد مفهوم المناقصة المحدودة وتحديد إجراءاتها، وتحديد مفهوم المناقصة المحلية وتحديد إجراءاتها، وتحديد مفهوم الممارسة العامة وتحديد إجراءاتها، وتحديد مفهوم الممارسة المحدودة وتحديد إجراءاتها، وتحديد مفهوم الشراء بالأمر المباشر وتحديد إجراءاته، وتحديد أنواع الشراء الحكومي، تحديد الإجراءات التمهيدية للشراء.

- يلخص المعلم الدرس.

التقويم:

- يطلب المعلم من الطلاب فتح أيقونة التقويم الموجدة داخل الدرس والتي تعمل باستخدام تقنية Auto TEST مع ملاحظة الإجابة الصحيحة في حالة الخطأ.

نموذج الاختبار التحصيلي
والمواقف للبرمجيات التعليمية

إجراءات إعداد الاختبار

1- هدف الاختبار

يهدف هذا الاختبار إلى قياس مستوي تحصيل وأداء الطلاب من خلال المواقف المتضمنة للاختبار وعلي الطلاب القيام بالعمل المطلوب.

2- تحديد مواصفات الاختبار

تم إعداد الاختبار في ضوء الاعتبارات التالية:

📖 بالنسبة لأسئلة الصواب والخطأ والاختيار من متعدد وعى فيها.

- أن تكون الصواب والخطأ والاختيار من متعدد متنوعة.
- أن تكون الصواب والخطأ والاختيار من متعدد واضحة ومحددة بدقة.
- أن تكون الصواب والخطأ والاختيار من متعدد متنوعة مناسبة لمستويات الطلاب.
- أن تكون الصواب والخطأ والاختيار من متعدد متنوعة شاملة لجميع أجزاء الوحدة.

📖 بالنسبة لأسئلة المواقف الأدائية.

- أن تكون الموقف واضحة.
- أن يكون أداء كل موقف محدد بدقة.
- أن تكون المواقف متنوعة وشاملة للوحدة.

- أن تكون المواقف مناسبة لمستوي الطلاب.
- أن تكون المواقف ذات نمط نظري وعلمي.

3- مكونات الاختبار:

تضمن الاختبار في صورته المبدئية 30 سؤال صح أم خطأ واختيار من متعدد وثلاث مواقف أدائية يقابلها الطالب بعد تخرجه في الحياة العملية والعمل في إدارة المشتريات.

4- تعليمات الاختبار:

تعد تعليمات الاختبار المرشد الذي يساعد الطلاب في التعرف علي طبيعة الاختبار، والقواعد التي يجب أخذها في الاعتبار لتحقيق الأهداف، ولذلك تم وضع التعليمات التالية:

- تحديد الهدف من الاختبار حتى يتعرف الطالب المطلوب منه.
- توضيح المطلوب من الطالب وتوجيه إلى كيفية الإجابة عن الأسئلة.
- توحيد توقيت البدء في الإجابة لجميع الطلاب.

5- طريقة تصحيح الاختبار

اعتمدت طريقة التصحيح للاختبار علي تصحيح تلقائي لأسئلة الصواب والخطأ والاختيار من متعدد والمواقف الأدائية من خلال تحليل المهارات في كل موقف من مواقف الاختبار وإعطاء درجة لكل مهارة، وذلك عن طريق تقنية التجميع لدرجات كل المفردات الصحيحة من خلال كود تجميعي للبرمجية من خلاله يتم حساب درجة الطالب أوتوماتيكيا، وفي نهاية المواقف يمنح الطالب مجموعة درجات عبارة عن عدد الإجابات الصحيحة والدرجة النهائية للاختبار (60) درجة.

6- **صدق الاختبار**

بعد الانتهاء من إعداد الاختبار قام الباحث بعرضه علي عدد (9) من الخبراء في مجال المناهج وطرق التدريس المواد التجارية ومجال إدارة المشتريات لإبداء الرأي من حيث مدي صلاحيته ومدي قابليته للتطبيق وتم التعرف علي آرائهم من خلال الإجابة علي الأسئلة الآتية:

- ما مدي قدرة المواقف المقترحة في قياس المهارات الإدارية؟
- ما مدي سلامة الدقة العلمية لمحتوي المواقف؟
- ما مدي مناسبة المواقف لمستوي الطلاب؟
- ما مدي دقة ووضوح المواقف؟
- ما مدى سلامة الصياغة اللغوية؟
- أي ملاحظات أخرى؟

وتتلخص نتائج عملية التحكيم في النقاط التالية:

- رأي المحكمون فاعلية الجزء التحصيلي من الاختبار والمواقف المقترحة في تحقيق الهدف وهو قياس مهارات إدارة المشتريات الالكترونية.
- اقر المحكمون أن مفردات الاختبار تمتاز بالدقة العلمية.
- رأي المحكمون أن مفردات الاختبار تناسب مستوي الطلاب.
- طالب بعض المحكمون إعادة صياغة الموقف الثالث وقام الباحث بإعادة الصياغة وتعديله.

7- **حساب ثبات الاختبار**

قام الباحث بحساب ثبات الاختبار عن طريق تطبيق الاختبار علي مجموعة مكونة من (32) طالب من طالبات الصف الثاني الثانوي التجاري للإدارة والخدامات وبعد

مرور 15 يوم وتم إعادة تطبيق الاختبار للمرة الثانية علي نفس المجموعة وتم حساب معامل ثبات الاختبار باستخدام المعادلة التالية:

$$ ر = \frac{(ن مجـ س × مجـ ص) - (مجـ س) (مجـ ص)}{(ن مجـ س^2) - (مجـ س)^2 \quad (ن مجـ ص^2) - (مجـ ص)^2} $$

وبلغ معامل ثبات الاختبار 82% وهذه النسبة مقبولة بحد كبير وتعبر عن ثبات عالي للاختبار بحيث يمكن الاستعانة بها في البحث الحالي.

8- التجربة الاستطلاعية للاختبار:

بعد إجراء كافة التعديلات المطلوبة والتحقق من صدق وثبات الاختبار تم تطبيق الاختبار علي مجموعة شملت (32) طالبة.

9- زمن الاختبار:

تم حساب متوسط الزمن اللازم للأداء الاختبار من خلال حساب الزمن الذي استغرقته أول طالبة وهو (60 دقيقة) والزمن الذي استغرقته آخر طالبة وهو (80) دقيقة وقد استخدمت معادلة الوسط الحسابي التالية:

$$ زمن الاختبار = \frac{زمن إجابة الطالب الأول + زمن إجابة الطالب الأخير}{2} $$

زمن الاختبار= 70 دقيقة

10- حساب قدرة المواقف علي التمييز:

قام الباحث بحساب التباين لمعاملات السهولة والصعوبة في الاختبار لما له من

أهمية كبيرة في معرفة قدرة مفردات الاختبار علي التميز بين الطلاب حيث أن الأسئلة السهلة والأسئلة الصعبة هي التي تكون غير قادرة علي التميز للفروق الفردية وان اكبر الأسئلة تميزا لهذه الفروق هي تلك التي تصل سهولتها إلى النصف (0.5) أو تقترب من القيمة (0.5) حيث يبلغ التباين في هذه الحالة نهايته العظمي.

وتم حساب قدرة المواقف على التميز وفق المعادلة التالية:

التباين = معامل السهولة × معامل الصعوبة

حيث:

معامل السهولة = ص ÷ ن

ص = عدد الإجابات الصحيحة، ن = عدد مفردات الاختبار

معامل الصعوبة = 1 - معامل السهولة

وبعد تطبق المعادة السابقة لتحديد المفردات التي يجب استبعادها والتي سوف توعد يصبح الاختبار صالحا للتطبيق.

اختبار إدارة المشتريات الالكترونية
(التحصيلي، والمواقف الأدائية)

تعليمات الاختبار

عزيزي الطالب - الطالبة:

السلام عليكم ورحمة وبركاته،،،

اقرأ ما يلي قبل أن تبدأ الإجابة:

1- يهدف هذا الاختبار إلي قياس مستوي أدائك في مهارات إدارة المشتريات الالكترونية اللازمة للعمل بإدارة المشتريات الحكومية التي قد يحالفك الحظ في تولي مسئولية العمل بتلك الإدارة.

2- هذا الاختبار ليس له أدني تأثير علي وضعك التعليمي أو درجاتك في أي مادة.

3- يتكون هذا الاختبار من مجموعة من المواقف الأدائية المماثلة لما يواجه إدارة المشتريات، أو أنت بعد تخرجك.

4- إذا لم تعرف الإجابة عن موقف ما، عليك أن تنتقل إلى الموقف الذي يليه.

5- أقرا كل موقف جيداً قبل الإجابة عنه.

6- الإجابة سوف تكون على الحاسب الآلي وفق التعليمات الخاصة بالبرمجية، وتوجيه المعلم.

7- لا تبدأ في الإجابة قبل أن يؤذن لك.

الاختبار
السؤال الأول
صح أم خطأ
١ الحكومة الإلكترونية هي استخدام تكنولوجيا المعلومات والاتصالات في إنجاز الأنشطة الإدارية والخدمية المتعلقة بالأفراد فقط
٢ من خصائص الحكومة الالكترونية استخدام تقنية المعلومات والاتصالات الحديثة
٣ من أهداف الحكومة الالكترونية عدم استخدام الانترنت في تبادل المعلومات
٤ الحكومة الالكترونية والإدارة الالكترونية مترادفات
رجوع

الاختبار
السؤال الأول
صح أم خطأ
٥ التخطيط الالكتروني عملية ديناميكية مستمرة وقابلة للتجديد بخلاف التخطيط التقليدي
٦ المخاطرة في التخطيط الالكتروني تأتي من المقدرة على العمل خارج الخطة
٧ من الأنظمة الالكترونية اللازمة للإدارة الالكترونية أنظمة الشراء التقليدي
٨ من خصائص الهيكل التنظيمي الالكتروني الانتقال من التنظيم العمودي إلى التنظيم المصفوفي أو المشروعي
رجوع

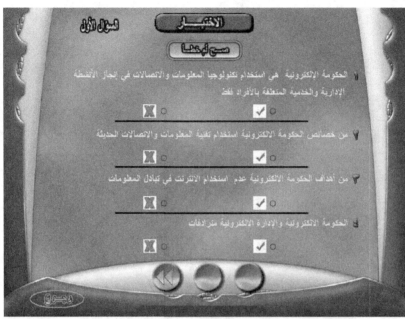

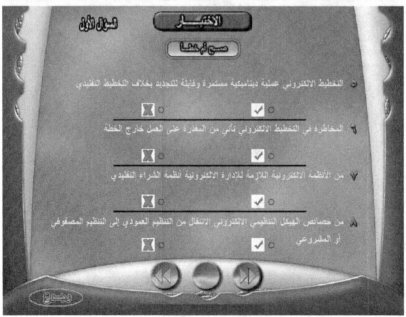

الاختبار
السؤال الأول
صح أم خطأ
٩ التنظيم الالكتروني هو تصميم هيكل أساسي للمهام والصلاحيات وذلك في ضوء قواعد البيانات والتكنولوجيا الرقمية
١٠ من مميزات الرقابة الالكترونية التحول من الرقابة القائمة على النتائج الى الرقابة القائمة على المدخلات والعمليات والأنشطة
١١ يعتبر البريد الالكتروني من أهم عناصر الإطار المنهجي للحكومة الالكترونية
١٢ الخدمة الالكترونية تتسم بالسرعة الفائقة في الوقت
رجوع

الاختبار
السؤال الأول
صح أم خطأ
١٣ من عناصر الإدارة الالكترونية إدارة بلا مكان مثل التليفون المحمول
١٤ من أهداف التجارة الالكترونية تنفيذ و إدارة الأنشطة التجارية دون الخدمية
١٥ يتم التسليم وفق التجارة الالكترونية وفق التزويد التقني
١٦ من المشاكل التي تواجه التجارة الالكترونية الإضرار بالبرامج والبيانات
رجوع

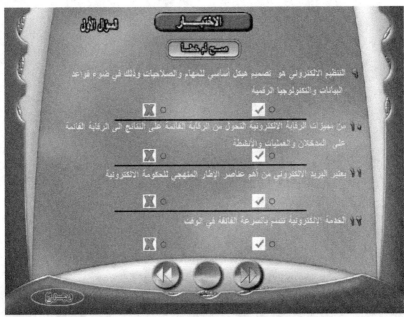

الاختبار
السؤال الأول
صح أم خطأ
١٧) من الصفات الواجب توافرها في المدير الالكتروني " الابتكار"
١٨) عند تحديد مواصفات الجودة لا يعتد بالعلامات التجارية
١٩) إجراء الاتصالات والمفاوضات من مهام إدارة المشتريات
٢٠) تمثل الكمية المناسبة للشراء عاملا هاما من أهم العوامل المؤثرة في قرار الشراء
رجوع

الاختبار
السؤال الثاني
اختر الإجابة الصحيحة
١) من مكونات البيئة التقنية للحكومة الالكترونية
ملفات لحفظ المعلومات
شبكات المعلومات الانترنت
مباني ضخمة
عمالة كثيرة
٢) التخزين في نظام الحكومة الالكترونية هو
وضعها في أماكن الحفظ التقليدية
تحويل الملفات الالكترونية إلى ملفات و رقية
وضع الملفات على أرفف للحفظ
تحويل الملفات الو رقية إلى ملفات الكترونية
رجوع

الاختبار
السؤال التالي
اختر الإجابة الصحيحة
٣ من مكونات البيئة التقنية للحكومة الالكترونية
الحاسب الآلي
شبكات الحاسب الآلي
الشبكة الداخلية للمنظمة
كل ما سبق
٤ من عناصر التجارة الالكترونية
إدارة بلا مكان
التنظيمات الغير مرنة
القيادة الدكتاتورية
إدارة زمنية
رجوع

الاختبار
السؤال التالي
اختر الإجابة الصحيحة
٥ التخطيط الالكتروني يعتمد على
التقدير الشخصي
عدم وجود قواعد بيانات
العلاقات الخارجية
لا شيء مما سبق
٦ من عيوب الشراء المقدم
انخفاض أسعار السلع في المستقبل
ارتفاع أسعار السلع
ثبات أسعار السلع
عدم توفرا لسلع
رجوع

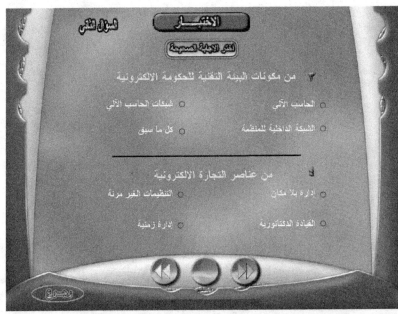

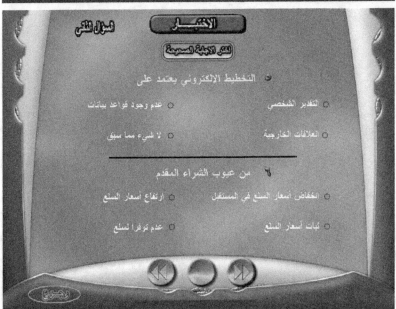

الاختبـــار
السؤال الثاني
اختر الإجابة الصحيحة
٧ تحدد مدة ....على الأقل لتقديم العطاءات في
المناقصات العامة من تاريخ أول إعلان
عشرة أيام
سبعة عشر يوماً
عشرون يوماً
ثلاثون يوماً
٨ إجراء الاتصالات والمفاوضات من مهام
إدارة الإنتاج
إدارة الأفراد
إدارة المشتريات
إدارة التسويق
رجوع

الاختبـــار
السؤال الثاني
اختر الإجابة الصحيحة
٩ تهدف سياسة الشراء المقدم إلى
تحقيق الإرباح
تخفيض التكاليف
لضمان عملية استمرار الإنتاج
كل ما سبق
١٠ من خطوات بناء موقع للحكومة الالكترونية
تسويق الموقع
تحديد العملاء
تحديد التكلفة
تحديد العمل
رجوع

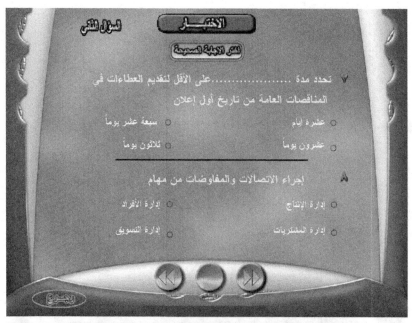

الاختبـــــار
السؤال الثالث (١)
في ضوء البيانات التالية أكمل النموذج
في ٢٠٠٦/٤/٢٨طلبت إدارة الإنتاج عدد ٢ ماكينة خراطة موديل ٢٠٠٦ صناعة يابانية من طراز WRT2006، بصفتك تعمل في إدارة المشتريات كيف تعد طلب الشراء إذا توافرت لديك البيانات التالية :
- سعر ماكينة خراطة موديل ٢٠٠٦ صناعة يابانية من طراز WRT2006 ٢٢٠٠٠جنية
- لا توجد كمية في المخازن
- اسم المورد شركة GEKاليابانية
- رقم أمر الشراء ٥٦٧٤ بتاريخ ٢٠٠٦/٥/١
- مكان التسليم ميناء سفاجا وتاريخ التسليم ٢٠٠٦/٦/١٢بحساب اعتماد رقم ٤٥٦٧٣٤
- سبب الشراء احتياجات إدارة الإنتاج
رجوع

الاختبـــــار
السؤال الثالث (١)
نص التمرين
طلب شراء
الجهة الطالبة : إدارة الإنتاج
مكان التسليم :
رقم وتاريخ الطلب :( ) ٢٠٠٦/٥/١
حساب اعتماد :
تاريخ التسليم : /٢٠٠٦/٦
مبررات الشراء : احتياجات إدارة الإنتاج
بيان بالمواد المطلوبة
اسم الصنف
سعرا لوحدة
الكمية
المواصفات
موديل صناعة
يابانية من طراز
الكمية الحالية
متوسط الاستخدام
ملاحظات
التوقيع : موظف إدارة
بيانات خاصة بإدارة المشتريات
اسم المورد : شركة اليابانية
السعر:
أمر الشراء بتاريخ ٢٠٠٦/٥/١
بيانات خاصة :...........
روجع :محرر الطلب
توقيع :مدير إدارة المشتريات
رجوع

الاختبـــار
السؤال الثالث (ب)
في ضوء البيانات التالية أكمل النموذج
بصفتك تعمل في إدارة المشتريات كيف تعد أمر الشراء إذا توافرت لديك البيانات التالية :
• شركة النيل العامة للأدوية ٢٢شارع ٦أكتوبر القاهرة
• رقم لأمر الشراء ٤٥٦٧ – رقم العطاء ٤لسنة ٢٠٠٦
• المورد شركة آمون للأدوية ١٧ شارع خالد بن الوليد الإسكندرية
• مكان التسليم محل المشتري تاريخ التسليم ٢٠٠٦/٥/١٠
• عدد ٦٠٠ جرام (مدخلات مضادات حيوية) بسعر الوحدة ٢ جنية
• عدد ٧٠٠ جرام (مدخلات فيتامينات) بسعر الوحدة ١ جنية
رجوع

الاختبـــار
السؤال الثالث (ب)
نص التمرين
شركة النيل العامة للأدوية
٢٢شارع ٦أكتوبر القاهرة
أمر شراء رقم (   )
أخر موعد لوصول الطلبية : ٢٠٠٦/٥/١٠
رقم العطاء : ٤لسنة ٢٠٠٦
رقم طلب الشراء :
رقم العقد : ٥لسنة ٢٠٠٦
السيد : شركة   للأدوية ١٧ شارع خالد بن الوليد الإسكندرية
طبقا للشروط الموضحة بظهر الطلب والمتفق عليها مسبقا بالعقد رقم (٢) بتاريخ (٢٠٠٦/٥/١)
نرجو توريد الاتي :
اسم الصنف | الوحدة | الكمية | المواصفات | سعر الوحدة | القيمة الإجمالية | ملاحظات
مدخلات مضادات حيوية | جرام
مدخلات | جرام
تعليمات الشحن
العنوان :. يتم التسليم في العنوان التالي ٢٢شارع ٦أكتوبر القاهرة
محطة الوصول : شركة   للأدوية
تعليمات الفواتير
١ – يرسل عدد (٤) صورة من الفاتورة إلى العنوان : ٢٢ شارع ٦أكتوبر القاهرة
٢ – رجاء توضيح رقم أمر الشراء وتاريخية .
رجاء كتابة رقم أمر الشراء على كل عبوة وتاريخية على الفاتورة
التوقيع (مدير المشتريات) التاريخ : (٢٠٠٦/٥/٢)
رجوع

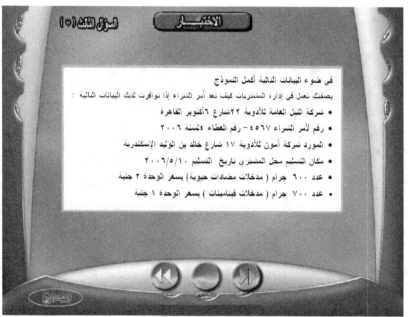

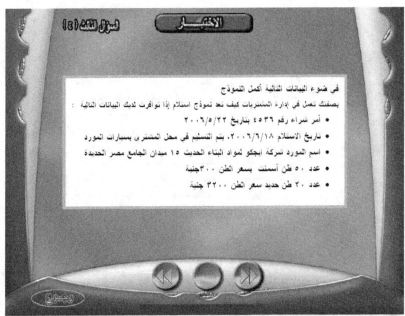

في ضوء البيانات التالية أكمل النموذج

بصفتك تعمل في إدارة المشتريات كيف تعد نموذج استلام إذا توافرت لديك البيانات التالية :

- أمر شراء رقم ٤٥٣٦ بتاريخ ٢٠٠٦/٥/٢٢
- تاريخ الاستلام ٢٠٠٦/٦/١٨. يتم التسليم في محل المشترى بسيارات المورد
- اسم المورد شركة ايجكو لمواد البناء الحديث ١٥ ميدان الجامع مصر الجديدة
- عدد ٥٠ طن أسمنت بسعر الطن ٣٠٠جنيه
- عدد ٢٠ طن حديد سعر الطن ٣٢٠٠ جنيه

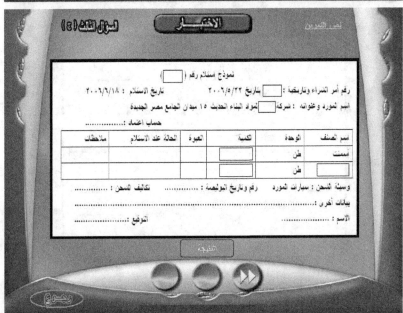

نموذج استلام رقم ( )

رقم أمر الشراء وتاريخه : تاريخ ٢٠٠٦/٥/٢٢   تاريخ الاستلام : ٢٠٠٦/٦/١٨
اسم المورد وعنوانه : شركة لمواد البناء الحديث ١٥ ميدان الجامع مصر الجديدة
حساب اعتماد : ....

اسم الصنف	الوحدة	كمية	العبوة	الحالة عند الاستلام	ملاحظات
أسمنت	طن				
	طن				

وسيلة الشحن : سيارات المورد   رقم وتاريخ البوليصة : ....   تكاليف الشحن : ....
بيانات أخرى : ....
الاسم : ....   التوقيع : ....

رقم الإطار	الجانب المرئي	الجانب المسموع	وصف الإطار
-1	■ الشاشة الافتتاحية **Auto run** صورة متحركة لجهاز كمبيوتر على خلفية رسومية متحركة ذات انتقال تلقائي.	- خلفية موسيقية خافتة. - صوت يرحب بالطالب في برنامج الكمبيوتر ويقوم بإرشاده بكيفية البدء في البرنامج. - بصدر صوتا عند المرور فوق أي زر يوضح بمجرد الإشارة عليه بالماوس.	- عند بداية ظهور هذا الإطار وهو يمثل الشاشة الافتتاحية للبرنامج يتم الترحيب بالطالب من خلال صوت مسموع ويطل من الطالب الضغط أي مفتاح من لوحة المفاتيح للبدء في الدرس. - بمجرد الاقتراب من أي من أزرار الشاشة الرئيسية تظهر صورة إضاءة على الزر المشار إليه.

			- عند المرور على أزرار الدروس تتحرك صورة الكمبيوتر الذي يعمل علية الطالب في الخلفية ، ويصدر صوتا يعرف الطالب أنه بالضغط على هذه الزر سوف ينتقل إلى الدرس الأول.
-2	■ **الشاشة الرئيسة للبرنامج:** - صورة خلفية زرقاء - اثنان أزرار مفاتيح يتناسب شكل كل منها مع الخلفية يكتب عليها عنوان الموضوعان الأساسية التي يدرسها المتعلم، والأهداف العامة للبرنامج التعليمي ● أيقونة الهدف العامل للبرنامج. ● أيقونة موضوعات البرنامج.	- خلفية موسيقية خافتة. - بصدر صوتا عند المرور فوق أي زر يوضح بمجرد الإشارة علية بالماوس ، بالإضافة تغير شكل الأيقونة.	- عند بداية ظهور هذا الإطار وهو يمثل الشاشة الرئيسية. - بمجرد الاقتراب من أي من أيقونات الشاشة الرئيسية تظهر صورة إضاءة على الزر المشار إليه. - عند المرور على أي أيقونه تظهر محتواها مباشرتا.

	● أيقونة عن البرنامج. ● أيقونة ا لمراجع والمواقع المرتبطة ● أيقونة الاختبار. ● أيقونة تعليمات البرنامج ● أيقونة خروج		
-3	■ إطـار ثابـت يعـرض مـا يحتويـه البرنـامج مـن دروس، وموضوعات مرتبطة بإدارة المشتريات الالكترونية ■ خلفية ذات ألوان مائية تضم إحدى الصور الخاصة بشكة المعلومات الانترنت. ■ ثمانية أزرار رسومية يمين الشاشة متتالية رأسيا كما يلي: **أهداف** **المحتوى** **التقويم**	■ خلفية موسيقية خافتة ■ مؤثرات صوتية تصدر عند المرور على أي زر.	عند المرور بمؤشر الفأرة فوق أي من هذه الصور / الأيقونات المعبرة عـن دروس البرنامج الثمانية يظهر ثلاثـة أزرار يسار كل درس كما يلي: - أهداف الدرس. - محتوى الدرس. - التقويم. * عند الضغط بزر الفأرة الأيسر

	الدرس الأول: الحكومة الالكترونية الدرس الثاني: الإدارة الحكومية الإلكترونية الدرس الثالث: وظائف الإدارة في ظل الحكومة الالكترونية الدرس الرابع: إدارة التجارة الإلكترونية الدرس الخامس: إدارة المشتريات الالكترونية الدرس السادس: سياسات الشراء الدرس السابع: إجراءات الشراء الحكومي الدرس الثامن: طرق الشراء الحكومي * خروج * الرئيسية		تظهر شاشة تكبر تدريجيا حتى تستقر في مركز الإطار الحالي يعرض من خلالها إرشادات لكيفية السير والتنقل في هذه الدروس وفق كل موضوع. * أيقونة للخروج بمجرد الضغط عليها يخرج من البرنامج * أيقونة الرئيسة بمجرد الضغط عليها يعود للصفحة الرئيسية.
4-	**الدرس الأول: الحكومة الالكترونية** ويتفرع منه العناوين التالية: ■ أهداف الدرس ■ محتوى الدرس ■ التقويم	* الصوت المصاحب لظهور الكلمات مع خض الخلفية الموسيقية أو إلغائها. * من الممكن خفض أو رفع الصوت باستخدام السماعة	* يبدأ الإطار بتأثير انتقالي * تظهر الشاشة بحركة خافته حتى تستقر في مركز الإطار يعرض من خلالها: الدرس الأول والأهداف والمحتوى في

	* وفى أسفل منصف الشاشة التعامل مع لوحة المفاتيح: يستمر زر (رجوع - تالي - خروج) * خلفية ذات لون أزرق.	الخاصة بالحاسب الشخصي للمتعلم.	شكل حركة متتالية حتى تستقر في شكل أزرار يستطيع الطالب التنقل من خلالها. * مجرد الضغط على أي من الأزرار الثلاثة ينتقل إلى محتواة النصي.
-5	■ **نص مكتوب (أهداف الدرس)** من التوقع بعد دراستك لهذا الدرس أن تكون قادراً علي أن: ■ يوضح مفهوم الحكومة الإلكترونية. ■ يحدد أهداف الحكومة الإلكترونية. ■ يميز الإطار المنهجي لنظام الحكومة الإلكترونية. ■ يطبق محتوى الحكومة الالكترونية على المشكلات الحياتية.	* المؤثرات الصوتية المصاحبة لظهور أهداف الدرس. * من الممكن خفض أو رفع الصوت باستخدام السماعة الخاصة بالحاسب الشخصي للمتعلم.	* ظهور الأهداف بشكل متحرك حتى تستقر جميعها على يمين الإطار مصاحب للصوت. * يمكن للطالب للانتقال إلى التالي أو التوقف وفق حاجته لذلك باستخدام الأزرار أسفل الإطار. * لون الخط أصفر على خلفية ثابتة رسومية.

	■ يقدر قيمة تطبيق نظام الحكومة الإلكترونية في الدولة. ■ يبين نطاق الحكومة الالكترونية. ■ يعدد الفوائد المتوقعة من تطبيق الحكومة الإلكترونية والعقبات. ■ يستمر زر (رجوع - تالي - خروج)		
-6	■ **مقدمة:** عزيزي الطالب تعتبر الحكومة هي الكيان السياسي المتصرف في شئون الدولة في شتى النواحي السياسية والاقتصادية والاجتماعية وتعتبر أي اتفاقيات بدون قوانين الدولة يعتبر مخالف للقوانين وبالتالي يتعرض صاحب هذا الاتفاق للمسائلة القانونية ، ونتيجة لحدوث تقدم مذهل وهائل في تقنيات المعلومات	* المؤثرات الصوتية المصاحبة لظهور أهداف الدرس. * من الممكن خفض أو رفع الصوت باستخدام السماعة الخاصة بالحاسب الشخصي للمتعلم.	* يظهر النص بصورة متحركة من أعلى لأسفل وفق تسلسل عرض المحتوى النصي- كما في الجزء المرئي حتى يستقر في منتصف الإطار. * لون الخط أخضر- على خلفية ثابتة رسومية

	والاتصالات عبر شبكة الإنترنت واستخدام الحاسبات في التجارة تبرز أهمية إدارة المؤسسات الحكومية إلكترونيا ، ومن هذا المنطلق أطلقت ثلاث دول عربية هي الأردن ومصر والإمارات مشاريع بناء الحكومة الإلكترونية ■ يستمر زر (رجوع - تالي - خروج)		
-7	■ **نص مكتوب** - اذكر مفهوم الحكومة الالكترونية ؟ **مربع نص ليكتب الطالب** ■ يستمر زر (رجوع - تالي - خروج)	* الصوت المصاحب للنص مع إلغاء الخلفية الموسيقية. * من الممكن خفض أو رفع الصوت باستخدام السماعة الخاصة بالحاسب الشخصي للمتعلم.	* لون الخط أخضر- على خلفية ثابتة رسومية. * يظهر النص بصورة متحركة من اليمين إلى اليسار وفق تسلسل عرض المحتوى النصي- كما في الجزء المرئي حتى يستقر في منتصف الإطار. * يكتب الطالب بواسطة لوحة المفاتيح.

-8	■ **نص مكتوب** - لكي تتعرف على مفهوم الحكومة الالكترونية انظر إلى الشكل التالي: ■ يستمر زر (رجوع - تالي - خروج	* الصوت المصاحب للسؤال مع إلغاء الخلفية الموسيقية. * من الممكن خفض أو رفع الصوت باستخدام السماعة الخاصة بالحاسب الشخصي للمتعلم.	* لون الخط أخضر على خلفية ثابتة رسومية. * يظهر النص بصورة متحركة من اليمين إلى اليسار وفق تسلسل عرض المحتوى النصي كما في الجزء المرئي حتى يستقر في منتصف الإطار.
-9	■ شكل يوضح تداخل العناصر التي تحدد مفهوم الحكومة الالكترونية ■ يستمر زر (رجوع - تالي - خروج)	*الصوت المصاحب للنص مع إلغاء الخلفية الموسيقية. * من الممكن خفض أو رفع الصوت باستخدام السماعة الخاصة بالحاسب الشخصي للمتعلم.	* لون الخط داخل الرسم أسود على خلفية رمادية مع تعدد ألوان الأشكال الرسومية المتداخلة في الرسم. * يظهر الشكل بصورة متحركة في منتصف الإطار.

			* أسهم لتوضيح كيفية تقديم الخدمة والحصول عليها. * يظهر الشكل بطريقة تلقائية
-10	■ شكل يوضح تداخل العناصر التي تحدد مفهوم الحكومة الالكترونية ■ نص مكتوب - مفهوم الحكومة الالكترونية: * الحكومة الإلكترونية: هي استخدام تكنولوجيا المعلومات والاتصالات في إنجاز الأنشطة الإدارية والخدمية المتعلقة بالدولة والأفراد بشكل دقيق وسريع وآمن	* الصوت المصاحب للصورة مع إلغاء الخلفية الموسيقية. * من الممكن خفض أو رفع الصوت باستخدام السماعة الخاصة بالحاسب الشخصي للمتعلم.	* لون الخط داخل الرسم أسود على خلفية رمادية مع تعدد ألوان الأشكال الرسومية المتداخلة في الرسم. * يظهر الشكل بصورة متحركة في منتصف الإطار. * أسهم لتوضيح كيفية تقديم الخدمة والحصول عليها. * يظهر الشكل بطريقة تلقائية

-11	■ **نص مكتوب** صح أم خطأ الحكومة الالكترونية هي استخدام تكنولوجيا المعلومات والاتصالات في إنجاز الأنشطة الإدارة والخدمية المتعلقة بالأفراد. (✓) (✗) ■ يستمر زر (رجوع - تالي - خروج)	* خلفية موسيقية هادئة. * الصوت المصاحب للنص. * من الممكن خفض أو رفع الصوت باستخدام السماعة الخاصة بالحاسب الشخصي للمتعلم.	* لون الخط أصفر على خلفية ثابتة رسومية. * يظهر النص بصورة متحركة من اليمين إلى اليسار وفق تسلسل عرض المحتوى النصي- كما في الجزء المرئي حتى يستقر في منتصف الإطار. * بمجرد الضغط على أيقونة صح أو أيقونة خطأ يتم الاستجابة على السؤال.
-12	■ **نص مكتوب** أعرفك أن خصائص الحكومة الالكترونية هي: 1- تطبيقات تقنية المعلومات والاتصالات في الجهات الحكومية.	* خلفية موسيقية هادئة. * الصوت المصاحب للنص. * من الممكن خفض أو رفع الصوت باستخدام السماعة	* يظهر النص بصورة متحركة من أعلى لأسفل وفق تسلسل عرض المحتوى النصي- كما في الجزء المرئي حتى يستقر في منتصف الإطار.

	2 - استخدام التقنيات في إنجاز الأنشطة وتسهيل العمل الإداري مثل: أنظمة المالية ، و وأنظمة حفظ الملفات ، وأنشطة إدارة المشتريات والمخازن. 3- إن الحكومة الإلكترونية مرتبطة بصورة أساسية بالإدارة العامة وبالأجهزة الحكومية. 4- إنه نظام معلوماتي افتراضي لا يمكن تلمس مكوناته وعملياتهن، وإنما نعرفه من خلال نتائجه وآثاره. 5- إنه يعتمد على التقنية الرقمية (Digital technique) ذات البنية الإلكترونية. ■ يستمر زر (رجوع - تالي - خروج)	الخاصة بالحاسب الشخصي للمتعلم.	* يكتب الطالب بواسطة لوحة المفاتيح * لون الخط أصفر على خلفية ثابتة رسومية. * يظهر النص بصورة متحركة من اليمين إلى اليسار وفق تسلسل عرض المحتوى النصي- كما في الجزء المرئي حتى يستقر في منتصف الإطار
-13	بعد أن تعرفت على خصائص الحكومة الكترونية أذكر أهداف الحكومة الالكترونية ؟ **مربع نص للكتابة** ■ يستمر زر (رجوع - تالي - خروج)	* خلفية صامتة.	* يظهر النص بصورة متحركة من أعلى لأسفل وفق تسلسل عرض المحتوى النصي- كما في الجزء المرئي حتى يستقر في منتصف الإطار.

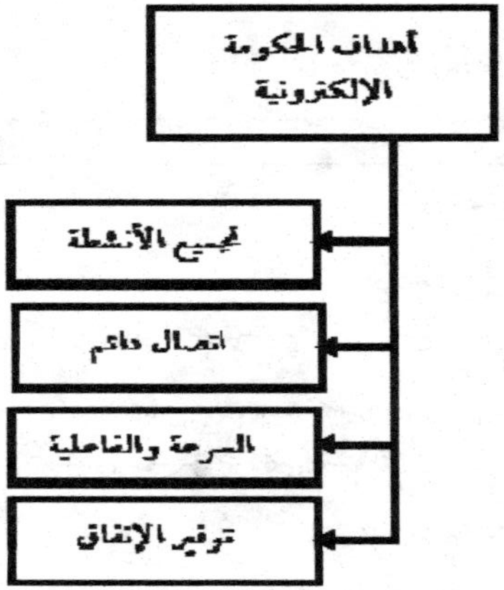

			* يكتب الطالب بواسطة لوحة المفاتيح * لون الخط أصفر على خلفية ثابتة رسومية.
-14	شكل يوضح أهداف الحكومة الالكترونية ■ يستمر زر (رجوع - تالي - خروج)	* خلفية موسيقية هادئة. * الصوت المصاحب للنص والشكل. * من الممكن خفض أو رفع الصوت باستخدام السماعة الخاصة بالحاسب الشخصي للمتعلم.	* يظهر النص والشكل بصورة متحركة من أعلى لأسفل وفق تسلسل عرض المحتوى النصي كما في الجزء المرئي حتى يستقر في منتصف الإطار. * حركة ظاهرية للشكل لتوضيح نقاطه بشكل متفاعل.

-15	**نص مكتوب** اذكر الإطار المنهجي للحكومة الالكترونية ؟ **مربع نص للكتابة** ■ يستمر زر (رجوع - تالي - خروج)	* الصوت المصاحب للنص. * من الممكن خفض أو رفع الصوت باستخدام السماعة الخاصة بالحاسب الشخصي للمتعلم.	* يظهر النص بصورة متحركة من أعلى لأسفل وفق تسلسل عرض المحتوى النصي- كما في الجزء المرئي حتى يستقر في منتصف الإطار. * مربع نصي- يكتب من خلاله الطالب للاستجابة على السؤال
-16	لكي تتعرف على الإطار المنهجي لنظام الحكومة الإلكترونية انظر إلى الشكل التالي: ■ يستمر زر (رجوع - تالي - خروج)	* الصوت المصاحب للنص. * من الممكن خفض أو رفع الصوت باستخدام السماعة الخاصة بالحاسب الشخصي للمتعلم	* يظهر النص بصورة متحركة من أعلى لأسفل وفق تسلسل عرض. * المحتوى النصي- كما في الجزء المرئي حتى يستقر في منتصف الإطار. شكل تفاعلي ينزل من أعلى الإطار إلى أسفلة.

-17	**اختر الإجابة الصحيحة** الإطار المنهجي لنظام الحكومة الالكترونية هو - إدارة الموارد - إدارة البشر - إدارة العملاء- كل ما سبق - لاشيء مما سبق ■ يستمر زر (رجوع - تالي - خروج)	* الصوت المصاحب للنص. * من الممكن خفض أو رفع الصوت باستخدام السماعة الخاصة بالحاسب الشخصي للمتعلم.	سؤال تفاعلي بمجرد الضغط على أي استجابة تظهر إضافة خضراء لو كانت صحيحة وحمراء لو كانت الاستجابة خطأ
-18	نص مكتوب ما هو نطاق الحكومة الالكترونية ؟ **مربع نص للكتابة** ■ يستمر زر (رجوع - تالي - خروج)	* الصوت المصاحب للنص. * من الممكن خفض أو رفع الصوت باستخدام السماعة الخاصة بالحاسب الشخصي للمتعلم.	* لون الخط أصفر على خلفية ثابتة رسومية. * يظهر النص بصورة متحركة من أعلى لأسفل وفق تسلسل عرض المحتوى النصي_ كما في الجزء المرئي حتى يستقر في منتصف الإطار. * يكتب الطالب بواسطة لوحة المفاتيح

-19	أجيبك أن نطاق يتمثل في الوظائف الأساسية للدولة وهى: - السلطة التنفيذية. - السلطة التشريعية . - السلطة القضائية. * يستمر زر (رجوع - تالي - خروج)	الصوت المصاحب للنص. * من الممكن خفض أو رفع الصوت باستخدام السماعة الخاصة بالحاسب الشخصي للمتعلم	* لون الخط أخضر على خلفية ثابتة رسومية. * يظهر النص بصورة متحركة من أعلى لأسفل وفق تسلسل عرض المحتوى النصي كما في الجزء المرئي حتى يستقر في منتصف الإطار.
-20	هل تريد أن تتعرف على محتوى الحكومة الإلكترونية؟ يتمثل محتوى الحكومة الإلكترونية فيما يلي انظر الشكل التالي: * يستمر زر (رجوع - تالي - خروج)	* الصوت المصاحب للنص. * من الممكن خفض أو رفع الصوت باستخدام السماعة الخاصة بالحاسب الشخصي للمتعلم	* لون الخط أصفر على خلفية ثابتة رسومية. * يظهر النص بصورة متحركة من أعلى لأسفل وفق تسلسل عرض المحتوى النصي كما في الجزء المرئي حتى يستقر في منتصف الإطار. * يكتب الطالب بواسطة لوحة المفاتيح

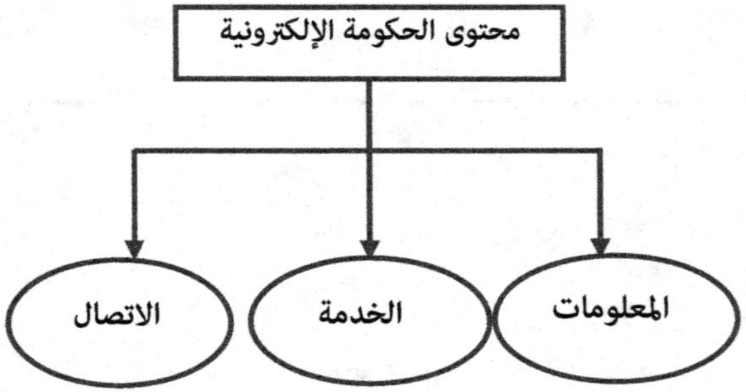

-21	* شكل يوضح محتوى الحكومة الالكترونية 	* الصوت المصاحب للشكل * من الممكن خفض أو رفع الصوت باستخدام السماعة الخاصة بالحاسب الشخصي للمتعلم	* يظهر الشكل بصورة متحركة من أعلى لأسفل وفق تسلسل عرض المحتوى النصي- كما في الجزء المرئي حتى يستقر في منتصف الإطار.
-22	هل تقضي الحكومة والإدارة الإلكترونية على البيروقراطية؟ نعم لا يستمر زر (رجوع - تالي - خروج)	* الصوت المصاحب للنص. * من الممكن خفض أو رفع الصوت باستخدام السماعة الخاصة بالحاسب الشخصي للمتعلم	* حركة السؤال حتى يستقر في منتصف الإطار. * بمجرد الضغط على الاستجابة يعرف الطالب الإجابة الصحيحة.
-23	أجيبك بأن الإدارة الإلكترونية ستقضي على البيروقراطية، حيث تقضي وتعمل على إلغاء دور الموظفين الوسطاء	* الصوت المصاحب للنص. * من الممكن خفض أو رفع	* لون الخط أصفر على خلفية ثابتة رسومية.

	لكن القضاء على بعض فئات البيروقراطية الحكومية يخلق بيروقراطية من نوع آخر تسمى بيروقراطية إلكترونية لكن البيروقراطية القادمة أفضل من البيروقراطية الحالية وهي أكثر شفافية وأكثر سرعة من التعاملات الو رقية * يستمر زر (رجوع - تالي - خروج)	الصوت باستخدام السماعة الخاصة بالحاسب الشخصي للمتعلم	* يظهر النص بصورة متحركة من أعلى لأسفل وفق تسلسل عرض المحتوى النصي- كما في الجزء المرئي حتى يستقر في منتصف الإطار
-24	**الإطار المنهجي للحكومة الالكترونية** * يستمر زر (رجوع - تالي - خروج)	* الصوت المصاحب للنص والشكل. * من الممكن خفض أو رفع الصوت باستخدام السماعة الخاصة بالحاسب الشخصي للمتعلم	* يظهر الشكل بصورة متحركة من أعلى لأسفل وفق تسلسل عرض المحتوى النصي- كما في الجزء المرئي حتى يستقر في منتصف الإطار.

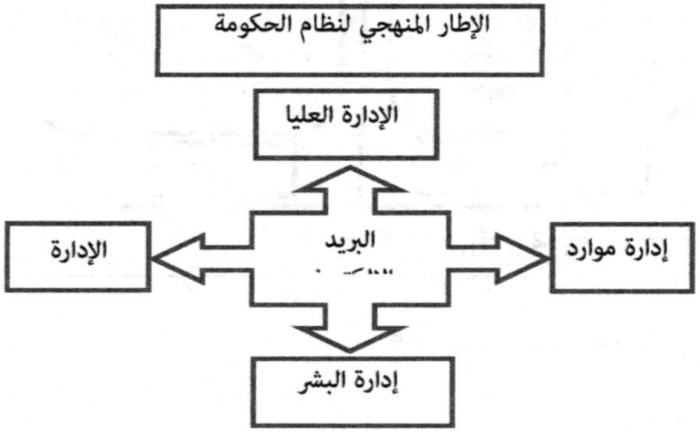

-25	ما الفوائد المتوقعة من تطبيق الحكومة الالكترونية والعقبات التي تواجه ذلك التطبيق؟ لكي تتعرف على الفوائد المتوقعة من تطبيق الحكومة الإلكترونية والعقبات التي تواجه ذلك التطبيق انظر الشكل التالي: * يستمر زر (رجوع - تالي - خروج)	* الصوت المصاحب للنص. * من الممكن خفض أو رفع الصوت باستخدام السماعة الخاصة بالحاسب الشخصي للمتعلم	* لون الخط أصفر على خلفية ثابتة رسومية. * يظهر النص بصورة متحركة من أعلى لأسفل وفق تسلسل عرض المحتوى النصي- كما في الجزء المرئي حتى يستقر في منتصف الإطار.
-26	* شكل يوضح الفوائد المتوقعة 	الصوت المصاحب للنص والشكل. * من الممكن خفض أو رفع الصوت باستخدام السماعة الخاصة بالحاسب الشخصي للمتعلم	* يظهر الشكل بصورة متحركة من أعلى لأسفل وفق تسلسل عرض المحتوى النصي- كما في الجزء المرئي حتى يستقر في منتصف الإطار.

-27	* ما هي الخدمات الالكترونية التي تقدمها الحكومة الإلكترونية ؟ **مربع نص للكتابة** ■ يستمر زر (رجوع - تالي - خروج)	* الصوت المصاحب للنص. * من الممكن خفض أو رفع الصوت باستخدام السماعة الخاصة بالحاسب الشخصي للمتعلم	* لون الخط أصفر على خلفية ثابتة رسومية. * يظهر النص بصورة متحركة من أعلى لأسفل وفق تسلسل عرض المحتوى النصي- كما في الجزء المرئي حتى يستقر في منتصف الإطار. * يكتب الطالب بواسطة لوحة المفاتيح
-28	أجيبك أن الخدمات التي تقدمها الحكومة الإلكترونية انظر الشكل التالي: شكل يوضح الخدمات التي تقدمها الحكومة الالكترونية * يستمر زر (رجوع - تالي - خروج)	تسعى الحكومة الالكترونية إلى تحقيق عدة أهداف هي : 1- تجميع كافة الأنشطة والخدمات المعلوماتية والتفاعلية والتبادلية في	* يظهر الشكل بصورة متحركة من أعلى لأسفل وفق تسلسل عرض المحتوى النصي- كما في الجزء المرئي حتى يستقر في منتصف الإطار.

	* صورة توضح الاتصال بالكمبيوتر للعمل عن بعد 	موضع واحد هو موقع الحكومة الرسمي على شبكة الإنترنت. 2- تحقيق حالة اتصال دائم بالمواطنين 3- تحقيق سرعة وفعالية الربط والتنسيق والأداء والإنجاز بين دوائر الحكومة ذاتها ولكل منها على حده 4- تحقيق وفرة في الأنفاق الحكومي * من الممكن خفض أو رفع الصوت	

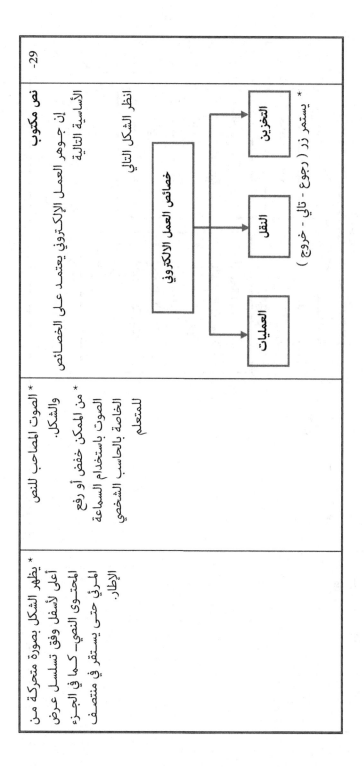

-29	**نص مكتوب** إن جوهر العمل الإلكتروني يعتمد على الخصائص الأساسية التالية انظر الشكل التالي * يستمر زر (رجوع - تالي - خروج)	* الصوت المصاحب للنص والشكل. * من الممكن خفض أو رفع الصوت باستخدام السماعة الخاصة بالحاسب الشخصي للمتعلم	* يظهر الشكل بصورة متحركة من أعلى لأسفل وفق تسلسل عرض المحتوى النصي- كما في الجزء المرئي حتى يستقر في منتصف الإطار.

-30	**مكونات ومتطلبات الحكومة الالكترونية** مكونات ومتطلبات الحكومة الإلكترونية **المكونات التقنية للحكومة الإلكترونية** 1- الحاسب الآلي 2- الشبكة الداخلية للمنظمة 3- شبكات الحاسب الآلي 4- الشبكة العالمية **المتطلبات القانونية** 1- الصيغة القانونية للأعمال الإلكترونية 2- الاعتراف بالتوقيع والبصمة الإلكترونية 3- استخدام الوسائل الأمنية الإلكترونية 4- المراجعة المستمرة للقوانين	* الصوت المصاحب للنص والشكل. * من الممكن خفض أو رفع الصوت باستخدام السماعة الخاصة بالحاسب الشخصي للمتعلم	* يظهر الشكل بصورة متحركة من أعلى لأسفل وفق تسلسل عرض المحتوى النصي- كما في الجزء المرئي حتى يستقر في منتصف الإطار.

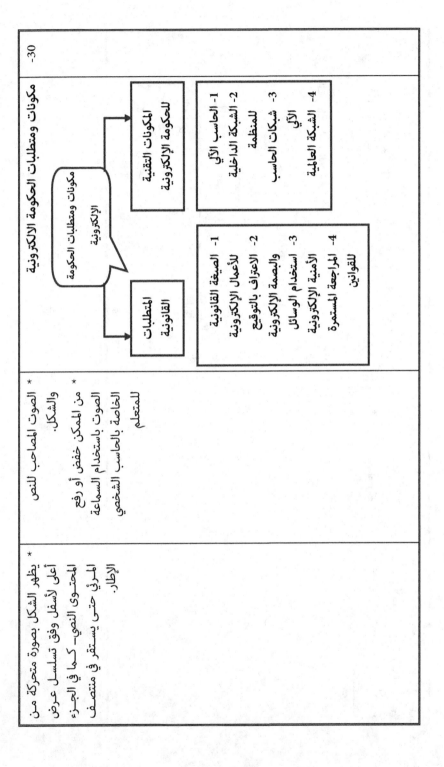

-31	■ **التقويم** تقويم الدرس	الصوت الخاص بالترحيب (مرحبا)	* شكل كرتون يرحب بالطالب * تغير لون الخط في نص تقويم الدرس
-32	**السؤال الأول:** ضع علامة (✓) أمام العبارة الصحيحة وعلامة (✗) أمام العبارة الخطأ. 1- الحكومة الإلكترونية هي استخدام تكنولوجيا المعلومات والاتصالات في إنجاز الأنشطة الإدارية والخدمية المتعلقة بالأفراد فقط ( ) (✓) (✗)	■ خلفية صامتة	■ شاشات متتالية نظام AUTO TEST * خلفيات رسومية ثابتة * ظهور إضاءة حمراء للحل إذا كانت الإجابة خطأ وخضراء إذا كانت صحيحة
-33	2- من أهداف الحكومة الالكترونية استخدام الانترنت في تبادل المعلومات ( ) (✓) (✗)	■ خلفية صامتة	* خلفيات رسومية ثابتة * ظهور إضاءة حمراء للحل إذا كانت الإجابة خطأ وخضراء إذا كانت صحيحة

-34	3- من خصائص الحكومة الالكترونية استخدام تقنية المعلومات والاتصالات الحديثة ( ) (✓) (✗)	■ خلفية صامتة	* خلفيات رسومية ثابتة * ظهور إضاءة حمراء للحل إذا كانت الإجابة خطأ وخضراء إذا كانت صحيحة
-35	4- من المتطلبات القانونية للحكومة الالكترونية عدم الاعتراف باستخدام التوقيع الالكتروني والبصمة الالكترونية ( ) (✓) (())	■ خلفية صامتة	* خلفيات رسومية ثابتة * ظهور إضاءة حمراء للحل إذا كانت الإجابة خطأ وخضراء إذا كانت صحيحة
-36	3- لا يعتبر الحاسب الآلي من المكونات التقنية للحكومة الإلكترونية ( ) (✓) (✗)	■ خلفية صامتة	* خلفيات رسومية ثابتة * ظهور إضاءة حمراء للحل إذا كانت الإجابة خطأ وخضراء إذا كانت صحيحة

-37	**السؤال الثاني:** أختار الإجابة الصحيحة من بين البدائل المتاحة أمامك 6- من مكونات البيئة التقنية للحكومة الالكترونية اضغط بالماوس على الإجابة الصحيحة أ- ملفات لحفظ المعلومات ب- شبكات المعلومات الانترنت ج- مباني ضخمة. د- عمالة كثيرة	■ خلفية موسيقية هادئة	* ظهور إضاءة حمراء لمتاح الحل إذا كانت الإجابة خطأ وخضراء إذا كانت صحيحة *خلفيات رسومية ثابتة
-38	7- التخزين في نظام الحكومة الالكترونية هو اضغط بالماوس على الإجابة الصحيحة أ- وضعها في أماكن الحفظ التقليدية ب- تحويل الملفات الكترونية إلى ملفات و رقية ج- وضع الملفات على أرفف للحفظ د- تحويل الملفات الو رقية إلى ملفات الكترونية	■ خلفية صامتة	* ظهور إضاءة حمراء لمتاح الحل إذا كانت الإجابة خطأ وخضراء إذا كانت صحيحة * خلفيات رسومية ثابتة

-39	**8- من مكونات البيئة التقنية للحكومة الالكترونية** اضغط بالماوس على الإجابة الصحيحة أ- الحاسب الآلي. ب- شبكات الحاسب الآلي. ج- الشبكة الداخلية للمنظمة. د - كل ما سبق. هـ- لا شيء مما سبق	■ خلفية صامتة	* ظهور إضاءة حمراء لمتاح الحل إذا كانت الإجابة خطأ وخضراء إذا كانت صحيحة * خلفيات رسومية ثابتة
-40	9- يتمثل الغرض من تطبيق نظام الحكومة الالكترونية اضغط بالماوس على الإجابة الصحيحة أ- تقديم موضع واحد للمعلومات. ب- نقل التدابير الحكومية على الخط. ج- تطبيق النماذج الرقمية وإتاحة تعبئتها على الخط د - كل ما سبق. هـ- لا شيء مما سبق	■ خلفية صامتة	* ظهور إضاءة حمراء لمتاح الحل إذا كانت الإجابة خطأ وخضراء إذا كانت صحيحة * خلفيات رسومية ثابتة

-41	**10- الإطار المنهجي لنظام الحكومة الإلكترونية هو** اضغط بالماوس على الإجابة الصحيحة أ- إدارة الموارد. ب- إدارة البشر. ج- إدارة العملاء. د- كل ما سبق. هـ- لا شيء مما سبق	■ خلفية صامتة	* ظهور إضاءة حمراء لمتاح الحل إذا كانت الإجابة خطأ وخضراء إذا كانت صحيحة * خلفيات رسومية ثابتة
-42	**السؤال الثالث** **أكمل :** 1- الحكومة الالكترونية تعتمد على.....لا يمكن تلمس مكوناته وعملياته وإنما نعرفه من خلال نتائجه وأثاره.	■ خلفية صامتة	* يكتب الطالب بواسطة لوحة المفاتيح ، مع وجود التغذية الراجعة.

-43	2- من أهداف الحكومة الالكترونية: أ- ...... ب-...... ج-.......	■ خلفية صامتة	* يكتب الطالب بواسطة لوحة المفاتيح ، مع وجود التغذية الراجعة.
-44	3- نطاق الحكومة الالكترونية يتمثل في الوظائف الأساسية للدولة وهى: أ- ...... ب-...... ج-.......	■ خلفية صامتة	* يكتب الطالب بواسطة لوحة المفاتيح ، مع وجود التغذية الراجعة.
-45	4- محتويات الحكومة الالكترونية هي: أ- ...... ب-...... ج-.......	■ خلفية صامتة	* يكتب الطالب بواسطة لوحة المفاتيح ، مع وجود التغذية الراجعة.
-46	5- من الفوائد المتوقعة من نظام الحكومة الالكترونية: أ- ...... ب-...... ج-.......	■ خلفية صامتة	* يكتب الطالب بواسطة لوحة المفاتيح ، مع وجود التغذية الراجعة.

المراجع

أولا : المراجع العربية

إبراهيم عبد الكريم الحسين: من المدرسـة التقليدية إلى مدرسـة الجودة (استراتيجيات للتحول)، ورقة عمل مقدمة إلى الملتقى الأول للجودة في التعليم الإحساء 22- 7/25 /2006.

إبراهيم عبد الوكيل الفار: تربويات الحاسب وتحديات القرن الحادي والعشرين، القاهرة، دار الفكر العربي، الطبعة الثانية ، 2000.

إبراهيم محمد عبد المنعم: التعليم الإلكتروني في الدول النامية الآمال والتحيات، الندوة الإقليمية حول توظيف تقنيات المعلومات والاتصالات في التعليم مع التركيز على المحتوى العربي على شبكة الإنترنت، الاتحاد الدولي للاتصالات المكتب الإقليمي العربي دمشق سوريا 15- 2003 /7/17.

إبراهيم محمد فراج: تطوير منهج الإدارة المكتبية بالمعاهد الفنية التجارية باستخدام التقنيات الحديثة، رسالة دكتوراه غير منشورة، كلية التربية - جامعة عين شمس، 2000.

ابن منظور: لسان العرب، دار المعارف، القاهرة، الجزء الثاني، 1984.

احمد احمد: الجودة الشاملة في الإدارة التعليمية والمدرسية.دار الوفاء لدنيا الطباعة والنشر- الإسكندرية ، 2002.

احمد حسن اللقاني: المناهج بين النظرية والتطبيق، عالم الكتب، القاهرة، ط4، 1996.

أحمد حسين اللقانى: تطوير مناهج التعليم، عالم الكتب، ط 1، 1994.

أحمد حسين اللقانى، فارعة حسن: التدريس الفعال، القاهرة، عالم الكتب، 1985 .

أحمد حسين اللقانى، فارعة حسن محمد: مناهج التعليم بين الواقع والمستقبل، عالم الكتب، القاهرة، ط1، 2001.

أحمد سيد مصطفى ومحمد مصلحي الانصارى: برنامج إدارة الجودة الشاملة وتطبيقاتها في المجال التربوي، المركز العربي للتدريب التربوي لدول الخليج، الدوحة- قطـر الفترة من: 23-2002/6/26

أحمد فرج محمود حامد: اقتصاديات التجارة الالكترونية، رسالة ماجستير - غير منشورة، كلية التجارة - جامعة عين شمس، 2003.

أحمد منصور: أثر تدريس وحدة المجموعات باستخدام الوسائل التكنولوجية للتعليم على التفكير الابتكاري، رسالة ماجستير كلية التربية - جامعة المنصورة 1981.

اركارو جانيس: إصلاح التعليم-الجودة الشاملة في حجرة الدراسة. ترجمة سهير بسيونى،دار الاحودى للنشر، القاهرة، 2000.

أسامة الميمي، شادية مخلوف، فريد مرة: الجودة في الجامعات الفلسطينية: الإجراءات والممارسات، ورقة علمية أعدت لمؤتمر النوعية في التعليم الجامعي الفلسطيني الذي عقده برنامج التربية ودائرة ضبط النوعية في جامعة القدس المفتوحة في مدينة رام الـلـه في الفترة الواقعة 3-2004/7/5.

إسماعيل محمد إسماعيل: فاعلية التعلم التعاوني المصحوب وغير المصحوب بالتعلم الإلكتروني في تنمية التحصيل ومهارات العمل مع مجموعة في مجال تكنولوجيا التعليم لدى طالبات كلية التربية بجامعة قطر، مجلة صوت الوطن العربي، مجلة علمية محكمة، المملكة العربية السعودية، 2005.

أشرف أحمد عبد العزيز: أثر أساليب انتقال مشاهد الفيديو على أداء مهارات الإنتاج التلفزيوني لدارسي تكنولوجيا التعليم، رسالة ماجستير غير منشورة، كلية التربية - جامعة حلوان، 1999.

أماني صلاح محمد: برنامج مقترح في مادة الكمبيوتر لطلاب التعليم الثانوي الصناعي في ضوء متطلبات سوق العمل، رسالة دكتوراه غير منشورة، كلية التربية - جامعة عين شمس، 2006.

أماني محمد، محسن فراج: جودة منهج أم منهج من أجل الجودة على الرابط التالي:
http://scienceeducator.jeeran.com/nafeza/archive/2006/9/99862.html

أماني محمد طه مصطفي: فاعلية وحدة في الدراسات الاجتماعية باستخدام مدخل ثقافة الشعوب في الحلقة الثانية من التعليم الأساسي، رسالة ماجستير غير منشورة، كلية التربية - جامعة عين شمس، 1996 .

بدرية الملا: أثر برنامج متكامل بين القراءة الوظيفية والقراءة على الأداء اللغوي لتلميذات الصفوف الثلاثة الأخيرة في المرحلة الابتدائية، رسالة دكتوراه غير منشورة، القاهرة: كلية التربية - جامعة عين شمس، 1994.

برنامج الأمم المتحدة الإنمائي: إصلاح الإدارة الحكومية «مذكرة تطبيقية»، جمهورية مصر العربية ، 2004.

برهامي محمد عبد الحميد محمود زغلول: تطوير منهج السكرتارية التطبيقية بالمدارس الثانوية التجارية في ضوء متطلبات سوق العمل دراسة تجريبية، رسالة دكتوراه غير منشورة، كلية التربية – جامعة عين شمس،1997.

التطورات المعلوماتية والأدوات التكنولوجية تفتح أبواباً جديدة أمام التعليم الإلكتروني اكتشاف المجهول، مجلة العالم الرقمي، الجزيرة، عدد 162، مارس 2006.

التعليم والبحث العلمي، تطوير التعليم: المؤتمر السنوي للحزب الوطني الديمقراطي، (2001-2002).

التعليم والبحث العلمي، تطوير التعليم الثانوي، المؤتمر السنوي للحزب الوطني الديمقراطي،(2003-2004).

جميل نشوان، تطوير كفايات للمشرفين الأكاديميين في التعليم الجامعي ضوء مفهوم إدارة الجودة الشاملة في فلسطين، ورقة علمية أعدت لمؤتمر النوعية في التعليم الجامعي الفلسطيني، جامعة القدس المفتوحة في مدينة رام الله،2004/7/5.

جواهر أحمد قناديلي: التدريب والتعليم عن بعد باستخدام الإدارة الالكترونية، الملتقى الإداري الثاني الإدارة و المتغيرات العالمية الجديدة الرياض 16- 17 محرم1425هـالموافق7-8 مارس 2004.

الحزب الوطني الديمقراطي:برنامج الحزب لتطوير التعليم، المؤتمر السنوي للحزب 2005.

حسن حسين البيلاوي:الأيدلوجية في سياسة التعليم الفني في مصر والدول النامية - دراسة نقدية،مج 2،المؤتمر الثاني،السياسات التعليمية في الوطن العربي،كلية التربية،جامعة المنصورة،يوليو 1992.

حسين الطوبجي: وسائل الاتصال والتكنولوجيا في التعليم، ط13، دار القلم، الكويت، 1994 .

حلمي أبو الفتوح عمار ، عبد الباقي أبو زيد : تكنولوجيا الاتصالات وآثارها التربوية والاجتماعية «دراسة ميدانية بمملكة البحرين» بحث منشور في أعمال المؤتمر السادس عشر للحاسب والتعليم بالمملكة العربية السعودية فبراير 2001.

حلمي احمد الوكيل: تنظيمات المناهج، دار الكتاب، القاهرة، 1985.

حلمي أحمد الوكيل، محمد أمين المفتى: أسس بناء المناهج وتنظيمها، دار الكتاب، القاهرة، 1981.

حلمي احمد الوكيل، محمد أمين المفتي: المناهج - أسسها - عناصرها - تنظيمها، دار الكتاب، القاهرة، 1990.

حلمي أحمد الوكيل، محمد أمين المفتي: المناهج المفهوم، العناصر، الأسس، التنظيمات، التطوير، مكتبة الأنجلو المصرية، ط1، 1996.

حلمي أحمد الوكيل: تطوير المناهج أسبابه، أسسه، أساليبه، خطواته، معوقاته، دار الفكر العربي، ط 1 1999.

حنان إسماعيل سالم: أثر استخدام الحاسب الآلي كمساعد تعليمي في تدريس الإحصاء على تنمية المهارات الإحصائية، رسالة ماجستير غير منشورة، كلية التربية - جامعة عين شمس، 2000.

خالد حسين حسن عزت: توظيف الوسائط المتعددة في تدريس مهارات كرة السلة، ورقة العمل لمؤتمر نحو تدريس متميز، قسم التربية البدنية وعلوم الرياضة كلية التربية - جامعة قطر، خلال الفترة من 25- 30 مارس 2006 .

خالد محمود منصور: توظيف التقنية الحديثة لخدمة نظام التعليم عن بعد داخل منطقة الشرق الأوسط وخارجها (تجربة الجامعة الأمريكية المفتوحة) الاتحاد الدولي للاتصالات الندوة الإقليمية حول توظيف تقنيات المعلومات والاتصالات في التعليم - دمشق 15-17 يوليو 2003.

رأفت عبد العزيز غنيم: دور جامعة الدول العربية في تنمية وتيسير التجارة الالكترونية بين الدول العربية ، إدارة قطاعات الخدمات الأساسية، القطاع الاقتصادي، الأمانة العامة، ملحق (1) 2003.

رزق اللـه، عايدة نخلة: التسويق الدولي الالكتروني «التحديات والمواجه»، المؤتمر العلمي السنوي الثاني، الاتجاهات الحديثة في إدارة الأعمال، المجلس الأعلى للجامعات، الجنة العلمية الدائمة لإدارة الأعمال، ابريل 2000.

رسمي عبد الملك، محمد مجدي عباس: تفعيل إدارة المدرسة الثانوية باستخدام تكنولوجيا المعلومات والاتصال لتحقيق الجودة الشاملة،المركز القومي للبحوث التربوية والتنمية، القاهرة، يوليو 2005.

رشدي أحمد طعيمة: الأسس النفسية والاجتماعية لبناء مناهج اللغة العربية في التعليم ما قبل الجامعي، المجلة العربية للتربية، المنظمة العربية للثقافة والعلوم، المجلد الخامس، العدد الثاني، سبتمبر1985.

رشدي أحمد طعيمة: تحليل المحتوى في العلوم الإنسانية، مفهومه، أسسه، استخداماته، دار الفكر العربي، القاهرة، 1987.

رشدي لبيب، فايز مراد مينا: المنهج منظومة لمحتوى التعليم، مكتبة الأنجلو المصرية، ط2، 1993 .

رضا السعيد، (2005): تفعيل المعايير القومية في المدارس المصرية، مؤتمر الجمعية المصرية للمناهج وطرق التدريس «المستويات المعيارية ومناهج التعليم».

رمضان محمد محمد : التجارة الالكترونية ودورها في تنمية التجارة الخارجية لجمهورية مصر العربية، رسالة ماجستير - غير منشورة، أكاديمية السادات للعلوم الإدارية، 2001.

رياض رشاد البنا: إدارة الجودة الشاملة مفهومها وأسلوب إرسائها مع توجهات الوزارة في تطبيقها في مدارس المملكة، ورقة عمل مقدمة إلى المؤتمر السنوي الواحد والعشرون للتعليم الإعدادي للفترة من 24 -25 يناير 2007.

زاهر أحمد: تكنولوجيا التعليم كفلسفة ونظام- الجزء الأول، المكتبة الأكاديمية، القاهرة، ط1، 1996.

زينب محمد أمين: إشكاليات حول تكنولوجيا التعليم، دار الهدى للنشر، المنيا، ط1، 2000.

سامي محمد شلبى : تطوير مناهج السكرتارية التطبيقية بمدارس الإدارة والخدمات في ضوء متطلبات سوق العمل، رسالة دكتوراه غير منورة، معهد البحوث والدراسات التربوية - جامعة القاهرة، 1997.

سامي محمد شلبي شريف: تطوير منهج إدارة المشروعات الصغيرة بالمدرسة الثانوية التجارية في ضوء المهارات اللازمة لإعداد الطلاب لتملك وإدارة المشروعات الصغيرة بعد التخرج وتدريسه باستخدام الكمبيوتر، دراسات في المناهج وطرق التدريس. الجمعية المصرية للمناهج وطرق التدريس. العدد التسعون - نوفمبر 2003.

سامية عادل الأنصاري: استخدام النظم في وضع برنامج للتربية العملية لطالب القسم العلمي في الكويت، رسالة دكتوراه غير منشورة، القاهرة، كلية التربية جامعة عين شمس، 1985.

سمية على محمد على: فاعلية برنامج لتطوير بعض كفايات تكنولوجيا التعليم لدى طلاب كلية التربية النوعية بالقاهرة، رسالة ماجستير غير منشورة، كلية التربية - جامعة عين شمس، 1998.

سميحة عبد الله عباس القاري: توظيف التقنية في الارتقاء بالمواطنة ، دراسة مقدمة للقاء السنوي الثالث عشر لقادة العمل التربوي الباحة 26 - 2005/28.

سمير إيليا القمص: دراسة تجريبية لفاعلية تدريس الجداول الإلكترونية للمسار التجاري للتعليم الثانوي بدولة البحرين، 2005 على الرابط التالي:

http://www.yousry.bravepages.com/Study%20Abs%20Samer%20Al%20Komm

سمير محمد عبد العزيز: اقتصاديات جودة المنتج إدارة الجودة الشاملة والايزو 9000 و 10011 رؤية اقتصادية فنية إدارية، الإسكندرية، مكتبة الإشعاع، 2000.

سيد عليوه: صنع القرار السياسي في منظمات الإدارة العامة، الهيئة المصرية العامة للكتاب، القاهرة، 1987.

شعبان حامد علي إبراهيم وآخرون: صناعة الكتاب المدرسي، المركز القومي للبحوث التربوية والتنمية، 2006.

شهاب أحمد شهاب أحمد العثمان: نموذج مقترح لتطبيق إدارة الجودة الشاملة في نظام التعليم الحكومي دراسة تطبيقية على نظام التعليم الثانوي بدولة الكويت، رسالة دكتوراه غير منشورة، كلية التجارة، 2004.

صابر حسين محمود: مشروع تحليل المناهج الدراسية بالسعودية، مجموعة العلوم التجارية والإدارية، مركز بن خلدون للدراسات الإنمائية ، القاهرة، أغسطس، 1993.

صابر عبد المنعم محمد عبد النبى: معايير بناء المواد التعليمية في التعليم من بعد في ضوء مدخل النظم (دراسة تطبيقية لتعليم اللغة العربية)، المؤتمر الدولي للتعليم عن بعد، مسقط - عمان (27-29) مارس 2006 .

صلاح حسن علي سلام : إدارة الجودة الشاملة كمدخل لتحسين مستوى جودة الخدمة التعليمية في الجامعات المصرية الحكومية، رسالة دكتورة غير منشورة،كلية التجارة - جامعة عين شمس ، 2001.

ضياء ناصر الجراح: تطوير مناهج الرياضيات في مرحلة التعليم العام في المملكة الأردنية الهاشمية في ضوء النمذجة الرياضية، رسالة دكتوراه غير منشورة، كلية التربية جامعة عين شمس، 2000.

عبد الباقي عبد المنعم أبو زيد، حلمي أبو الفتوح عمار: توظيف الحاسب الآلي والمعلوماتية في مناهج التعليم الفني بدولة البحرين واقعه- صعوباته، بحث منشور في أعمال المؤتمر السادس عشر للحاسب والتعليم بالمملكة العربية السعودية فبراير 2001 .

عبد الحميد محمد رجب: نموذج تعليمي جديد متعدد الوسائط مبنى باستخدام التعليم الإلكتروني المواءمة والإنترنت، ورشة عمل (طرق تفعيل وثيقة الأداء) ، جامعة الملك عبد العزيز، السعودية، 26-27ديسمبر2005.

عبد الحميد منيزل: دليل إنتاج البرمجيات التعليمية، تونس المنظمة العربية للتربية والثقافة والعلوم، 1993.

عبد الرحمن تيشورى: الإدارة الالكترونية - الحوار المتمدن العدد: 1418، 2006/1/2.

عبد العزيز جميل مخيمر: إدارة المشتريات والمخازن « الأسس العلمية - النماذج الكمية - الحاسبات الآلية - الممارسات العملية»، كلية لاقتصاد والإدارة جامعة الملك سعود، السعودية، 2005.

عبد العظيم الفرجاني: التكنولوجيا وتطوير التعليم، درا الغريب للنشر، القاهرة، ط1، 2002.

عبد الغفار عبد الرازق محمود: فاعلية برنامج قائم على المستحثات التكنولوجية لإكساب طلاب المدارس الثانوية التجارية المهارات اللازمة في مادة السكرتارية وفقا لمتطلبات سوق العمل، رسالة دكتوراه غير منشورة، كلية التربية - جامعة الأزهر، 2007.

عبد الغفار عبد الرزاق محمود: اثر استخدام الحقائب التعليمية على اكتساب المعرفة والمهارات في مادة السكرتارية، رسالة ماجستير غير منشورة، كلية التربية - جامعة الأزهر، 1997.

عبد الفتاح أحمد جلال ، رويده صبحي محمد سليم: الكليات التكنولوجية إستراتيجية جديدة لإعادة بناء وتنظيم المعاهد الفنية الصناعية بمصر في ضوء تجارب الدول المتقدمة، معهد البحوث والدراسات التربوية - جامعة القاهرة، 2002.

عبد القادر عبد الله الفتوح، عبد العزيز عبد الله السلطان: الإنترنت في التعليم - مشروع المدرسة الإلكترونية، مجلة تكنولوجيا التعليم 2005.

http://www.khayma.com/education-technology/1.htm

عبد القادر عبد المنعم صالح: توظيف التقنيات الحديثة في تكنولوجيا الاتصالات

والمعلومات لزيادة فعالية الوسائل السمعية والبصرية المتاحة في التعليم، المؤتمر العلمي الثامن للجمعية المصرية لتكنولوجيا التعليم «المدرسة الإلكترونية»، كلية البنات - جامعة عين شمس في الفترة من 29-31 أكتوبر 2001.

عبد اللطيف بن صفي الجزار: مقدمة في تكنولوجيا التعليم - النظرية والعلمية، القاهرة، مكتبة جامعة عين شمس ، 1999.

عبد الله بن سالم المناعي: التعليم بمساعدة الحاسوب وبرمجياته التعليمية. حولية كلية التربية - جامعة قطر، العدد الثاني عشر 1996.

عبد الله بن سالم المناعي: مجالات الإفادة من خدمات الإنترنت في العملية التعليمية والبحث العلمي كما يتصورها أعضاء هيئة التدريس بجامعة قطر، مجلة العلوم التربوية - كلية التربية - جامعة قطر، العدد الخامس، 2004.

عبد الله سعد العمري، تكنولوجيا الحاسوب في العملية التعليمية، مجلة دراسات في المناهج وطرق التدريس،العدد الثالث والسبعون، مصر- القاهرة،سبتمبر 2001.

عبد الله سعيد: جودة الكتاب الجامعي وآفاق تطويره، دراسة مقدمة إلى الندوة الوطنية لتطوير المناهج والاختصاصات التي تنظمها وزارة التعليم العالي في جامعة حلب30-31 أيار 2007.

عبد الله عبد الرحمن السكندري: تكنولوجيا التعليم وتفعيل العملية التربوية (تعليم اللغات كنموذج)، تكنولوجيا التعليم دراسات عربية تحرير مصطفى عبد السميع محمد، دار الكتاب، القاهرة، ط1، 1999.

عبد الله عبد العزيز الموسى: التعليم الإلكتروني مفهومة - خصائصه- فوائده - عوائقه، ورقة عمل مقدمة إلى ندوة مدرسة المستقبل جامعة الملك سعود في الفترة 22-2002/10/23.

عبد الـلـه عبد العزيز الهدلق: مدي كفاية و ملاءمة أجهزة الحاسوب وبرامجه وملحقاته المتوفرة بمدارس التعليم العام بدولة الإمارات العربية المتحدة للتلاميذ، دراسات في المناهج وطرق التدريس. الجمعية المصرية للمناهج وطرق التدريس. العدد السابع والستون ديسمبر 2000.

عبد الـلـه يحي آل محيا: الجودة في التعليم الالكتروني من التصميم إلى استراتيجيات التعلم، المؤتمر الدولي للتعليم عن بعد، مسقط - سلطنة عمان، 27-29 مارس 2006.

عبد المنعم محي الدين عبد المنعم، إدارة الجودة الشاملة وتطبيقها في التربية دراسة وصفية، مجلة التربية بدمياط،كلية التربية- جامعة المنصورة، العدد الرابع والثلاثون، الجزء الأول،2000.

عبد الهادي عبد الـلـه أحمد: تطوير منهج مبادئ التجارة بالمدارس الثانوية التجارية في ضوء معايير الجودة الشاملة للمنهج وقياس فاعليته، المؤتمر العلمي السابع عشر للجمعية المصرية للمناهج وطرق التدريس «مناهج التعليم والمستويات المعيارية»، المجلد الثاني، الفترة من 26-27يوليو 2005.

عبد الهادي عبد الـلـه احمد: تقويم مناهج الاقتصاد بالمدرسة الثانوية التجارية في ضوء المفاهيم الاقتصادية اللازمة للطلاب، رسالة ماجستير غير منشورة، كلية التربية - جامعة عين شمس، 1996.

عبدالرحمن بن عبد الـلـه الواصل: المنهج الدراسي في مفهوميه السائد والصحيح، اللقاءات التربويَّة الشهريَّة، برنامج تدريبيٍّ، المملكة العربيَّة السعوديَّة، وزارة المعارف، 1999.

عبد الـلـه الهابس، عبد الرحمن الكندري : الأسس العلمية لتصميم وحدة تعليمية عبر الإنترنت، المجلة التربوية 165، 15 - 199، 2000.

عبد الـلـه سالم المناعي: الكمبيوتر وسيلة مساعدة في العملية التعليمية، مجلة التربية 241-259، 1994.

عبد اللـه عبدالعزيز الموسى: التعليم الإلكتروني مفهومة..خصائصه...فوائدة..عوائقه، ورقة عمل مقدمة إلى ندوة مدرسة المستقبل جامعة الملك سعود في الفترة 22-2002/10/23.

عدنان أحمد الورثان: الدليل الإرشادي لتطبيق نظام الجودة الشاملة في القطاع التعليمي، المؤتمر الوطني الأول للجودة السعي نحو الإتقان والتميز - الواقع والطموح 26 - 28 ربيع الأول 1425هـ 2004.

علاء كرم جراد: النموذج الأوروبي للامتياز في مدارسنا، مجلة الخليج، مارس 2003

على عبد المجيد عبدة: إدارة المشتريات والمخازن، دار النهضة لعربية، القاهرة، الطبعة السادسة، 1970 .

على عبد ربه حسن: تدريب المعلمين أثناء الخدمة، القاهرة، دار الثقافة للطباعة والنشر، 1985.

على محمد عبد المنعم: تكنولوجيا التعليم بالوسائل التعليمية، دار البشرى،القاهرة، 1995.

علي ميّا، نور الدين هرمز، محمد ناصر: العولمة وتحدياتها التقنية والتكنولوجية على الإدارة دراسة ميدانية لمجموعة من منظمات الأعمال العامة والخاصة في القطر العربي السوري،مجلة جامعة تشرين للدراسات و البحوث العلمية - سلسلة العلوم الاقتصادية والقانونية المجلد (27) العدد (2) 2005

غادة ذكى محمد: فاعلية أسلوبين من أساليب التعلم الذاتي في تنمية المهارات المكتبية في مادة السكرتارية التطبيقية العربية لدى طلاب الصف الأول الثانوي التجاري، رسالة ماجستير غير منشورة، كلية التربية - جامعة عين شمس، 1997.

الغريب زاهر إسماعيل: الإنترنت للتعليم خطوة خطوة، دار الوفاء للطباعة والنشر، ط1، 2000.

الغريب زاهر إسماعيل، إقبال بهبهانى: تكنولوجيا التعليم (نظرة مستقبلية)، دار الكتاب الحديث، القاهرة ، ط2 1999.

فؤاد أبو حطب، آمال صادق: علم النفس التربوي، القاهرة: مكتبة الأنجلو المصرية، ط5، 1996.

فؤاد البهي السيد: علم النفس الإحصائي وقياس العقل البشري، دار الفكر العربي، القاهرة، ط1، 1958.

فائقة سعيد حبيب: نظام إداري مقترح لتعليم جامعي عن بُعد في المملكة العربية السعودية في ضوء بعض الخبرات المعاصرة.رسالة دكتوراه غير مشورة،كلية التجارة - جامعة عين شمس، 1998.

فادي إسماعيل: البنية التحتية لاستخدام تكنولوجيا المعلومات والاتصالات في التعليم، و التعليم عن بعد، ورقة عمل مقدمة إلى الندوة الإقليمية حول توظيف تقنيات المعلومات و الاتصالات في التعليم، و التعليم عن بعد، دمشق 15-17 يوليو 2003.

فارعة حسن محمد، عبد اللطيف الجزار، دراسات وبحوث في المناهج وتكنولوجيا التعليم، عالم الكتب الطابعة الأولى 1999

فاطمة فاروق الشرقاوي: فاعلية الوسائط التعليمية على التحصيل واكتساب المهارات الأدائية المرتبطة بمادة السكرتارية لطلاب الصف الأول الثانوي التجاري، رسالة ماجستير غير منشورة، كلية التربية - جامعة طنطا، 1996.

فايز مراد مينا: ملاحظات حول معايير الجودة وعلاقتها بتطوير المناهج، النؤتمر العلمى التاسع عشر تطوير مناهج التعليم في ضوء معايير الجودة، الجمعية المصرية للمناهج وطرق التدريس، المجلد الاول، في الفترة من 25-26 يوليو 2007.

فتحي يوسف مبارك: دراسة تجريبية في المنهج المتكامل، عمل وحدة دراسية متكاملة وتقويم أثرها في تحديد أهداف المواد الاجتماعية بالمرحلة الإعدادية، رسالة دكتوراه غير منشورة، كلية التربية، جامعة الزقازيق، 1982.

فريد النجار: استراتيجيات التعليم الرقمي (الموقف العربي)، الاتحاد الدولي للاتصالات الندوة الإقليمية حول توظيف تقنيات المعلومات والاتصالات في التعليم - دمشق 15-17 يوليو 2003.

فوزى طه ابراهيم، رجب أحمد الكلزة: المناهج المعصرة، الإسكندرية، منشأة المعارف، 1983 .

قسيم الشناق، حسن بني دومي: تقويم مواد التعلم الإلكتروني لمنهاج الفيزياء في المدارس الثانوية الأردنية من وجهة نظر المعلمين والطلبة، المؤتمر الدولي للتعليم عن بعد، مسقط - سلطنة عمان، 27-29 مارس 2006.

كمال حسنى بيومي: دراسة الاتجاهات العالمية المعاصرة لتوظيف عناصر التطوير التكنولوجي في التعليم الأساسي، دراسة مقدمة إلى لمركز القومي للبحوث التربوية والتنمية، 2000.

كمال زاخر لطيف، برلنتة إبراهيم علي، حسن محمد آدم: التربية للصف الرابع معلمين ومعلمات، الجهاز المركزي للكتب الجامعية والمدرسية والوسائل التعليمية، وزارة التربية والتعليم، القاهرة، 1987.

كمال عبد الحميد زيتون: تكنولوجيا التعليم في عصر المعلومات، عالم الكتب، القاهرة، 2002.

كمال يوسف اسكندر: معوقات استخدام الوسائل التعليمية في مدارس التعليم الإعدادي والثانوي العام بدولة البحرين مع بعض الحلول المقترحة، 1983.

كمب: (1980) ترجمة احمد خيري كاظم، تصميم البرامج التعليمية، القاهرة، دار النهضة، 1987

كوثر حسين كوجك: اتجاهات حديثة في المناهج وطرق التدريس، عالم الكتب، ط 2، 1997.

لطفي الخطيب: المرشد في تصميم البرمجيات التعليمية الكمبيوترية للمعلمين، دار الكندي للنشر والتوزيع، إربد - الأردن، 1998.

مجدي عبد الكريم حبيب: أثر الوسائط المتعددة في بيئة التعلم القائمة على الكمبيوتر على تنمية التفكير والتعلم، المؤتمر العلمي الثامن للجمعية المصرية لتكنولوجيا التعليم « المدرسة الإلكترونية» كلية البنات - جامعة عين شمس في الفترة من 29-31 أكتوبر 2001 .

مجدي عبد النبي هلال، عصام توفيق قمر، محمد محمد حسن الحبشي: استخدام المستحدثات التكنولوجية في مجال الأنشطة الرياضية والاجتماعية بالمدرسة الثانوية «رؤية مستقبلية» المركز القومي للبحوث التربوية، القاهرة، 2000.

مجدي عزيز إبراهيم: دراسات في المنهج التربوي المعاصر رؤية لمنهج حديث من أجل جيل جديد في عصر العوامة، مكتبة الأنجلو المصرية، ط 2، 2000.

مجدي عزيز إبراهيم: مناهج التعليم العام في الميزان «رؤية لمواكبة المناهج لمتطلبات عصر المعرفة والتكنولوجيا»، المؤتمر العلمي الثالث عشر للجمعية المصريـة للمناهج وطرق التدريس:القاهرة، 24-25 يوليو، 2001.

محمد أحمد الخولي: مفهوم الجودة التعليمية الشاملة ومدى تأثيرها على الأداء الأكاديمي من واقع جامعة قطر «بحث مقدم إلى ندوة الإدارة الإستراتيجية في مؤسسات التعليم العالي»، المملكة العربية السعودية - جامعة الملك خالد في الفترة 20-2005/12/22.

محمد أحمد سراج الدين: أثر استخدام الوسائط المتعددة على تنمية التفكير الابتكاري الناقد في مادة التاريخ لدى طلاب الصف الأول الثانوي، رسالة ماجستير -غير منشورة، معهد الدراسات والبحوث التربوية - جامعة القاهرة، 1999.

محمد إسماعيل عمر: أساسيات الجودة في الإنتاج، مكتبة كلية التجارة - جامعة عين شمس، 2000.

محمد الخطيب: مدخل لتطبيق معايير ونظم الجودة الشاملة في المؤسسات التعليمية، ورقة عمل مقدمة إلى اللقاء السنوي الرابع عشر الجمعية السعودية للعلوم التربوية والنفسية (جستن) (الجودة في التعليم العام)، القصيم، 28-29 ربيع الآخر 1428هـ (15 - 16 /5/ 2007/ م)

محمد السيد حسونه، رسمي عبد الملك: استخدام الحاسبات في العملية التعليمية «دراسة مقارنة» المركز القومي للبحوث التربوية، القاهرة، 2000.

محمد السيد علي: تكنولوجيا التعليم والوسائل التعليمية، دار الفكر العربي، ط1، 2002.

محمد حسن الحبشي : تطوير التعليم الفني نظام السنوات الثلاث في ضوء احتياجات سوق العمل (دراسة ميدانية) المركز القومي للبحوث التربوية والتنمية، القاهرة، 2006.

محمد رضا البغدادي: الأهداف والاختبارات في المناهج وطرق التدريس بين النظرية والتطبيق، دار الفكر العربي، القاهرة، 1998.

محمد سعيد العمودي: دور تقنيات المعلومات والاتصالات في تعزيز استخدام الطرق الحديثة في تدريس الفيزياء الجامعية، الندوة الإقليمية حول توظيف المعلومات والاتصالات في التعليم (مع التركيز على المحتوى العربي على شبكة الإنترنت) دمشق - سوريا 15-2003/7/17.

محمد طاهر: الإطار الفكري والفلسفي لمدخل إدارة الجودة الشاملة. مجلة الإدارة، 30، 1، 77- 102، 1998.

محمد طوالبة: تقييم البرمجيات التعليمية. اليرموك، العدد (71) 40-42، 2001.

محمد عزت عبد الموجود: الأسس التقنية لصناعة الأهداف «برنامج إعداد المعلم الجامعي»، جامعة المنصورة، 89/90.

محمد محمد عبد الهادي: التعليم الإلكتروني عبر شبكة الإنترنت، أفاق تربوية متجددة، الدار المصرية اللبنانية، القاهرة، 2005.

محمد عبد الرحمن طوالبة، استخدام الوسائل التعليمية وأساليب إنتاجها ، جامعة اليرموك: كلية التربية والفنون، مذكرة في الوسائل، إربد، ناصر للخدمات الجامعية، 2000.

محمود سيد محمود أبو ناجي: أثر استخدام المناقشة بواسطة الكمبيوتر وتعلم المعلومات العامة على التفكير الاستدلالي للطلاب أعضاء جمعيات العلوم بالمدارس الثانوية. مجلة كلية التربية- جامعة أسيوط (2)17، (2001).

محمود محمد حسن الضابط: دور التجارة الالكترونية في رفع كفاءة تسويق منتجات المنشآت الصناعية الصغيرة، رسالة ماجستير - غير منشورة، كلية التجارة - جامعة عين شمس، 2004.

المركز القومي للبحوث التربوية والتنمية: ملامح تطوير التعليم قبل الجامعي في ضوء القرارات الوزارية في عشر سنوات (الفترة من 1990 حتى 2000)، مجلة التربية والتعليم العدد 26، القاهرة، 2002.

مصطفى السايح محمد: الجودة - جودة التعليم - إدارة الجودة الشاملة «رؤية حول المفهوم والأهمية»، مجلة الكلية، كلية التربية الرياضية للبنين - جامعة الإسكندرية 2006، على الرابط:http://www.sea.edu.eg .

المعايير التربوية لتصميم وإنتاج البرمجية التعليمية الجيدة: على الرابط التالي: http://drmadani.com/B7OTH/maayeer.doc.

معزوز جابر علاونه: مدى تطبيق مبادئ إدارة الجودة الشاملة في الجامعة العربية الأمريكية، ورقة علمية أعدت لمؤتمر النوعية في التعليم الجامعي الفلسطيني الذي عقده برنامج التربية ودائرة ضبط النوعية، في جامعة القدس المفتوحة في مدينة رام الله في الفترة الواقعة 3-2004/7/5.

ممدوح عبد الرحيم أحمد الجعفري: الجودة الشاملة في رياض الأطفال «تصور مقترح»، مجلة كلية التربية ببنها، المجلد العاشر، العدد السابع والثلاثين، إبريل 1999.

ممدوح عبد الهادي عثمان: التكنولوجيا ومدرسة المستقبل «الواقع والمأمول»، بحث مقدم إلى ندوة «مدرسة المستقبل الرياض»: 16-17 شعبان 1423 هـ كلية التربية جامعة الملك سعود 2002.

ممدوح عبد الهادي عثمان: تصميم برنامج في الاقتصاد باستخدام الكمبيوتر لطلاب المرحلة الثانوية التجارية وقياس فاعليته، رسالة دكتوراه غير منشورة، كلية التربية - جامعة حلوان، 1995.

ممدوح عبد الهادي عثمان، محمد محمود عبد السلام : فاعلية استخدام الوسائل المتعددة بالكمبيوتر في تدريس مادة المحاسبة بالصف الأول الثانوي التجاري في تنمية أداءات الطلاب واتجاهاتهم نحو المادة الجمعية المصرية للمناهج وطرق التدريس، كلية التربية - جامعة عين شمس، دراسات في المناهج وطرق التدريس العدد الحادي عشر بعد المائة فبراير 2006.

ممدوح عبد الهادي عثمان: تقويم منهج المحاسبة المالية بالمرحلة الثانوية التجارية في ضوء المعايير القومية لتقويم المنهج من وجهة نظر المعلمين،الجمعية المصرية للمناهج وطرق التدريس، كلية التربية - جامعة عين شمس، دراسات في المناهج وطرق التدريس العدد السادس عشر بعد المائة سبتمبر 2006.

المملكة العربية السعودية، وزارة التربية والتعليم، مركز تطوير المناهج، الإدارة العامة لتطوير المناهج، 2005.

منذر محمد كمال قباني:أثر استخدام مدخلين في تدريس الرياضيات باستخدام الكمبيوتر على تحصيل تلاميذ الصف الأول الإعدادي واستبقاء أثر تعلمهم لها واتجاهاتهم نحوها،رسالة دكتوراه غير منشورة،معهد الدراسات التربوية جامعة القاهرة،1999.

منصور أحمد عبد المنعم : الجودة الشاملة وتطوير المناهج، ورق بحثية، المؤتمر العلمي التاسع عشر لتطوير مناهج التعليم في ضوء معايير الجودة في الفترة من 25-26 يوليو 2007.

منصور بن حمد بن منصور الشعيلي: تقرير عن الندوة الخاصة، بمجالات حول العلوم والتكنولوجيا قضايا واستراتيجيات أساسية، المنعقدة بالمملكة المتحدة - مانشستر، خلال الفترة من 3 - 7 نوفمبر 2003.

منصور فهمي: إدارة الأفراد و العلاقات الإنسانية، القاهرة، دار الشعب، 1986.

المنهاج الفلسطيني الجديد، السلطة الفلسطينية، الهيئة العامة للاستعلامات، مركز المعلومات الوطني الفلسطيني 2006.

مهدى محمود سالم: تقنيات ووسائل التعليم، دار الفكر العربي، القاهرة، ط 1، 2002 .

موفق عبد العزيز الحسناوى، فاطمة عبد الأمير عبد الرضا، سالم عبد الله الموسوي: أثر شبكة المعلومات الدولية وبرامج الحاسوب في تدريس الكترونيات القدرة الكهربائية في تحصيل الطلبة والاحتفاظ بالمعلومات والدافعية للتعلم، المؤتمر الدولي للتعليم عن بعد، مسقط - عمان (27-29) مارس 2006.

نادر فرجاني: نظم التعليم وعالم العمل، المؤتمر السنوي الرابع، الجمعية المصرية للتربية المقارنة والإدارة التعليمية، القاهرة، دار الفكر العربي،1996.

نادية علي حسن السيد: تصور مقترح لتطوير نظام التعليم بالمملكة العربية السعودية في ضوء معايير الجودة الشاملة، مجلة مستقبل التربية العربية، العدد السابع والعشرون، المركز العربي للتعليم والتنمية، القاهرة، 2002.

نرجس حمدي: تطوير وتقويم نموذج تدريسي في تصميم التقنيات التعليمية وإنتاجها فق منحى النظم. دراسات العلوم التربوية، 26 (1)، 70-91، 1998.

نوال محمد بن عبد الرحمن بن راجح: فاعلية برنامج مقترح في الحاسب الآلي لتنمية

التفكير الناقد والتحصيل في الرياضيات لدى طالبات الصف الثاني الثانوي، رسالة دكتوراه، كلية البنات - جامعة عين شمس ، 2002.

نور عبد اللـه الشباني: البرمجية التعليمية، ورقة عمل مقدمة للندوة الأولى للتعليم الإلكتروني والمقامة بمدارس الملك فيصل بالرياض، 19-21صفر1424هـ 2003 .

هاشم بن حمزة نور: أثر التطور التقني على تحسين جودة العملية التعليمية والارتقاء بجودة الخريجين في ضوء المعايير الدولية للاعتماد الأكاديمي، ورشة عمل بعنوان طرق تفعيل وثيقة الآراء، حول التعليم العالي،جامعة الملك عبد العزيز، جدة،المملكة العربية السعودية، الأربعاء 9 نوفمبر 2005.

هاني محمد عبد الشاكر: أثر اختلاف نمط الصور والرسوم التوضيحية في برامج الكمبيوتر المتعدد الوسائط على التحصيل المعرفي لوظائف أجزاء كاميرا التصوير الفوتوغرافي، رسالة ماجستير غير منشورة - معهد الدراسات التربوية - جامعة القاهرة منشورة ، 2001.

هناء رزق محمد: برنامج تعلم ذاتي لتدريب المعلمين علي استخدام تكنولوجيا التعليم في مواقف التدريس، رسالة دكتوراه غير منشورة،كلية التربية - جامعة عين شمس،2001.

هند أحمد الشربيني البربري: الجودة في مدارس التعليم العام، بحث مقدم للجمعية السعودية للعلوم التربوية والنفسية (جستن)، كلية التربية للبنات الأقسام العلمية- المملكة العربية السعودية، 2007. على الرابط التالي:

http://www.ksu.edu.sa/sites/Colleges/

هوارد نيكولز أودري: تطوير المنهج (مرشد عملي) ترجمة سعيد جميل سليمان، القاهرة، دار الثقافة للطباعة والنشر، 1981 .

هيفاء فهد المبيريك:التعليم الإلكتروني تطوير طريقة المحاضرة في التعليم الجامعي باستخدام التعليم الإلكتروني مع نموذج مقترح، ورقة عمل مقدمة لندوة مدرسة المستقبل، كلية التربية جامعة الملك سعود المنعقدة في الفترة من 22-23 / 10/2002 .

وزارة التربية والتعليم، البنك الدولي وحدة التخطيط والمتابعة مشروع تحسين التعليم الثانوي، خمس سنوات على طريق تطوير التعليم الثانوي في مصر (1997-2001) القاهرة، 2001.

وزارة التربية والتعليم، المعايير القومية للتعليم في مصر، المجلد الأول، 2003.

وزارة التعليم العالي وحدة إدارة المشروعات، هيئة ضمان الجودة والاعتماد في التعليم، (مسودة القانون)،اللجنة القومية لضمان الجودة والاعتماد، أبريل 2004.

يحي برويقات عبد الكريم، تطبيق إدارة الجودة الشاملة في المؤسسة الصناعية دراسة حالة المؤسسة الوطنية للصناعات الالكترونية، مذكرة تخرج لنيل شهادة الماجستير، تخصص اقتصاد الإنتاج،جامعة تلمسان، السنة الجامعية 2002-2003.

يسرى مصطفى السيد، تكنولوجيا التعليم، وتقنيات التعليم، كلية التربية - جامعة الإمارات، http://www.khayma.com/yousry/index.htm2005

يسرية علي بن أمان آل جميل: تقويم برنامج تدريس اللغة العربية بتلفزيون سلطنة عمان لطلبة المرحلة الثانوية العامة وتوجهات تطويره، رسالة ماجستير، كلية التربية -جمعة السلطان قابوس، سلطنة عمان، 2001.

يوسف قطامي، ماجد أبو جابر، نايفة قطامي: تصميم التدريس، عمان، دار الفكر للنشر والتوزيع، 2000.

ثانياً: المراجع الأجنبية

A Teachers Guide to Distance Learning", Produced by the Florida Center for Instructional Technology, College of Education, University of South Florida-http://www.fcit.coedu.usf.edu

Alessi. M & Trollip,S. M:Computer based instruction: methods and Development. (2nd.Ed) Cliffs, NJ: Prentice Hall:Englewood,1991.

Alex Narrison, storage and Control for stock for industry and public tabling, third edition, the English language e boob society and pitman,1981.

Andy, R: Evaluating the effectiveness of using a wirelessly connected PDA to deliver the functionality of a VLE - A pilot study at the University of Bristol, Institute of Learning and Research Technology University of Bristol, UK, 2003.

Ardac, D., & Sezen, A. H: Effectiveness of Computer-Based Chemistry Instruction in Enhancing the Learning of Content and Variable Control Under Guided versus Unguided Conditions. Journal of Science Education and Technology, 11(1), 39-48. EJ643808, 2002.

Asian Development Bank Inter American Development Bank World Bank: Strategic Electronic Government Procurement,2007 http://idbdocs.iadb.org/wsdocs/getdocument

Avraamidou, L., & Zembal-Saul, C: Web-Based Philosophies: Making Prospective Teachers' Personal Theorizing Visible. Science Education International, 12(4), 2-5. EJ647889, 2001.

Best Practices in Government It Procurement, (WITSA) World Information Technology and Services Alliance, April 2004 http://www.witsa.org/papers/BestPracticesWhitePaper-final-.doc

Blended Learning7th March 2007 (RSC) Regional Support Centre Fast Midlands.

Blume, J., Garcia, K., Mullinax, K., & Vogel, K. Integrating Math and Science with Technology. Journal of EIRC. ED454088, 2001.

Boston consulting group: The state Of Online Retailing, 2000.

Brown, B, & Henscheid, J.: The toe dip or the big plunge: Providing teachers effective strategies for using technology Techt rends, 42(4),17-21, 1997.

Caroline G.: Blended Learning: Why Everything Old Is New Again—But Better, American Society for Training & Development,2006.

Cathy Stone, H: Over coming resistance to technology, The - Data Kappa-Bulletin.V.64No2 winter's 1998.

Charles R. Graham: Blended Learning Earning Systems: Definition, Current Trends, And Future Directions Brigham Young University, USA. Published by Pfeiffer - An Imprint of Wiley, 989 Market Street, San Francisco, CA 94103-1741, 2004.

Chaston, I, & Mangles T.:E- commerce and Small UK Accounting Firms: Influence Of Marketing Style and Orientation, Service Industries Journal, Vol. 21, No4, Oct. 2001, pp 83-99, http//www.Elmhurst.edu, 2001.

Dick, Wand carey,L.M.: the systematic design of instruction. 4th ed. New York: Jarper Collins, 1996.

Edwards, C. and fritz, J.:. Evaluation of three online delivery approaches. ERIC Document Reproduction Service, No., ED430516, 1997.

Eric Sand elands Strategies for Quality Achievement "Customer Service, Management Decision, Vol. 32,No.5, 1994..

Eric "Some Period consideration" Wilkinson Gene: Excellence through Educational Technology Clearing house on information resources, sources.N, y.1996.

Evans, J.: Applied production and operations management. West Publication Co. USA, 1993.

Frank M, Reich,N& Humpherys,K: Respecting the needs of student in the development of e-learning, Computers&Eduction,Vol,90,n1, 2003.

Frid, S: Supporting Primary students on-line learning in a virtual enrichment program, Research in Education, N.66,2001.

Gagne., R and Briggs, (1988)The systematic design of instruction,4th ed. Ny: holt. Rinehart and wisto.Galbreth, J (1997) the internet: past, present and future. Educational Technology. 37 (1), 39-45.

Gardner, J.: IT Trends in Teacher Education Worldwide. Journal of Computer Assisted Learning, 11(1), 1995.

Gentry, C. "Educational Technology" A question Of Meaning, m G. j. Anglin (ed.) Instructional Technology, Past, Present And Future, Englewood Co.Inc,1991.

Gibson, S.: Incorporating Computer-Based Learning into Persevere Education Courses. Contemporary Issues in Technology & Teacher Education 2(1), 97-118. [Online], 2002.

Habbafub, M and peck, K: The design. Development, and evaluation of instructional software New York: Macmillan Publishing Company, 1988.

Harry Johonson, G: Technology and Economic Dependence,Trade Plisy Research, Center London,1999.

Hawkridge, D. Jaworski J.& Mcmahon H: Computer in third world schools. NY: st. Martin Press, 1990.

Hixon,J.and K.lovelace." Total Quality Management. Challenge to Urban School " Education Leadership,50(3) P.6-24 1992.

Hounshell, P. B., Hill, S., & Swofford, R: Using Laptop Computers To Improve the Performance of Minority Students: A Pilot Project. Journal of Science Education and Technology, 11(1), 101-03. EJ643814. 2002.

International Workshop on Advanced Learning Technologies, 4-6 December 2000, Educational Technology & Society 3(4) 2000ISSN 1436-4522.

ISTE (International Society for technology in Education) 800,336,5191 (U. S & Canada) 2006. http://cnets.iste.org/teachers/t_stands.htm

J., & Russel, J: Instructional technology for teaching and Learning: designing instruction, investigation computers and using media. Englewood Cliffs, NJ: prentice Hall,1996.

Jack M. Wilson and Edward F. Redish: Using Computers is teaching Physics/ Physics Today Jan. 1989.

Jacques, B and Jean, P JOCHUM: Electronic Procedures for Government Procurement Management, General Inspectorate of Finance No. RESEARCH REPORT, MAY 2001.

Jared, M. Carman Blended Learning Design: 5 Key INGREDIENTS, Product

Development Knowledge Net October 2002., M. (1992). Juran on Quality by Design: the Steps for planning Quality into Goods and Services, New York: the free press.

John, F. Koegel Buford: Multimedia Systems, Printed In (U. S.A) Addison, Wesley Publishing Company, 1994.

Karl Albrecht: The only thing that Matters, Harper Business, 1992.

Kothleen Marrie, M ;The Effects of Mathematics Curriculum Materials and instruction on Achievement and conceptual understanding of six Grade student: comparing Traditional and standards - Based search degree of Doctor of Education George Mason University, 2002.

Lam, K.D. et. al. (1991). Total Quality: A textbook of Strategic Quality Leadership and Planning, Colorado Springs: Air Academy press.

Lankard, Bettina A.: Total Quality Management: Application in Vocational Education ERIC Digest No.125,2000.

larry, E, & lise Miller:Introductory Statistics for the Behavioral Sciences, California: Books/Cole Publishing Company, 2nd ed, 1996.

Loegering, J.& Edge, W: Reinforcing science with web - based exercises, Journal of College Science Teaching, V.31, n.4, Dec.2001.

Lycke,Kirsten Hofgaard: perspectives on Quality Assurance in Higher Education in Norway,(Eric Document Reproduction Service No: EJ 681223) 2004.

Lynn, J. Brien M and Ronald B.: The Language of Learning: A Guide to Educational Terms, Association for Supervision and Curriculum Development., 1997.

Marbach-Ad, G., & Sokolove, P. G: The Use of E-Mail and In-Class Writing To Facilitate Student-Instructor Interaction in Large-Enrollment Traditional and Active Learning Classes. Journal of Science Education and Technology, 11(2), 109-119. EJ646006, 2002.

Maryland Teacher Technology Standards (MTTS) Developed from Maryland's Preparing Tomorrow's Teachers to Use Technology (PT3) USDOE Catalyst Grant, P342A990201,May 2002.

Max DelSignore, Quest 2005 - 25th Anniversary April 20, 2005 Abstracts and Schedules,2005.

Michelle K. McGinn: Knowing, researching, and reporting science education: Lessons from science and technology studies, Journal of Research in Science Teaching, Vol.35 Issue2, 1998.

Mirta, A.: Fundamentals of quality control and improvements. McMillan Publishing Co. USA, 1993.

Murphy, E: New tool in an old trade teachers, talk about use for the internet in the teaching of French as a second or foreign, Canada Modern Language Review, Vol.59,n.2,pp215-235, 2002.

Parker, Randall, H: Increasing Faculty Use of Technology in Teaching and Teacher Education. Journal of Technology and Teacher Education, 5(2/3)p, 106, 1997.

Peppers, D. & Rogers, M: Enterprise One to One tools For Competing in the Interactive Age, Currency & Doubleday,1998.

Purnima Valiathan, A.: Blended Learning Models, American Society for Training & Development, 2002.

Sherr, A.: et. al TQM in higher education on line, 2000.: www.umr.edu/assess/tqm/html

Simon, I.G: Multimedia Program, Printed In Greet Britain By T.v Press, Addison -Wesley Publishing Company, 1994.

Strickland, A.W. (2006). ADDIE. Idaho State University College of Education Science, Math & Technology Education. Retrieved June 29, 2006.

Tawalbeh, Mohammad: the policy management of information technology in hordanian schools, British Journal of Educational Technology. 32-) 2(, 1-8), 2001.

Teeter, T; Teaching on the Internet Meeting the challenge of electronic learning, ERIC Document Reproduction Service, No., ED418957, 1997.

Thirunaraganan, M.& Perez,A: Comparing Web Based and classroom-based learning, journal of search on Technology in Education, v.34D. (2)pp:131-138. 2002.

Tomorrow's-Professor Msg Breakthrough Technology to Improve Teaching and Learning, 2005. http://sll.stanford.edu/projects/tomprof/newtomprof/postings/33.html#top

Watson, D., Cox, M., and Jonson, D.:The Impact Report: An Evaluation of the Information Technology on Children's Achievements in Primary and Secondary Schools. London, King's College, 1993.

Westera, W.: Beyond functionality and technocracy: creating human involvement with educational technology. Educational Technology & Society, 8 (1), 28-37, 2005.

William J. Thompson. / Introducing Computation to physics students/ Computer in physics education July/Aug, 1988.

Wright, R., Thomas: Technology Education Curriculum Development Efforts, yearbook, council on Technology teacher Education,V.95, Diss., Abs., 1995.

Xin, J.: Computer-Assisted Cooperative Learning in Integrated Classrooms for Students With and Without Disabilities. Information Technology in Childhood Education Annual 1999(1), 61-78. (Online), 1999.

Zepp, R. A.: Teachers' Perceptions on the Roles on Educational Technology. Educational Technology & Society, 8 (2), 102-106, 2005.

http://www.almualem.net/maga/abraz21.html

http://www.almualem.net/maga/m545anhaj01.html

http://www.unicef.org/arabic/lifeskills/lifeskills_25521.html

http://www.vgse.helwan.edu.eg/moodle/course/info.php?id=42

Printed in the United States
By Bookmasters